L'ÉTRANGE DESTIN D'ÉRIC ZEMMOUR

Emmanuel Crenne

L'ÉTRANGE DESTIN D'ÉRIC ZEMMOUR

Muller éditions

À la mémoire de Jean Billerey, mon grand-oncle résistant mort pour la France et d'Otello Bertoli, mon arrière-grand-père qui lutta contre le fascisme italien. Leur exemple inspire mon engagement politique.

À Éric Zemmour pour la confiance qu'il m'accorde.

À Sophie, Bastien, Vincent, Enzo, Aaron, Willy, Alexandre, Frédéric, Chantal, Bruno L et Bruno LM, Philippe, Jean-Jacques, Monique T.d.M., Laurent, Monique G, Martine, Robert, Luc et à toute l'équipe Reconquête Occitanie qui m'a suivi et aidé avec tant de talent et d'énergie.

À tous mes camarades militants du Front National du Lot (46) qui me firent l'honneur de m'adopter dans leur grande famille. Je garderai toujours le souvenir de leur chaleur humaine et de leur générosité propre aux amoureux de la France.

À mes parents.

Ce livre a été écrit pour eux tous.

Merci à P.F.P. et L.d.S.A. pour leurs conseils.

PRÉAMBULE

Cet ouvrage est né de ma rencontre avec Éric Zemmour, que j'eus l'honneur de rejoindre à un moment où je désespérais de la politique après mon bref passage au FN. Il m'a convaincu qu'il fallait garder espoir et que la mort de la France n'était pas une fatalité. Mon engagement à ses côtés ne fut jamais une trahison ni un reniement de mes engagements politiques précédents d'abord au RPR puis au FN, mais leur aboutissement qu'ils ont rendu possible. Je ne peux que le remercier de m'avoir donné au sein de son équipe cette expérience étonnante et hors du commun.

Ce livre est dédié à tous ceux qui m'ont soutenu et fait confiance pendant mes dix ans d'engagement. Sur ce chemin parfois semé d'embuches, j'ai rencontré des personnalités fortes et passionnées, celles de militants dont l'indéfectible amour de la France était porteur d'espoir. J'ai voulu, en parlant aussi d'eux, rendre hommage à cette « armée de l'ombre » souvent oubliée des batailles politiques qui œuvre depuis des siècles au salut de la France. Puissent-ils trouver ici les remerciements et l'hommage que je leur dois.

J'espère que tous ceux qui me liront y trouveront des clefs utiles pour l'avenir et une source d'espoir.

∞

« O Jeanne sans sépulcre et sans portrait, toi qui savais que le tombeau des héros est le cœur des vivants, peu importent tes vingt mille statues, sans compter celles des églises : à tout ce pour quoi la France fut aimée, tu as donné ton visage inconnu. »

André Malraux *Discours sur Jeanne d'Arc*, 31 mai 1964
Oraisons funèbres, in *Le Miroir des Limbes,*
Œuvres complètes III, Gallimard.

Chapitre I

ZEMMOUR CANDIDAT

« *Je souhaite être candidat à la présidence de la République*».
Éric Zemmour, était ce jour de février 2021, chez moi à Paris.
Sa déclaration, qui ne m'étonnait pas, car elle était logique,
était porteuse d'espoir.

Ces mots, s'ils avaient été rendus publics, auraient étonné
la presse et la classe politique. Même si un article du Point
s'interrogeait déjà sur cette question dès le 7 février[1], la plupart
des commentateurs, journalistes ou politiques, avaient déjà
tous décidé qu'Éric Zemmour n'avait aucun intérêt à se lancer
dans une aventure où il avait tant à perdre, à commencer par
sa place dans le monde médiatique et intellectuel. La France
semblait condamnée à réélire Emmanuel Macron, au terme
d'une confrontation inéluctable avec Marine Le Pen, dont le
seul nom et un manque de crédibilité avéré, en particulier sur
l'économie, suffisaient à faire fuir un électorat pourtant motivé

---

1. Le Point. *Éric Zemmour, invité surprise de la présidentielle 2022?*
7 février 2021.

et justement inquiet, garantissant ainsi la victoire des mondialistes, et à terme la destruction de la nation française millénaire.

Rien ne laissait augurer de cette rencontre. Quoique royaliste, j'avais passé sept ans au FN de 2011 à 2018. Rien ne m'y destinait à priori, ni politiquement, ni professionnellement. Banquier d'affaires à Londres, j'avais fait carrière dans plusieurs institutions financières internationales comme Deutsche Bank, Merrill Lynch puis Goldman Sachs, pendant dix-sept ans. Plus jeune, j'avais milité cinq ans au RPR dans le sillage de Philippe Seguin et Charles Pasqua et soutenu Jacques Chirac durant mes études à Science Po Paris. Je quittais la France pour des raisons professionnelles, tout en étant également désespéré de voir mon pays destiné à une disparition qui me paraissait déjà certaine. Le besoin d'y revenir avait ensuite grandi au cours des années. L'amour de mon pays était plus fort que l'ambition personnelle.

De retour en France, après avoir construit la fédération du Front National du Lot à partir de 2013, j'avais été élu conseiller régional d'Occitanie. Malgré mes différences de conviction avec ce parti sur le plan économique, il me semblait alors être le seul qui soit en mesure de lutter contre le péril migratoire et l'islamisation qui gangrènent notre pays. Cependant, dès 2016, il apparut que cette ligne politique n'était qu'un affichage commode et électoraliste. Marine Le Pen avait en effet déclaré alors « *l'islam compatible avec la République* » et plus tard en février 2019 « *qu'elle ne luttait pas contre l'islam, car c'était une religion* ». Ce reniement idéologique de la part d'un parti construit et conçu par Jean-Marie Le Pen pour sauver la France de ces périls, mettait notre pays en grand danger. Il fallait que la flamme de ce combat essentiel soit rallumée.

Constatant les faiblesses de Marine Le Pen et les défaillances de son parti, j'avais arrêté la politique. Jean Luc Schaffhauser, ancien député européen, m'avait cependant convaincu de reprendre le combat et demandé d'organiser ce rendez-vous discret chez moi avec Éric Zemmour et plusieurs de ses amis du Cercle Breteuil, un groupe d'élus FN dissidents que j'avais rejoint en septembre 2020.

Comment en étions-nous arrivés là ? À cette époque, de nombreux élus et cadres du Front National devenu Rassemblement National, mais aussi plusieurs personnalités de la droite classique, constataient les divisions et l'impéritie des mouvements souverainistes et de leur leadership. Ils étaient incapables de s'unir et de prendre le pouvoir, malgré l'état désastreux du pays et l'adhésion d'une majorité de Français aux idées souverainistes. Les talents quittaient le RN. Marine Le Pen n'avait pas de vision et n'incarnait pas le renouveau.

Il fallait un leader qui renverse la table et permette l'union de tous ceux qui aimaient assez la France pour affronter le péril existentiel qui la menaçait. Marine Le Pen avait hérité d'un parti qui avait un projet de société qu'elle vidait progressivement de sa substance idéologique, préférant s'adapter et finalement s'intégrer au Système.

Cela faisait plusieurs mois que le Cercle Breteuil se réunissait pour élaborer une stratégie. Implantés dans toutes les régions, nous avions établi un plan. Emmanuel Macron avait déclaré vouloir reporter les élections régionales après les présidentielles. Notre idée était de créer des groupes dissidents dans les groupes RN et LR régionaux qui se seraient ensuite ralliés au candidat que nous aurions choisi, Éric Zemmour ou un autre, en le désignant comme candidat naturel. Ces groupes auraient ensuite permis de structurer le mouvement futur. En février 2021, tout était prêt. Il ne manquait plus que l'intéressé, quel qu'il fût.

Ce projet ne put être mis en œuvre : Emmanuel Macron l'abandonna, face à l'opposition des élus LR, socialistes et du Sénat. Il fallait donc penser à autre chose. Mais le premier embryon du mouvement était maintenant constitué, s'ajoutant à l'initiative de Jacques Bompard, maire d'Orange, qui avait créé quelques semaines plus tôt *Les amis d'Éric Zemmour*.

Nous pensions que cette candidature devait répondre à l'appel du pays, et que notre candidat devait apparaitre comme un "homme providentiel", à l'instar du général de Gaulle. Tout au long de la campagne qui suivra, Éric Zemmour fera souvent référence au parcours du Général. Sa déclaration de candidature officielle en décembre 2021 sera comme un écho à l'appel du 18 juin. Mais en février 2021, nous n'étions qu'au tout début de son parcours. Nous proposerons plus tard à Zemmour que l'on suscite le soutien d'une centaine de maires de terrain, en plus des élus régionaux et départementaux que nous avions, ce qui ne fut fait que plusieurs mois après, compte tenu des difficultés à convaincre les maires de communes rurales de s'afficher politiquement.

Ce premier entretien entre notre groupe et Éric Zemmour fut court. Ce n'était qu'une prise de contact. Il parlait à cette époque à beaucoup de monde et n'avait pas encore constitué son équipe. J'évoquais mon expérience professionnelle et mon parcours politique, tout en faisant état de mes convictions royalistes. Je lui proposais de l'aider sur deux fronts : contribuer à construire sa vision économique, mais aussi et surtout à raccorder le mouvement zemmourien naissant avec mon réseau en Occitanie.

Il me mit en contact avec Sarah Knafo, jeune énarque sortie de la Cour des comptes, et Jonathan Nadler, banquier trentenaire de JP Morgan, à qui il avait confié la mission du programme. J'indiquais à Éric Zemmour que, n'étant pas un courtisan, il ne recueillerait de moi que des critiques. « *C'est la culture d'entreprise de Goldman Sachs*, expliquais-je, *inutile de parler de ce qui va. L'essentiel est de résoudre surtout ce qui ne va pas. Vous ferez ensuite ce que vous voudrez de mes conseils* ». Je testais sa motivation profonde : « *pourquoi*, m'étonnais-je, *risquer votre position sociale et professionnelle en vous engageant en politique ?* » Il répéta alors ce qu'il avait déjà dit sur un plateau de télévision et qu'il redira à Villepinte dans son discours : « *Bainville a regretté de ne pas l'avoir fait et je ne puis supporter cette idée. Mon fils m'a d'ailleurs encouragé : Papa, le constat tu l'as fait depuis 30 ans. Maintenant il faut passer à l'action !*[1] »

Éric Zemmour est bonapartiste. Il n'est pas royaliste comme moi, mais sa profonde connaissance de l'histoire de France et son respect pour Jacques Bainville me séduisent. Je lui dis qu'il me paraissait essentiel que la vieille garde royaliste soit du voyage et accompagne son combat tout comme d'autres sensibilités de la droite. L'objectif d'Éric Zemmour restait l'union des droites qu'aucune personnalité politique n'était en mesure de réaliser. À commencer par Marine Le Pen, qui continuait de miser à contre-courant sur une union des électorats populaires, avec, à la clé, un discours repoussoir pour l'électorat de la « droite bourgeoise ».

Son intelligence et sa culture, qui lui permettaient de répondre de façon parfaite et structurée avant même d'avoir entendu toutes mes phrases, contrastaient de manière significative avec ce dont j'avais eu l'habitude avec Marine Le Pen lors de mes quelques rencontres en tête à tête avec elle, ou avec la plupart des cadres nationaux du Rassemblement National. Je retrouvais la pensée brillante de mes anciens collègues de Goldman Sachs et de mes professeurs de Science Po. Une ouverture d'esprit qui a malheureusement presque disparu du débat politique au cours du temps. Il allait droit au but, avec une grande liberté de parole.

Plutôt qu'avoir le sentiment de n'avoir pas agi, Éric Zemmour semblait prêt à sacrifier sa position sociale pour la France. Il est profondément français par un attachement peu commun à son histoire, à sa culture et à sa langue. Comme Pierre David, soldat israélite d'Action Française, qui écrivit un jour de 1915 à Charles Maurras depuis sa tranchée avant de mourir au combat, il exprime un beau sentiment patriotique dont Maurras dira : « *Cette réalité profonde, et consciente et volontaire*

---

1. Voir discours du 5 décembre 2021 à Villepinte.

la mêle au plus intime de la réalité nationale (…) le progrès hardi de l'esprit, le vol de la pensée, l'avaient pénétré jusqu'aux moelles de la substance de son désir. Son chemin ainsi accompli, tout seul, (…) jusqu'à ce degré de nationalisme intégral qui se donne et se sacrifie tout entier, mérite de rester dans les souvenirs du peuple français comme exemple de la fidélité à ses forces anciennes et d'une accueillante hospitalité aux éléments extérieurs. La nationalité se crée par l'hérédité, par la naissance, le mot le dit. Elle peut s'acquérir par de bons services rendus[1].»

J'étais convaincu. Éric Zemmour n'était pas de ces faux patriotes qui s'engagent par intérêt pour faire carrière. Ce n'était pas un homme politique. Il était peut-être un homme d'État en puissance, comme il n'en existe plus vraiment depuis la mort de Georges Pompidou. La France avait connu tant de périls au cours de l'Histoire. Meurtrie, elle se relevait toujours, conduite par des hommes de bonne volonté qui apparaissaient parfois comme par miracle. L'hypothèse qu'il soit «l'homme providentiel» dont la France avait besoin me séduisait.

La conversation dura à peine quinze minutes. Les autres membres du Cercle Breteuil s'exprimèrent aussi. L'organisation territoriale du futur mouvement s'appuiera ensuite en partie sur ce premier noyau. La plupart de nos membres ne réussiront cependant pas à mobiliser suffisamment dans certaines régions et quitteront ensuite rapidement l'organisation, remplacés par d'autres.

Après son départ, je ressentais une grande joie: la France n'était peut-être pas perdue. Il y avait encore un espoir. Éric Zemmour était-il l'homme du destin? J'en restais à cette interrogation.

∞

1. Testament de Pierre David. 26 octobre 1915. Publié dans le journal l'Action Française du 28 octobre 1918.

« Soyons, comme Cyrano, téméraire. (…) Soyons téméraires d'aimer notre langue et notre Patrie (…), car nous savons, de science certaine et aiguë, que nous avons tout à perdre et rien à gagner. Voici bien deux siècles que nous avons laissé gagner nos ennemis et ceux-ci pourrissent dans leur gain ou vont dans le sens de l'histoire, comme des animaux morts au fil de l'eau. (…) Éveillons l'Ange de la pierre et l'Ange du regard. Éveillons témérairement l'Archange de la France !»

Luc-Olivier d'Algange
Éloge de la Témérité Spirituelle, Lectures pour Frédéric II

Chapitre II

DE CHIRAC À MARINE

Dès notre première conversation, Éric Zemmour avait affiché son ambition et sa stratégie : recréer une force politique similaire au RPR des années 80, positionnée entre le centre droit et Marine Le Pen, qui serve de catalyseur à une union des droites. Le RPR s'était fondu à partir du début des années 1990 dans un magma centriste et UDFisé, l'UMP, qui n'était plus que l'ombre de la droite. Tout avait été abandonné : souveraineté monétaire et politique, et les vannes de l'immigration de masse et de l'islamisation avaient été ouvertes en grand. La droite se soumettait aux injonctions immigrationnistes de la gauche par peur d'être jugée raciste. Pasqua et Seguin avaient motivé mon adhésion au RPR après la réélection de François Mitterrand le 8 mai 1988. Chirac et Juppé les avaient tués. Ce faisant, ils avaient achevé le gaullisme.

Le Front National s'était égaré dans le discours économique socialisant de Marine Le Pen, influencée par Florian Philippot, à rebours du libéralisme teinté de poujadisme de son père des années 1980-90. La vision de Zemmour était à la fois souverainiste et identitaire politiquement, tout en restant libérale économiquement. Il voulait régénérer une droite conservatrice et nationale qui avait disparu. J'y retrouvais ma sensibilité politique après quelques années passées au FN, grâce à cet homme, cultivé et courageux qui affichait comme objectif de sortir la France de la situation malheureuse dans laquelle elle se trouvait. J'avais attendu des années ce moment, en vain. Dix années d'engagement politique faites de compromis avec des idées souvent assez éloignées de mes convictions personnelles. Mais un parcours sans lequel je n'aurais pu construire ensuite Reconquête en Occitanie en quelques mois. Cette expérience de terrain au RPR puis au FN fut une clef importante du succès du nouveau parti dans cette région.

En Angleterre pendant dix-huit ans, j'observais depuis mon bureau londonien l'effondrement graduel de la France. En 2011, tous les indicateurs économiques, démographiques, sociologiques de notre pays étaient dans le rouge. Pendant ses douze ans de présidence à partir de 1995, Chirac amplifia l'immigration et l'islamisation du pays, alors que les Français avaient cru l'élire pour lutter contre ce fléau. Son action, ou plutôt son inaction, était l'exact opposé des résolutions prises en mars 1990 à Villepinte aux États généraux du RPR et de l'UDF sur l'Immigration, auxquels j'avais d'ailleurs assisté en tant que militant. « *Fermeture des frontières – Suspension de l'immigration – Réserver certaines prestations sociales aux nationaux – Incompatibilité entre l'Islam et nos lois* »[1] avaient-ils alors proclamé. Un an plus tard, le RPR accepta le traité de Maastricht, malgré l'opposition de Philippe Séguin et de Charles Pasqua. Dégoûté, je rendis alors ma carte du RPR. Quatre ans après, une fois élu président, Chirac n'appliquera aucun des principes édictés à Villepinte. La France avait été sacrifiée sur l'autel électoral pour qu'il puisse parvenir à la magistrature suprême. À chaque retour en France

---

1. États généraux sur l'immigration du RPR et de l'UDF à Villepinte. Février 1990. Cité par France Info le 4 octobre 2014.

je me désespérais de voir la population changer, ce que certains appelaient la «colorisation» de la France. Les peuples qui s'y sont installés depuis cinquante ans ne la respectent pas. Ils construisent leur propre identité contre la nôtre: les Français qui les soutiennent prétendent que Louis XIV n'est pas français, mais que les immigrés sont français[1], et ils demandent au peuple français historique de s'excuser de son histoire pour mieux le soumettre, répétition de «*la vieille logique pétainiste selon laquelle les Français devaient expier leurs péchés en supportant la présence chez eux des Allemands*[2]».

Les émeutes de juillet 2023 ne sont probablement que le prélude d'un affrontement plus large, qu'un gouvernement incompétent sera incapable d'endiguer. Malgré le déni des médias au service du pouvoir, qui voudraient prouver avec Gérald Darmanin que les émeutiers étaient blancs, qu'il y avait «*beaucoup de Kevin et de Mattéo*[3]» parmi eux, personne n'est dupe. Ceux qui prétendent nous gouverner, et qui continuent d'arroser d'argent public des incendies qui ne s'éteignent plus, lancent des anathèmes sur tous ceux qui énoncent le réel. Ils désarment l'opposition et financent l'ennemi de l'intérieur à grand renfort de ces allocations qui favorisent la natalité de ceux qui nous remplaceront demain. Notre police subit la tyrannie des juges lorsqu'elle fait un usage légitime de la force, confortant le sentiment de puissance de nos ennemis. Comme c'est aussi le cas de notre armée, une partie importante de ses troupes est issue de l'immigration, pour faire face à la crise des vocations. Comme au moment des grandes invasions, quand l'armée romaine qui défendait les frontières de l'empire n'était plus composée que d'étrangers. Même Julien Dray le reconnaît:

1. Affiche du musée de l'Immigration de la Porte Dorée à Paris. Juin 2023.
2. Luc-Olivier d'Algange. *Lectures pour Frédéric II – Éloge de la Témérité Spirituelle*, Éd. Alexipharmaque.
3. BFMTV, 5 juillet 2023.

« *J'ai peur que derrière il ne se passe rien, (…) et la prochaine fois on tirera dans le tas parce qu'on ne pourra plus faire autrement*[1]. » Mais en serons-nous encore matériellement capables face au nombre ? Allons-nous disparaître comme l'empire romain, submergés par l'immigration ? Philippe de Villiers résume parfaitement cette situation : « *La France est un vieux pays portant le deuil de sa grandeur. Dans son histoire, elle a connu bien des malheurs mais s'est toujours relevée en gardant une mémoire douloureuse mais victorieuse. Pour la première fois de son histoire, elle doit affronter la crainte de disparaître. La France porte sur son territoire deux peuples. Un peuple jeune et qui installe ses fiertés. Et un peuple exténué, qui ne sait plus où sont les raisons de survivre, et qui ne sait plus où il habite*[2]. »

Non que la situation du Royaume-Uni où je me trouvais soit plus enviable. L'Angleterre est, elle aussi, contaminée par ce mal mortel. Londres, que certains appellent par dérision le Londonistan, est le refuge de beaucoup de futurs terroristes musulmans. Là-bas, les petites filles vont dans des écoles confessionnelles en uniforme islamique. L'excision fait des ravages. La Justice anglaise applique des jugements émis inspirés de la charia par des tribunaux coutumiers. Londres a un maire musulman pratiquant et le Premier ministre est d'origine indienne. Au couronnement de Charles III en mai 2023, certains des attributs du monarque ont été apportés et présentés au Roi par le représentant des musulmans, chose que personne ne commentera. L'Angleterre, qui a perdu son empire dont les décombres ne sont plus qu'une façade pudiquement appelée Commonwealth, disparait peu à peu, absorbée et digérée par les peuples qu'elle dominait, annonçant l'effondrement de la France pour les mêmes raisons. À l'instar de Rome, les nations européennes ont péché par arrogance, lucre et ambition. Les empires sont les cimetières des nations. Byzance n'a survécu à

---

1. CNews. 2 juillet 2023.
2. CNews. 7 juillet 2023.

la chute de Rome pendant mille ans, que parce qu'elle avait chassé les barbares de son sein. Elle finira cependant assiégée elle aussi, discutant du sexe des anges alors que les troupes ottomanes l'entouraient avant l'assaut final. Aujourd'hui la France, Byzance moderne, parle des droits des minorités sexuelles alors qu'elle est submergée par l'immigration. On jette des anathèmes sur Jean-Marie Le Pen, Renaud Camus ou Éric Zemmour et tous ceux qui, comme eux, énoncent le réel. Comme on le fit avant 1939 avec Winston Churchill et Jacques Bainville en les tournant en ridicule lorsqu'ils mettaient en garde contre la montée du Nazisme. Première puissance européenne, la France, doit éviter la même erreur mortelle, et montrer le chemin à une Europe en perdition ou disparaitre avec elle.

Que faire face à un tel péril ? L'exil était possible. Mais pas en Angleterre, déjà à un stade d'islamisation avancé. Beaucoup de mes amis avaient abandonné la France. Malgré les années, la vie d'expatrié ne m'avait pas encore détaché complètement de mon pays. Elle avait paradoxalement renforcé mon lien avec lui. J'avais une conscience accrue de mon identité française, de cette réalité vivante du lien charnel avec la terre natale. J'étais un immigré déraciné mais pas encore un errant. Je partageais ici une même expérience avec les immigrés qui s'étaient installés en France, avec certes le même attachement à ma culture d'origine et un sentiment similaire de différenciation avec le pays où je vivais. Mais contrairement à beaucoup d'entre eux, j'avais du respect pour l'histoire et la culture de l'Angleterre qui m'avait accueilli. À chaque retour je me sentais de plus en plus étranger dans mon propre pays. Je ne comprenais pas l'aveuglement de mes compatriotes face au péril migratoire. La langue, la culture française et ma famille me rattachaient à la France par un fil de plus en plus ténu. Si je ne rentrais pas en France, je pensais risquer de n'être plus chez moi nulle part, être étranger en France et hors de France : « *Le véritable exil n'est pas d'être arraché de son pays, c'est d'y vivre et de n'y plus rien trouver de ce qui le faisait aimer* »[1], écrit Edgar Quinet. Tous les expatriés ont cette blessure, cet attachement ineffaçable à leur terre d'origine, concomitant à sentiment d'éloignement et de différenciation irrémédiable. Ce n'est ni un état d'esprit, ni un choix. Il ne faut donc pas le leur reprocher. « *L'accent du pays où l'on est né, demeure dans l'esprit et dans le cœur, comme dans le langage* »[2], a dit La Rochefoucauld. Seuls sont responsables des drames du déracinement ceux qui en créent les conditions ou ne font rien pour y remédier. Chacun sait bien à quel point l'intégration est devenue une chimère idéologique, et depuis longtemps. Lorsqu'ils sont à l'étranger, les Français sont tout aussi grégaires et communautaires que les immigrés africains en France. Il suffit de constater l'usage du Français dans certains magasins de South Kensington, quartier de Londres où très peu d'Anglais vivent encore. L'immigration de masse est un danger, quelle que soit son origine.

Que fallait-il faire ? De Gaulle s'était réfugié en Angleterre en 1940 et avait sauvé l'honneur, parce que le combat contre l'envahisseur allemand ne pouvait plus être mené en métropole. Pour ceux qui l'avaient rejoint, le devoir et l'honneur, c'était alors l'exil. Aujourd'hui, le combat, tout aussi existentiel, doit être mené en France. Le devoir et l'honneur, c'est d'y être, quel que soit le prix personnel à payer.

Mes racines familiales commandaient mon action. Mon grand-oncle maternel, Jean Billerey (1916-1944), était mort pour la France comme tant d'autres Français de l'armée des ombres et des justes. Résistant dès 1940, il périra fusillé par les Allemands le 23 juillet 1944 à Montivernage dans le Doubs, après avoir été trahi par une Française qui le livra pour s'acheter des meubles. Ses derniers mots sous les coups de bottes des soldats allemands qui le défigurèrent pour qu'il parle avant de le tuer

---

1. Edgar Quinet. *Fondation de la République des Provinces-Unies : Marnix de Sainte-Aldegonde.* Delahays, Paris, 1854.
2. Maximes. 1664.

furent : « *Vive la France !* » Mille-cinq-cents personnes allèrent à son enterrement quelques jours plus tard, que les Allemands n'osèrent pas réprimer. C'est cette France-là, rebelle et souvent merveilleusement obstinée, qui avait accueilli mes ancêtres italiens. Otello Bertoli, mon arrière-grand-père catholique était marié à une juive italienne. Ils avaient fui l'Italie fin 1922, après l'échec de son combat et celui de son frère Amleto pour stopper les fascistes d'Italo Balbo sur des barricades de Parme. Ils ne retournèrent jamais en Italie et vécurent dans la pauvreté en France, sans jamais s'en plaindre, car ils avaient beaucoup de reconnaissance pour le pays qui les avait sauvés d'une mort certaine. Tous ces sacrifices étaient-ils vains ? Pouvais-je oublier cette histoire familiale ? Ma famille devait-elle être condamnée à un exil perpétuel ? Ne devais-je pas rendre service au pays qui l'avait accueillie ? Les parents d'Éric Zemmour furent des déracinés d'Afrique du Nord. Nous sommes tous les deux des enfants du déracinement, mais nous aimons profondément la France que nous voulons servir.

Mais en 2011, Éric Zemmour n'était pas encore un homme politique. Après les abandons idéologiques du RPR dans les années 1990, une seule formation politique semblait alors avoir conservé la volonté de sortir la France de sa situation critique. Le Front National. Son histoire mouvementée et certaines des positions de son fondateur, Jean-Marie Le Pen pouvaient toutefois être potentiellement incompatibles avec l'histoire de ma famille. J'étais en accord avec sa ligne économique libérale « reaganienne » et ses positions sur l'immigration, qui étaient en fait celles du RPR des années 80. Mais l'affaire du « détail » et certains de ses compagnons de route m'en éloignaient de manière significative. Il fallait être prudent. Quand un navire fait naufrage, on ne choisit pas forcément la couleur de la bouée ni l'identité du capitaine du bateau qui vous secourt. Mais il vaut mieux mourir que saisir celle du diable. Après un examen sérieux, le FN n'était certainement pas le diable, même s'il était diabolisé. Zemmour non plus mais, s'il l'était, j'irais volontiers en enfer avec lui.

L'arrivée de Marine Le Pen à la tête du mouvement en 2011 semblait offrir des garanties et un changement. Vue de loin, jeune, moderne, Marine Le Pen n'était pas dépourvue d'un certain charisme ni de talent oratoire. En mai 2012, avant l'élection présidentielle, elle prit sur la place de l'Opéra une posture très «johannique». Elle semblait vouloir constituer autour d'elle une équipe compétente dont Florian Philippot était la tête pensante. Je rejoignis donc le parti sur internet depuis mon bureau de Londres.

Patrick Hayes, compagnon de Jean-Marie Le Pen, qu'il rencontra dans le contexte de la guerre d'Algérie, me contacta. Il avait la charge du Front National à l'étranger et me mit en relation avec le responsable local du parti à Londres. Je fus placé dans un bureau de vote pour surveiller le scrutin lors de la présidentielle de 2012. Le représentant d'Europe Écologie les Verts dans ce bureau de vote ne voulut pas me saluer, prenant prétexte de mes idées prétendument fascistes. Comportement sectaire et stupide qui m'étonna sur le moment, mais dont je compris, au cours des années qui suivirent, qu'il était habituel de la part des membres de cette formation politique et de la plupart de celles de gauche. Voilà quelqu'un qui se comportait ni plus ni moins comme ces citoyens en quête de conformité, qui, à peine le pouvoir nazi installé dans les années 30, stigmatisaient les juifs, allaient casser les vitrines de leurs magasins et les humilier publiquement. Les mêmes ont, pendant la crise Covid et les confinements, parfois dénoncé leurs voisins, et jusqu'à leurs amis, montrant du doigt tous ceux qui refusaient de se conformer au «nouvel ordre» social des porteurs de masques et des *ausweiss* sanitaires. Mais je les remercie tous de m'exclure ainsi de leur pauvre monde étriqué. Car, comme le dit fort justement Luc-Olivier d'Alange, ces crachats «*éloignent les sympathies condescendantes, les tutoiements de porcherie, les petits signes de connivence que les médiocres s'adressent entre eux et auxquels il faut répondre sous peine d'être le bouc émissaire de toutes les lâchetés collectives. La témérité spirituelle est une tournure d'esprit. Elle tient autant du caractère que de l'intelligence*[1].» À chaque fois que je subirai ce traitement ignoble, je le vivrai comme une libération et une forme d'élévation. Il faut donc en remercier les perpétrateurs et leur pardonner. Mes collègues de travail apprenant mon engagement étaient plus que surpris: un ancien trader, Managing Director chez Goldman Sachs, ne pouvait selon eux avoir de telles idées, mais on ne m'en fit pas grief, alors qu'en France, il est quasiment impossible de trouver du travail une fois marqué par cette étiquette politique: la flétrissure existe toujours.

Rentré en France en 2013, je m'installais dans ma maison familiale du Lot et contactais rapidement le responsable du FN local, René Ortis pour offrir mon aide. René était un militant de toujours. Ancien gendarme, il était responsable régional du service d'ordre du FN. Un homme franc, entier et solide. Né en Algérie, il l'avait quittée tout seul à onze ans avec une petite valise pour toute fortune, la peur au ventre comme un million d'autres pieds-noirs que le pouvoir gaulliste avait abandonnés à un sort de paria. De Gaulle avait lâché l'Algérie française, prélude à la France algérienne. Triste destin pour le général qui avait sauvé l'honneur en juin 1940 et qui, à son insu, voua la France à une colonisation à rebours. La France avait infligé par intérêt politique et par faiblesse, d'immenses souffrances à beaucoup de ceux qui l'aimaient, pieds-noirs, harkis, ou juifs d'Algérie, mais aussi à une partie des musulmans qui nous restaient attachés. Les traces de ces blessures indélébiles apparaissaient encore sous le caractère profondément généreux et humain de René. Mais il aimait la France pleinement, malgré le sort qu'elle lui avait fait subir. Comme si cette blessure

1. Luc-Olivier d'Algange. *Lectures pour Frédéric II – Éloge de la Témérité Spirituelle*, Éd. Alexipharmaque.

29

profonde l'avait irrémédiablement attaché à son bourreau. Les racines étaient plus fortes que le ressentiment. Jeanne en son temps avait continué à aimer son Roi jusque dans les flammes du bûcher où il l'avait abandonnée. Tant est puissant l'amour de la France. Zemmour aussi portait ces stigmates transmis par ses parents et le même désintéressement envers la France : j'en reconnus les signes dès notre première rencontre.

La France et l'Algérie souffrent encore aujourd'hui de cette séparation violente, comme les enfants d'un divorce qui en porteront le poids toute leur vie. Répétition tragique de celle de l'Alsace. D'abord avec la France en 1870, puis avec l'Allemagne suite à la défaite allemande de 1918. De culture germanique, l'Alsace était allemande depuis près de cinquante ans. Nos livres d'histoire ne parlent pas du choc que représenta pour beaucoup d'Alsaciens ce nouvel arrachement. Et pour des raisons évidentes. Tant de sang français avait coulé pour la reconquérir. Beaucoup d'Alsaciens sont restés partagés sur cette question jusqu'en 1945. La réintégration administrative et politique de cette terre conquise par Louis XIV, mais perdue pendant cinquante ans, fut d'une extrême brutalité[1]. Le territoire de Belfort, séparé de l'Alsace en 1870, n'y fut jamais réintégré : mon grand-père maternel né en 1910 dans une maison typiquement Haut-Rhinoise près de Belfort et qui parlait uniquement Français, ne serait donc jamais alsacien malgré ses origines. La séparation marqua à jamais cette terre martyrisée, ballotée entre différentes puissances qui la convoitaient au cours des siècles[2]. Beaucoup d'Alsaciens n'acceptant pas de devenir Allemands en 1870 s'installèrent en Afrique du Nord pour ne jamais revoir leur terre natale. Ils ne s'imaginaient pas que leurs descendants revivraient les mêmes épreuves lorsque la France abandonnerait

---

1. Bernard Wittmann, *Une épuration ethnique à la française : Alsace-Moselle 1918-1922*, Fouenant, Yoran Embanner, 2016.
2. Christian Baechler, *Les Alsaciens et le grand tournant de 1918*, Strasbourg, Développement et communauté, 1972.

ses colonies et ses colons. Certains « malgré-nous », ces soldats alsaciens engagés officiellement « malgré eux » dans l'armée allemande, dont ceux de la division Das Reich, qui commirent les abominables massacres d'Oradour-sur-Glane, de Montauban, Tulle et Gramat en 1944, ne l'étaient en réalité peut-être pas complètement. Les crimes sont rarement commis innocemment même sur ordre. Rien ne saurait donc les absoudre.

René me rencontra dans notre maison familiale. Je lui fis part de mon expérience passée au RPR lorsque j'étais étudiant et de mon adhésion au FN à Londres. Je souhaitais juste participer aux activités militantes. Je n'avais pas d'ambition particulière. Comme Zemmour l'affirme pour lui-même, et comme tous les militants politiques que je rencontrais au FN, je n'en ai d'ailleurs jamais eu pour moi. J'étais encore loin d'imaginer que la porte s'ouvrait sur une vie publique mouvementée et que je finirais par me défier de mes amis comme de mes ennemis. C'était une malédiction familiale transmise de génération en génération. Nul n'ignore que la déesse Politique est plus terrible que bienveillante.

Je n'imaginais pas que cet engagement serait lourd de conséquences pour moi et ma famille. Une fois mon orientation politique connue, l'opprobre ne tarda pas à être jeté sur nous. Les amis de ma mère, dont beaucoup avaient sollicité la générosité, commencèrent à s'éloigner. Les panneaux d'accès à notre maison familiale furent tagués. Les subventions monument historique dont bénéficiait de droit ma mère furent supprimées sous de faux prétextes. Mais comme elle le disait assez philosophiquement : « *Au moins les choses sont claires, nous savons maintenant qui sont nos vrais amis. C'est beaucoup mieux.* » J'entendis bientôt des rumeurs la concernant : selon ces racontars je l'avais « maraboutée » et entraînée contre son gré dans cette aventure. En fait, ma mère avait ces idées depuis les années 80. Si j'étais parvenu pour ma part aux mêmes conclusions qu'elle, ma prise de conscience fut beaucoup plus tardive. C'est elle qui, en plus de l'amour maternel qu'aucun fils ne peut jamais oublier, me fit aimer la France, en me lisant quand j'étais enfant le roman du Graal et de Perceval ; elle qui m'emmena visiter cathédrales et châteaux, expositions et antiquaires. Elle m'aida et me soutint dans mon action politique sans jamais regretter les conséquences de mon engagement. De ce sacrifice, comme celui de ma naissance, je lui serai éternellement reconnaissant. Cet amour maternel nourrit chez moi celui de la France, que Louis XIII consacra à la mère du Christ ressuscité. Plus qu'une patrie, c'était donc aussi une « matrie » pour moi. Ce sentiment venait de loin et s'imposait à moi. Il allait bouleverser ma vie et celle de ma famille. Même professionnellement, il me fut impossible d'envisager un retour dans l'univers de la banque. Que ceux qui croient encore que la République est une démocratie et qu'elle protège la liberté d'expression et d'opinion prennent bonne note de son imposture. Nous étions désormais des pestiférés. Marine Le Pen parle souvent de l'ingratitude de ceux qui la quittent, de la chance qu'ils ont eue d'être au RN, des mandats qu'elle leur a accordés, etc. Elle qui a payé et continue de payer les frais de son engagement politique et de celui de son père, devrait davantage mesurer le coût considérable des conséquences d'un engagement à ses côtés, avant de critiquer ceux qui jettent l'éponge lorsqu'ils constatent la vanité de leurs efforts. Zemmour qui le subit depuis des années le comprend mieux.

Cette malédiction se poursuit jusqu'aujourd'hui. Des amis de toujours me refusent leur amitié. Comme cet ancien camarade de Science Po Paris qui me signifiait par l'intermédiaire de son épouse en janvier 2023 en guise de réponse à mes vœux de nouvelle année : « *Nous ne souhaitons pas continuer notre relation car nous ne sommes pas du tout en accord avec tes idées politiques* », eux qui les connaissaient pourtant depuis plus de vingt ans ! Quelques mois plus tôt, c'était un antiquaire parisien chez qui j'étais client depuis dix ans qui me jetait hors de son magasin à coup de pied sous le prétexte qu'il n'était pas d'accord avec mes idées. Il recevra une lettre recommandée de ma part en ces termes : « *Je suis scandalisé par votre comportement et votre intolérance, qui contredisent d'ailleurs les convictions que vous revendiquez et au nom desquelles vous avez dit agir. Vous avez parfaitement le droit de ne pas être en accord avec mon engagement politique et mes idées qui sont connues et publiques. Mais la discrimination est un acte violent et immoral qui constitue en outre un délit réprimé par la loi. Je connais vos idées et cela ne m'a jamais empêché d'être votre client pendant une dizaine d'années, faisant mienne cette phrase attribuée à Voltaire : Je ne suis pas d'accord avec ce que vous dites, mais je me battrai pour que vous ayez le droit de le dire. La tolérance et l'humanité ne sont donc peut-être pas dans le camp que vous croyez. Je suis d'autant plus choqué que cette scène honteuse et violente à laquelle vous vous êtes livré n'est pas sans rappeler la discrimination dont mon arrière-grand-mère et ma grand-mère paternelles avaient fait l'objet entre 1940 et 1944 lorsque certains magasins et lieux publics étaient alors interdits aux juifs. Elle réveille douloureusement des blessures qui ont été transmises à plusieurs générations dans ma famille depuis cette période sombre de notre histoire.* »

Tous connaissaient mes idées depuis des dizaines d'années et elles ne les avaient pas gênés jusque-là. Ou du moins le croyais-je. Signe des temps dans une société qui devient totalitaire. Tous se protègent au moment où les prédictions de nos idées se réalisent. Je prierai donc pour eux : ils doivent, en fait, être très malheureux, isolés dans la citadelle de leurs préjugés et de leurs croyances. Car à chaque fois me revient cette parole du Christ sur la croix : « *Pardonnez-leur mon Père, car ils ne savent pas ce qu'ils font*[1]. »

Au moment où je rejoignais le Front National je n'imaginais pas que je subirais tout cela. Éric Zemmour aura une expérience similaire : il confie dans son livre d'après campagne avoir été

---

1. Évangile de Saint Luc 23, 34.

surpris de la violence dont il fit l'objet pendant sa campagne, qu'il n'avait anticipée que partiellement.

Vint le jour du premier collage, un jour froid de novembre 2013 : aucun matériel, peu de moyens. Une équipe de jeunes, petite mais très sympathique et motivée conduite par Yann, un jeune ouvrier de 22 ans déjà père de deux petites filles, employé de la MAEC, la grande entreprise de matériel électrique de Cahors. Yann m'avait dit s'être engagé en politique pour éviter que ses filles ne finissent voilées. Il m'avouait ne pas très bien écrire le Français ni bien connaitre l'Histoire de France. Il était une des nombreuses victimes de l'Éducation Nationale. Mais il voulait que ses filles ne soient pas comme lui et connaissent Jeanne d'Arc, Louis XIV et Napoléon. Comme une partie de cette jeunesse délaissée par l'élite au pouvoir, il était enraciné et manifestait un attachement instinctif et profond à la vieille nation française que ni l'école républicaine, ni l'idéologie mortifère de la Diversité n'ont réussi à abattre.

Une réunion fin 2013 rassemblait la Fédération départementale du Lot existante et je fis alors connaissance d'un grand nombre de militants et de cadres. Première et décisive rencontre avec Michèle et Richard Gapski, des militants de toujours, autrefois dans le Nord, qui avaient défendu la France en Afrique. Ils avaient élu domicile dans le Lot pour leur retraite depuis une quinzaine d'années. Sans eux, le parti dont ils étaient la cheville ouvrière n'aurait jamais existé dans ce département. Ils portaient haut la flamme de la France éternelle. Ces Chtis d'origine polonaise furent les piliers de mon équipe future. Je leur fis remettre la Flamme d'Honneur de Jean-Marie Le Pen par Bruno Gollnisch en 2015, à défaut de la Légion d'honneur, qu'on donne malheureusement à tant de gens bien moins méritants.

Ambiance très chaleureuse que celle de cette première réunion. Les premières réunions de Reconquête des années plus tard le seront tout autant. Je retrouvais mes marques et le contact avec la France véritable. Ce pays réel qu'un politicien frelaté et bouffi de condescendance, Jean-Pierre Raffarin, osa un jour appeler, « *la France d'en bas* », formule annonciatrice des « *illettrés* » d'Emmanuel Macron, l'homme sans qualité, et de l'horrible « *sans dents* » de François Hollande, le plus grotesque président de la Ve République. Cette France populaire à laquelle cette élite bourgeoise parisienne et finalement francophobe préfère les étrangers. Ces professionnels de la charité bien-pensante et de la commisération bourgeoise étaient l'image même du « *bourgeois haïsseur et destructeur de paradis (...) nécessairement borné à un très petit nombre de formules*[1] », que décrit Léon Bloy. Ce serait plutôt la « France d'en haut ». Celle qui est là depuis deux mille ans et qui a sans relâche construit la France au prix d'efforts et d'immenses sacrifices. Jeanne d'Arc, Cathelineau, Murat, Jean Moulin, tous en venaient. Fallait-il ainsi les mépriser ? Je ne venais pas d'un milieu bourgeois et fortuné. Toute ma jeunesse, j'avais vécu dans cet environnement. Je retrouvais en quelque sorte ma famille, dont je ne m'étais éloigné qu'avec regret pour des raisons professionnelles et géographiques.

Je proposais à René de me mettre en rapport avec quelques militants pour aller coller des affiches pour les élections européennes de 2014. Motivée par l'action, l'équipe grossit rapidement. En deux mois, nous avions couvert tout le département, et tout le monde en parlait. Mais personne ne savait qui le faisait. Même Patricia, la femme de ménage de ma mère, en parlait en rigolant. Tout un électorat oublié observait avec jubilation. L'équipe se construisit naturellement sur cette base. À l'issue de la campagne des élections européennes, nous avions vingt-cinq militants actifs pour environ quatre-vingts adhérents et un esprit de camaraderie très fort. Nous étions en juin 2014 et il fallait organiser les élections départementales de mars 2015. La presse spéculait sur la capacité du FN à présenter des candidats locaux, car le parti n'avait malheureusement pas pu constituer de liste aux élections municipales de Cahors faute de troupes.

---

1. Léon Bloy. *Exégèse des lieux communs*. Mercure de France. 1902.

Ceci ne sera finalement possible qu'en 2020, au terme de six années d'efforts.

Nous nous sommes mis à l'ouvrage avec le petit noyau de militants actifs déjà existant. Au cours des six mois qui suivirent nous avons constitué des listes dans chacun des 17 cantons du Lot – 68 candidats alors qu'il n'y avait qu'une centaine d'adhérents. C'était une première et une performance. *La Dépêche du Midi*, que nous appelions entre nous par dérision la «Dépêche du Dhimmi» – ce qui signifie en Arabe: le soumis aux musulmans –, journal de la famille Baylet à la solde des radicaux-socialistes locaux et de la franc-maçonnerie du Grand Orient, ne put faire autrement que de reconnaître ce tour de force. Après mon départ, aux élections départementales suivantes six ans plus tard, le FN rebaptisé RN ne fut pas en mesure de renouveler cet exploit, et ne présenta de candidats que dans seulement cinq cantons.

Marine Le Pen nous rendit visite en février 2015. Scandale et émoi dans la presse locale et dans les loges. Tous les groupes gauchistes antédiluviens, antifas, CNT anarchiste du département se mobilisèrent. *La Dépêche du Midi* parla du Lot comme d'une «citadelle assiégée». Geneviève Lagarde, tête de liste des socialistes à ces élections, faisait publier de longues graphorrhées fumeuses sur la résurgence du fascisme que nous représentions supposément, alors même qu'elle me connaissait personnellement. Les journalistes, mais aussi Serge Rigal, le futur président socialiste du Conseil Départemental que je fréquentais, car nous habitions le même village, se plaignaient secrètement de sa sottise. Du coup, nous avions un droit de réponse de la même proportion. Elle faisait notre campagne à son insu. Objectif atteint donc: tout le monde en parlait. L'équipe, remotivée était ravie.

Je rencontrais alors pour la première fois Marine Le Pen, en tête à tête. Hors scène et hors plateaux de télévision, son charisme et son talent oratoire s'étaient volatilisés, comme un acteur métamorphosé pour un moment sous la lumière de la scène redevient lui-même lorsqu'il retourne dans l'ombre de la coulisse. Elle n'était plus qu'elle-même. Habitué à faire passer des entretiens d'embauche pendant une vingtaine d'années, je perçus alors une personnalité fragile, dotée d'une carapace épaisse qu'elle s'était construite, pour se protéger. Peu de culture et guère de convictions sur les thèmes essentiels de l'islamisation et de l'immigration. Méconnaissance presque totale de l'économie. C'était donc cela Marine Le Pen? *« Un feuillage pâle sur un vieux tronc*[1] », du gui qui avait poussé sur un vieux chêne et qui finirait par le tuer. Sa grande froideur, plus de caractère que de prudence, contrastait avec la chaleur et le cœur des militants qui la suivaient. Ce n'était cependant qu'une demi-déception, car on ne demande pas au porte-drapeau autre chose que de bien le porter, et elle le faisait tout de même plutôt bien. Mais, comme elle le dit parfois elle-même, *« il faut tenir compte des premières impressions, surtout quand elles sont mauvaises».* L'avenir confirmera cet oracle. La tentation de tout arrêter était grande, car le leadership est crucial dans les organisations. Mais il aurait été indécent d'abandonner mon équipe et de décevoir son espoir. Je restais donc par loyauté. J'en paierai le prix et eux aussi.

Avec Zemmour ma première impression fut exactement l'inverse. Celle d'un navire égaré dans la tempête qui perçoit un phare dans la nuit.

Le mois suivant, au premier tour des élections départementales, le FN atteignait 20,42 % dans le Lot, soit 15 095 voix, et il y eut des seconds tours dans cinq cantons face à la majorité départementale. Les Républicains n'avaient pu constituer que trois listes dans des cantons principalement urbains, malgré leur présence ancienne, avec Georges Pompidou qui habitait Cajarc et Bernard Pons qui fut député de la circonscription de Figeac: un lamentable échec d'Aurélien Pradié et de son équipe des Républicains dans le Lot. Ce résultat inespéré nous étonnait

---

1. Richard Strauss à propos de Siegfried Wagner, le fils de Richard Wagner.

tous. Les élections locales rémunèrent généralement l'implanta-tion. Or le FN n'existait quasiment pas politiquement dans le département. C'était impressionnant. La presse locale, qui nous avait prédit 8 % à 12 %, ne s'y trompa pas et titra le lendemain : « *Coup de tonnerre dans le Lot.* » J'arrivais deuxième dans le canton de Puy-l'Évêque avec 29 %. Il n'y aura pas de second tour dans ce canton car Serge Bladinières, mon adversaire, et par ailleurs viticulteur bien connu de ma famille, fut élu de justesse dès le premier tour. Même si nous n'obtenions aucun élu, jamais le FN n'avait atteint un tel score dans le département. La gauche locale tremblait, au cœur d'un de ses bastions historiques, le pays du radical-socialisme, celui de Gambetta héros des débuts de la IIIe République et de Martin Malvy, irrigué depuis plus de deux siècles par les loges maçonniques du Grand Orient (dont pas moins de trois à Cahors).

Ce succès avait des origines multiples, nationales et locales. Il y avait la dynamique nationale autour du FN dirigé depuis peu par Marine Le Pen et la figure de Louis Aliot dans la région. Localement, ma famille était assez implantée et connue dans le Lot. Par courtoisie, je m'étais présenté dans un autre canton que Serge Rigal le Président PS du Conseil Départemental, qui était aussi mon voisin, et je lui signalais ses affiches arrachées pendant la campagne. Personne ne le fera jamais pour nous. Plus tard, après mon élection au Conseil Régional d'Occitanie et plusieurs affrontements verbaux avec Carole Delga, son Président, les sub-ventions régionales de ma mère pour sa ferme classée monument historique seront désormais refusées sans explication valable. La courtoisie était visiblement unilatérale. Si elle pouvait parfois exister sur le plan local, la Région ne l'entendait pas de cette oreille. On s'attaquait à ma famille mais je n'étais pas surpris : le ciblage des opposants, technique classique sous la révolution, les « valeurs » républicaines étaient appliqués ici avec zèle.

Même dans le Lot, département farouchement radical so-cialiste ancré à gauche depuis des générations, terre de mission réputée difficile pour le FN, la démonstration était donc faite que tout restait possible.

La terre était fertile. Pour peu qu'on veuille bien la cultiver et faire l'effort nécessaire. C'était la démonstration qu'en politique, le travail de terrain est la clef, une leçon qui aurait été bien utile à Éric Zemmour par la suite. Le lien de camaraderie et d'estime qui lie les militants avec leurs chefs sont essentiels, comme le lien charnel du Roi avec son Peuple et du Peuple avec la terre, avec ses racines. L'enracinement barrésien n'est pas un mythe. Bonaparte qui bivouaquait avec ses hommes disait : « *Je gagne mes batailles avec les rêves de mes soldats.* » Il fallait donc entrainer les militants en avant en les faisant rêver. Je les aimais pour leur fidélité si entière à la France et leur générosité : le cœur des militants était grand et c'était l'essentiel. Nous collions les affiches jusqu'à parfois trois ou quatre heures du matin même en dehors des périodes électorales.

La force de notre équipe fit suffisamment trembler la gauche locale pour motiver des attaques personnelles assez désagréables contre moi et ma famille : menaces de mort, arrêts de subventions, contrôle fiscal, tracasseries judiciaires et policières, rien ne me fut épargné. Mais je n'y attachais aucune importance. Seul comptait le résultat et il était encourageant. Cette expérience militante intense fut essentielle pour construire plus tard le mouvement zemmourien en Occitanie, même si Zemmour ne crut pas assez à la politique de terrain. Ce sera une des causes de son échec et une des conditions de son avenir politique.

Je devins Responsable Départemental et constituai l'équipe. Bruno Lervoire, un jeune cadurcien me rejoignit. Il avait fait Science Po à Toulouse et avait un talent de communication et d'écriture. Ironie du sort, il avait eu Nicole Belloubet, futur ministre de la Justice d'Emmanuel Macron, comme professeur de droit, et elle lui avait collé un magnifique zéro lorsqu'il lui avait déclaré ne pas comprendre pourquoi les traités internationaux avaient préséance sur la loi française. Ce résultat méritait une médaille patriotique. C'était bon signe. Je l'inclus dans l'équipe dont il devint un des piliers puis mon successeur adoubé. Remarquable assistant du groupe régional en Occitanie, il sera beaucoup plus tard, un adjoint de Romain Lopez, le futur maire de Moissac, qui se ralliera à Zemmour en 2022.

Quelques mois plus tard, fin 2015, notre score aux élections régionales atteignait 22,80 % dans le Lot (18 908 voix) et 33,90 % au niveau régional. Malgré les manœuvres de la gauche locale, qui avait vu le coup venir et voulait éviter un élu FN en réduisant le nombre d'élus régionaux du Lot de six à cinq, j'étais élu Conseiller Régional d'Occitanie pour six ans. Je n'avais pas pensé qu'il me soit possible d'être élu dans cette terre de mission réputée impossible pour le FN, ni n'en avais envisagé les conséquences. Je n'avais pris la tête de liste que pour motiver mon équipe sans y croire vraiment. N'importe qui, fût-ce un singe placé tête de liste, aurait atteint ce score : les deux éléments clefs de ce succès étaient notre travail de terrain sur le plan local et la dynamique nationale du parti, plus que mon nom. Mon seul succès était d'avoir motivé une équipe pour faire le travail nécessaire : ce n'était pas un succès personnel. Les politiques croient qu'ils sont choisis alors que ce sont leurs idées et les partis politiques qui les incarnent qui les portent. Aurélien Pradié, aussi dépourvu de culture que de conviction, en cela tout à fait idoine à notre époque, ne fut élu lui-même conseiller régional que de justesse. C'était la rançon des luttes internes locales, du mauvais choix de Dominique Reynié, analyste pour plateaux de télévision, comme tête de leur liste régionale, et d'une dynamique nationale catastrophique pour *Les Républicains*. Reynié disparaitra d'ailleurs du Conseil Régional après quelques mois, car il avait fait une fausse déclaration d'adresse lors de son dépôt de candidature, alors qu'il était en fait parisien.

Les circonstances me conduisaient dans une direction inconnue. Je ne pouvais plus reculer. J'avais été inconscient.

Je ne pensais pas avoir été téméraire. Le futur démontra le contraire. C'était une témérité spontanée. L'expression d'une réalité profonde me concernant, que la vie et ses occupations matérielles m'avaient cachée jusqu'à cet instant décisif. J'étais prêt à payer le prix, fût-il exorbitant, de ma singularité. Je m'habituerai bientôt à être traité de fou. Ce sera en fait assez agréable et libérateur.

La porte de la politique s'était définitivement refermée sur moi, sans que je m'en plaigne d'ailleurs. Zemmour en fera aussi l'expérience. Une fois déclaré candidat, rien ne sera plus jamais comme avant. Ni pour lui, ni pour la France.

∞

« *Le drame de notre temps, c'est que la bêtise se soit mise à penser* »

Jean Cocteau

Chapitre III

« DRÔLE » DE DRAME
AU DELGASTAN

C'est avec une certaine appréhension que j'entrais au Conseil Régional d'Occitanie en janvier 2016. J'allais bientôt découvrir à quel point cette institution abritait un marécage d'intrigues et de compromissions douteuses et était totalement détachée de l'esprit de service attendu de représentants mandatés par le Peuple. Je ne me faisais guère d'illusions, mais je ne m'attendais pas à un tel degré de médiocrité, de bassesse et de bêtise. Gilbert Collard, que je rencontrais bien plus tard, me confiera que, lorsqu'il était entré à l'Assemblée nationale comme député, il y était entré républicain, mais qu'il en était sorti royaliste. Son père avait été le notaire de Charles Maurras : il avait donc des antécédents. Le Conseil Régional d'Occitanie était un palais « bourbeux[1] » à défaut de « Bourbon », qui est de

---

1. Cette expression était commune sous la IIIᵉ République dans la littérature antiparlementaire. Maurice Barrès appelait la Chambre « le palais du mensonge ». On trouve aussi à cette époque les expressions « l'Aquarium », « le bocal », « la maison sans fenêtres », etc.

toute façon un oxymore concernant une Assemblée Nationale républicaine. Ma détestation du parlementarisme n'était jusque-là que théorique, dans le sillage des idées de Bainville et Maurras. J'allais rapidement constater la justesse de leur diagnostic. Mon engagement avec Éric Zemmour plusieurs années après sera la conséquence de cette expérience.

Carole Delga fut élue Président de la Région nouvellement formée de l'assemblage des deux régions Languedoc-Roussillon et Midi-Pyrénées, au terme d'une séance de passation des pouvoirs avec Martin Malvy, digne des cérémonies du Soviet Suprême de l'URSS. Dès son premier discours, elle se présenta non pas en Président de tous les habitants de la Région mais afficha son partisanisme de façon assez surprenante et antinomique de ses fonctions, annonçant vouloir lutter contre l'extrême droite par tous les moyens. Elle était seulement la présidente des socialistes majoritaires, comme Emmanuel Macron sera plus tard le leader du néo «parti bourgeois» qu'il avait créé, au lieu d'être le président de tous les Français. Aucun respect pour le résultat électoral ni pour les électeurs. Nous n'étions pas très éloignés de l'esprit de la Convention montagnarde de 1793. À l'issue de la première séance je sortis du bâtiment du Conseil Régional avec une sérieuse envie de vomir.

Ce n'était qu'un début et pas un bon. Au cours de la mandature, rien ne nous fut épargné : interdiction d'être élus dans les organismes extérieurs comme les lycées et les sociétés publiques locales, contrairement au groupe LR (alors qu'avec 40 élus le groupe FN constituait le plus gros groupe d'opposition), absences ou lenteurs de réponse de l'administration pour obtenir certaines informations, multiplication de structures *ad hoc* pour opacifier sa gestion et rendre insaisissable certains aspects de sa politique, nouveau règlement intérieur liberticide… Lorsque Corine Bardou, une de nos élues, eut un grave accident de la route, aucune prise de nouvelles par Carole Delga. Il fallut l'intervention de certains d'entre nous pour qu'elle en dise un mot à l'assemblée plénière suivante. La gauche de Carole Delga n'avait non seulement pas «le monopole du cœur», mais pas de cœur du tout. Nous étions des parias : il fallait nous tuer sinon physiquement, du moins politiquement. Sa rage contre nous allait jusqu'à abaisser sa fonction en s'arrêtant au bord d'une route pour arracher nos affiches. Elle fut surprise en le faisant par un de nos militants. Elle arrachera bientôt mon micro en pleine séance plénière du Conseil Régional, sans exprimer le moindre remord pour cette atteinte manifeste aux principes démocratiques qu'elle prétend défendre.

Il faut dire que la liste Front National, conduite par Louis Aliot, avait de quoi l'inquiéter : elle avait obtenu un score significatif avec 33,9 % des voix en moyenne régionale et quarante élus sur les 158 de la nouvelle région, tandis que Carole Delga, qui réalisait 44,80 % des suffrages, obtenait la majorité des sièges sans avoir la majorité absolue des suffrages. Notre groupe était le premier groupe d'opposition. Nous avions fait une magnifique campagne aussi bien régionalement que dans le Lot, où notre équipe avait organisé pas moins de huit déplacements d'élus nationaux en soixante jours, une dizaine de réunions publiques, et une efficace couverture presse que nous devions à Bruno Lervoire. Même Martin Malvy le reconnut. La gauche se trouvait attaquée dans une de ses places fortes régionales, où de grandes figures, Léon Gambetta, Jean Jaurès, Georges Frêche, Maurice Faure et Martin Malvy s'étaient illustrées. Si les deux régions n'avaient pas fusionné, la région Languedoc Roussillon aurait été conquise par le Front National. Mon élection n'aurait pas eu lieu, car le résultat du Languedoc Roussillon tirait vers le haut le système de répartition des élus dans la nouvelle région. Une fois de plus et malgré un score national de près de 27,7 % des suffrages exprimés, le Front National ne gagnait aucune région, du fait de ces manipulations, mais aussi par manque d'implantation locale.

Le groupe Front National en Occitanie était constitué de personnalités venant d'horizons divers. Il y avait Julien Sanchez, le jeune maire FN de la ville de Beaucaire nouvellement élu, Gilles Ardinat qui venait de chez Nicolas Dupont-Aignan, Monique Tézenas du Montcel (élue du Gard – ancien cadre supérieur bancaire) et Didier Carette, très talentueux comédien et directeur de théâtre. Louis Aliot avait ouvert sa liste vers les Républicains, dont plusieurs personnalités locales, comme Maïté Carsalade (fondatrice des éditions de l'Aqueduc, ajointe de Dominique Baudis, Philippe Douste-Blazy puis Jean-Luc Moudenc à la mairie de Toulouse), Chantal Dounot-Sobraquès (professeur de droit à l'université de Toulouse, ancienne du RPR et adjointe Culture de Dominique Baudis à la mairie de Toulouse) et Jean-François Fons (de l'UMP). À cette époque Louis Aliot croyait encore à l'union des droites qu'il tentait de réaliser en Occitanie. Certes avec des ralliements de personnalités, plus que par des rapprochements d'appareils, mais c'était déjà un pas dans la bonne direction. Même si Louis Aliot se moquera plus tard du projet d'union des droites d'Éric Zemmour, sans doute plus par tactique politique face à un concurrent dangereux que par conviction. La région Midi Pyrénées avait été perdue en 1998 lorsque Marc Censi (UDF) alors président et son allié RPR refusèrent de s'unir au FN. Cette division du camp de la droite eut pour résultat désastreux de donner la région aux socialistes pendant plus de vingt ans.

Au début de la mandature, le groupe RN fit assez bien son travail d'opposant. Il dénonça le cas de Béatrice Négrier qui venait d'être nommée Vice-Président du Conseil Régional en charge de l'emploi, de la formation professionnelle et de l'apprentissage, et qui avait de 2010 à 2011 détourné à son profit des fonds au détriment du Mouvement Républicain Citoyen (MRC), pour une somme atteignant un total de 356 415 euros. Il s'agissait pour elle d'éponger des dettes causées par la campagne des législatives en 2007. Elle fut condamnée pour abus de biens sociaux le 24 mai 2016 à 4 000 euros d'amende et à rembourser les fonds détournés. Sans inscription au casier judiciaire. C'était bizarre. Aucune inéligibilité ne fut prononcée, sous le prétexte, selon un des magistrats, qu'elle « *avait tout remboursé, et qu'il n'y avait pas de préjudice. Elle ne s'était pas enrichie, elle a essayé de ne pas s'appauvrir*[1] » ! Ben voyons ! Il fallut attendre plus de deux mois pour que le verdict finisse par fuiter et transpirer dans la presse. Habituellement, les malversations financières des élus se diffusent comme une traînée de poudre. Le dossier Négrier faisait « bizarrement » exception à la règle. Mais cette condamnation n'entraina pas son départ de son poste de Vice-Président. Carole Delga ne pouvait prétendre méconnaitre cette affaire qui durait depuis 2010. Elle avait donc nommé sa Vice-Présidente en connaissance de cause. La démission de l'intéressée n'eut lieu que le 24 août 2016, suite à l'insistance du groupe FN et aussi de Bernard Carayon, élu LR du Tarn, qui orchestrèrent une campagne de dénonciation publique efficace. Béatrice Négrier resta simple conseiller régional pendant les six années de son mandat, sans plus avoir de rôle exécutif. La Justice avait été suffisamment laxiste pour permettre cette injustice. Qui peut encore croire à son indépendance ? La mettre en cause est un lieu suffisamment commun pour ne plus être un outrage. Et tout le monde le sait et le voit très bien, sauf une certaine presse qui reste volontairement silencieuse. Nous avons aujourd'hui un garde des Sceaux mis en examen qui reste ministre. Qui n'a pas constaté la célérité toute particulière avec laquelle des opposants politiques comme François Fillon, Marine Le Pen ou Éric Zemmour font régulièrement l'objet des attentions de la Justice doit être aveugle ou complice.

L'indulgence dont Madame Négrier bénéficiait ne pouvait que rendre plus choquante la discrimination de l'administration régionale à notre encontre qui n'hésitait pas à traiter de façon inéquitable les communes tenues par le camp national. Madame Delga fut ainsi condamnée pour discrimination envers le maire RN de Beaucaire (Gard), Julien Sanchez, le 26 avril 2019 par la

---

1. Midi Libre. 29 juillet 2016.

cour d'appel de Nîmes à 1 000 euros d'amende, 5 000 euros de dommages et intérêts à verser à la commune au titre du préjudice moral, et 2 000 euros au titre du remboursement des frais de justice[1]. Le maire lui reprochait la non-attribution d'un lycée dans sa ville. Carole Delga, qui était visée par Julien Sanchez pour « *discrimination fondée sur des opinions politiques* » et « *entrave à l'exercice d'une activité économique* », avait été condamnée pour des faits tellement criants que la Justice d'habitude assez favorable à la présidente de Région ne put que constater et juger.

Cette discrimination était en fait habituelle. Je demandais à Carole Delga de représenter la Région dans mon village pour les cérémonies du 11 Novembre. Refus. Je n'étais pas républicain, donc pas acceptable ni accepté. Le Président du Conseil Départemental, Serge Rigal, était moins sectaire : il me fit inviter aux cérémonies du 11 Novembre au monument aux morts de Lamotte Cassel. Étaient présents Catherine Ferrier, préfet du Lot, les députés et les conseillers départementaux. J'arrivai avec un bouquet de fleurs aux couleurs bleu blanc rouge que je remis aux associations d'anciens combattants. Avec le préfet, puis le Président du Conseil Départemental je rendis l'hommage aux morts en déposant ce bouquet. Je constatais alors la consternation générale. Le Préfet admonesta le représentant départemental des armées et les élus parlèrent de « récupération politique ». Le représentant des armées eut l'audace de me dire qu'il désapprouvait mon comportement, et que j'étais selon lui « *mal élu* ». Je le toisais et lui lançais : « *Alors c'est donc cela la Grande Muette* » ! Pensent-ils que les morts leur appartiennent ? Un militant d'extrême gauche me prit à partie en s'indignant que je puisse oser « *faire cela* » et « *venir ici avec (mes) idées fascistes* ». Les gendarmes présents l'empêchèrent de me molester. Je brandis alors sous ses yeux la plaque de soldat de mon grand-oncle fusillé, que j'avais mise dans ma poche pour l'occasion, car je voulais aussi l'honorer, en même temps

1. Le Point. 9 septembre 2020.

que tous ses frères d'armes tombés au combat. J'étais indigné du comportement honteux de ce militant et de ces élus et fonctionnaires bien-pensants qui se vantaient d'appartenir au parti du Bien, et se comportaient comme des profanateurs de mémoire. Mon bouquet fut retiré le lendemain par un inconnu. Personne ne traita la plainte que je déposais ensuite pour profanation. En Occitanie tout se tient et tout est tenu.

Au Conseil Régional, même scénario. Jean Guillaume Remise, élu FN de l'Aveyron, eut l'idée de demander que les élus chantent la Marseillaise au début de chaque séance plénière du Conseil Régional. Cette initiative républicaine fut sèchement refusée par Carole Delga. Nous chantions seuls sous les huées de la gauche qui ne respectait même pas ce chant qui est pourtant l'hymne national depuis 1878 à l'initiative de leurs prédécesseurs républicains. Confinés dans leur «entre soi», les socialistes étaient mis face à leurs convictions. Ils ne voulaient ni «faire nation» ni «vivre ensemble». Les morts, la République, l'administration, la Justice, tout leur appartient.

J'observais la même hypocrisie dans le Lot. J'essayais avec mon équipe de m'intéresser aux problématiques locales. En 2017, je fus alerté par des habitants de Gramat qui étaient inquiets d'un des projets de la mairie. Le maire, Michel Sylvestre, est un ancien médecin, membre éminent du Parti Socialiste dans le Lot. Un revendeur de machines agricoles voulait s'implanter au bord de la route principale sur un terrain qu'il avait acheté. Pour mettre ce projet en œuvre, il fallait détruire une de ces très jolies granges à deux étages typiques de l'habitat rural du Quercy. C'était scandaleux et surtout irrémédiable. Je sollicitais la DRAC qui ne voulut rien faire : le bâtiment n'était pas suffisamment important. Je suggérais alors aux riverains de faire campagne avec un tract, que je corrigeais, puis de sensibiliser le conseil municipal avant leur décision. Je leur conseillais aussi de ne pas utiliser notre étiquette politique qui leur serait préjudiciable, car ils seraient alors immédiatement stigmatisés. Je rencontrais le maire qui me dit qu'il respecterait la décision de son conseil municipal. Cette campagne de sensibilisation connut un grand succès. Le conseil municipal s'opposa au projet, au grand dam du maire. Mais cela ne servit à rien : il viola sa parole et passa outre. La grange fut détruite et un hangar monstrueux construit à sa place. Cette zone est aujourd'hui sinistrée par cette pollution visuelle irrémédiable.

Peu après, pratiquement au même endroit, la même municipalité, le Département et la Région approuvèrent la construction d'un gigantesque méthaniseur, classé risque Seveso. Ce projet, poussé par un certain nombre d'agriculteurs et les élus d'Europe Écologie les Verts fut approuvé, malgré les protestations des résidents et des associations qui pointaient vers des risques significatifs de pollution des nappes phréatiques. Je me rendis à leur réunion publique et pris la parole. Mais les éléments d'extrême gauche qui noyautaient ces organisations me huèrent et m'expulsèrent. Leurs amis politiques poussaient le projet au Conseil régional et au Conseil départemental : ce n'était donc qu'une farce sinistre, un bal d'hypocrites politisés agissant sous couvert. Sans relais politique significatif, cette contestation fit long feu et le méthaniseur fut construit. Aujourd'hui la pollution du bassin hydrographique par les épandages de digestats, ces résidus du processus industriel, sur les plateaux karstiques poreux environnants est telle que certains élus commencent enfin à élever la voix, mais trop tard. Pourtant, les risques étaient connus dès le début. Nous l'avions dénoncé publiquement. Aurélien Pradié, qui m'avait alors accusé d'être « contre les agriculteurs » en m'opposant au projet, fait aujourd'hui partie de ces vestales pures qui n'ont soit rien dit, soit soutenu le projet initial[1]. Certains d'entre eux font maintenant profession d'opposants.

L'hypocrisie et l'incompétence de ces élus locaux, animés par des considérations souvent électorales ou personnelles (pour

1. Blog des Bourians (blogdesbourians.fr). *Aurélien Pradié « des projets de méthanisation de plus en plus volumineux »*. 21 décembre 2018.

ne pas dire plus), étaient ici patentes. J'en ferai régulièrement l'expérience. En 2013, avant que mon engagement politique ne soit rendu public, Serge Rigal, Président du Département du Lot, m'avait dit dans une conversation privée qu'il regrettait que le département ait accepté le «délestage» d'une partie des populations du quartier du Mirail à Toulouse dans les années 90, compte tenu des problèmes de délinquance et de criminalité qui ont ensuite suivi, et qu'il n'en voulait plus. Cela ne l'empêcha pas de porter plainte des années plus tard au nom du Département contre Éric Zemmour pour des propos sur les enfants migrants[1]. Le maire de Gramat, Michel Sylvestre, encore lui, m'avait dit qu'il était favorable aux expulsions automatiques des délinquants étrangers, selon des méthodes et dans des termes qui scandaliseraient si Marine Le Pen les proposait. Les Lotois, qui votent pourtant très à gauche et ont donc approuvé les politiques migratoires de la République française mises en place par leurs élus, ne veulent pas d'immigration, en tout cas pas près de chez eux. C'est bon pour les autres et pour leur mauvaise conscience que paie le pays. Beaucoup d'élus de gauche de la région ou d'ailleurs, ne mettent pas leurs enfants dans les écoles publiques afin d'éviter qu'ils soient en contact avec ce qu'ils appellent hypocritement la «Diversité». Illustration du principe «Faites ce que je dis, pas ce que je fais». Le plus connu est le ministre de l'Éducation nationale Pape N'Diaye dont les enfants vont à l'École alsacienne à Paris[2]. La gamelle et leur intérêt personnel vaut mieux que leurs principes et l'intérêt général. C'est connu. Faut-il ensuite qu'ils s'étonnent de la baisse des taux de participation aux élections et de l'émergence du mouvement des gilets jaunes? La trahison du pays réel par le pays légal n'est donc pas limitée aux problématiques

---

1. La Dépêche du Midi. *Lot: le Président du Conseil départemental dénonce les propos de Zemmour, le RN lui répond.* 7 octobre 2020.

2. 20 Minutes. *Un ministre de l'Éducation doit-il forcément scolariser ses enfants dans l'enseignement public?* 30 juin 2022.

nationales, mais infuse profondément dans toute la structure politique du pays. Chaque jour passé au Conseil Régional et dans le département du Lot me le démontra.

Face à la mauvaise foi de la majorité régionale socialiste, et sa compromission supposée avec des intérêts particuliers dans des projets souvent douteux, les séances du Conseil Régional étaient houleuses. La violence verbale exercée par les socialistes était intense et souvent gratuite : elle avait pour unique objet d'empêcher tout débat ou discussion gênante. Pratiquement à chaque séance ou durant chaque commission, nous étions traités de fascistes ou de nazis en guise de réponse à nos questions. Cette technique de stigmatisation gratuite est communément utilisée contre les opposants, qu'ils soient le RN ou Éric Zemmour. Leur objectif est de discréditer et de neutraliser la fonction de contrôle démocratique de l'opposition.

En février 2017, lors d'une séance plénière qui aura un grand retentissement médiatique, j'intervins pour défendre un amendement, communément appelé « clause Molière ». Il s'agissait d'imposer l'usage du Français sur les chantiers dans les appels d'offres de la Région, et de lutter ainsi indirectement contre le travail détaché imposé par l'Union européenne. La droite LR majoritaire l'avait adoptée en Région Pays de Loire. Tandis que ses collègues dans l'hémicycle nous traitaient de « xénophobes » et de « racistes », l'intervenant des socialistes sur ce texte, Jean-Luc Bergeon, maire de Saint-Christol dans l'Hérault nous tança, évoquant ses « racines espagnoles ». Il n'y aurait jamais eu, selon lui, de production viticole à Montpellier sans les Espagnols. Je lui rétorquais : « *Monsieur Bergeon (…) nous parle de racines espagnoles. Je vais vous parler de mes racines italiennes et de mon arrière-grand-père qui a fui le fascisme en Italie (…) alors que vous les socialistes, vos prédécesseurs votaient les pleins pouvoirs à Pétain*[1]… » Scandale ! Je vis soudain Carole Delga, surgir devant moi et arracher mon micro. Je n'avais pas

---

1. France TV Info. 3 février 2017.

pu achever mon propos où je devais dire : « *et vous avez voté François Mitterrand, l'homme de la francisque : les fascistes c'est donc bien vous, les socialistes.* » Je n'eus l'occasion de le lui dire que trois ans plus tard, bien après avoir quitté le RN, dans mon dernier discours, propos pour lesquels la Justice complice et complaisante de l'Occitanie me traduit aujourd'hui en correctionnelle. J'avais touché leur talon d'Achille. Suspension de séance. Le groupe socialiste se leva d'un seul bloc et se dirigea vers nous, menaçant. La sécurité s'interposa. Julien Sanchez filmait avec son téléphone portable cette agression. Christian Asaf, le président du groupe socialiste, lui arracha ce téléphone et le jeta à terre. Ces « démocrates » montraient ainsi leur vrai visage. Le Groupe FN boycottera le reste de la séance. J'étais ravi de les avoir démasqués.

La Dépêche du Midi dira le lendemain en première page de son édition régionale : « *Crenne a réécrit l'Histoire* ». Je l'avais seulement rappelée, violant ainsi le dogme que la gauche avait construit autour d'elle. Selon la thèse officielle c'était l'extrême droite qui avait collaboré, pas la gauche. Pourtant les premiers résistants furent souvent des royalistes, membres de l'Action Française ou pas, comme Honoré d'Estienne d'Orves fusillé au mont Valérien le 29 août 1941. En juin 1940, c'est une chambre majoritairement de gauche qui vota les pleins pouvoirs à Pétain, et Pierre Laval, qui fut le chef du gouvernement du maréchal, était un membre éminent de la SFIO, ancêtre du Parti Socialiste. René Bousquet, chef de la police de Vichy, fut après la guerre administrateur de *La Dépêche du Midi* pendant une douzaine d'années à partir de 1959. Un des hauts responsables allemands pendant l'Occupation, le conseiller Schleier, notait d'ailleurs que « *la grande majorité des partisans de la politique de Collaboration vient de la gauche française : Déat, Doriot, Pucheu, (…), Laval, une grande partie de l'ancien personnel briandiste* », et dénonçait au ministre Ribbentrop le « *comportement fondamental d'antiallemand*» de Charles Maurras[1]. Ceci n'efface pas la faute de Maurras qui, par son parti pris anti-gaulliste et antisémite, a plongé le mouvement royaliste dont il était le chef, et par extension le Royalisme en général, dans une impasse dont il se relèvera difficilement après 1945. Mais les jugements rétrospectifs sur le passé dans le confort du futur sont toujours faciles et réducteurs. La gauche ferait donc mieux de se pencher sur son passé et de faire son *aggiornamento,* au lieu de stigmatiser ses adversaires en leur lançant des anathèmes futiles et faux, sur la base commode d'une histoire frelatée. Zemmour fait l'objet des mêmes critiques des ayatollahs de la pensée unique et de l'histoire officielle : il n'est pas bon de tenter de renverser les dogmes et les idoles. Mais il faut avoir confiance : malgré les anathèmes et les procès en «sorcellerie», l'Histoire rétablira la vérité naturellement.

Je portai rapidement plainte contre Carole Delga pour outrage et violences. Le parquet toulousain enregistra cette plainte mais ne la traitera jamais. Étrange et commode « inaction » favorable au pouvoir de Carole Delga qui obtint pourtant ma garde à vue et mon menottage au bout de seulement deux mois lorsqu'elle porta plainte plusieurs années plus tard contre moi pour outrage. Je fus donc contraint de procéder par voie de citation directe à mes frais six ans plus tard pour éviter l'échéance du délai de prescription. À l'audience de mars 2024, l'avocat de Carole Delga maître Simon Cohen, ténor du barreau toulousain, tentera de justifier le geste scandaleux de sa cliente. Certes avec difficulté, allant même jusqu'à prétendre qu'il était permis par le règlement intérieur du Conseil Régional ! Un délit « autorisé » selon lui donc. Mais un geste qui aurait immédiatement fait condamner sa cliente pour outrage à magistrat si elle l'avait commis sur un juge dans l'enceinte d'un tribunal. En Occitanie, tout est bon dans le cochon. Il est heureux que le

---

1. Jean-Paul Cointet, *Histoire de Vichy,* Perrin, Tempus, 2003, p. 288.

règlement intérieur du Conseil Régional d'Occitanie n'autorise pas le meurtre entre élus. Sinon je serais sans doute déjà mort.

La vidéo de cet incident fit 350 000 vues en moins de vingt-quatre heures sur internet et eut les faveurs de la presse nationale. C'était un honneur que je n'aurais qu'une seule fois et aucun autre conseiller régional de notre groupe ne l'eut ensuite. Je savourais l'instant. Mais nous n'étions qu'une minorité même dans nos rangs à l'apprécier vraiment. Tant la vanité et l'envie sont des moteurs en politique.

Ne tardèrent pas à se faire sentir les jalousies. Seuls cinq ou six élus travaillaient vraiment dans notre groupe. Les autres faisaient tapisserie et n'étaient visiblement là que pour cachetonner aux frais du contribuable. Et parmi eux bien sûr une foule d'envieux, même si beaucoup d'autres me conservèrent leur amitié. « *Un ami, c'est un traître qui attend son heure* » disait Talleyrand. Il faut parfois se méfier de ses amis. J'allais bientôt devenir leur victime expiatoire.

Le FN ne me reprochera pas mes propos immédiatement, même si beaucoup n'en pensaient pas moins. Louis Aliot me soutint publiquement, rappelant la francisque de François Mitterrand, décoration que l'on ne donnait pas à n'importe qui : seul un petit millier de fonctionnaires particulièrement zélés et compromis l'avaient reçue de Pétain. Mais pour Marine Le Pen, il ne fallait pas faire de vagues. Telle était et est encore sa *doxa*, elle qui déteste la singularité par crainte et détestation du talent des autres. Elle continue d'ailleurs à l'appliquer aujourd'hui, applaudie et encouragée par la presse du Système. Le résultat de cette politique fut catastrophique en Occitanie : le FN cessa d'être visible et s'effondra aux élections régionales suivantes, passant de 33,90 % en 2015 à 24,00 % en 2021 – et de 27,7 % à 20,50 % sur le plan national. Le groupe FN passa de 40 à 28 élus. Dans le Lot, il recula à 10,03 %, 5 957 voix, environ 13 000 voix de moins qu'en 2015, et aucun élu RN dans le département. Un crève-cœur pour moi et mon ancienne équipe. Un camouflet pour Marine Le Pen. Sur les 28 élus résiduels, pratiquement aucun de la dizaine d'élus compétents que comptait le groupe FN de la mandature précédente ne furent repris ou ne voulurent se représenter, à part deux ou trois dont Julien Sanchez, un garçon honnête, travailleur et bon orateur. Une fuite des cerveaux voulue et organisée du sommet à la base de ce parti qui distille la médiocrité pour qu'elle le dirige. C'est une stratégie de perdants. Éric Zemmour dira lui-même en 2021 : «*Je n'ai rien contre Marine Le Pen! Je pense simplement qu'elle ne peut pas gagner*[1].» Et il avait raison. Il est probable que cette stratégie appliquée au RN nationalement pour 2027 ne fonctionne pas, les mêmes causes produisant souvent les mêmes effets. Marine s'imagine aujourd'hui pouvoir être élue en 2027 à la lumière de sondages contestables. Tout est lissé et poli pour dire au monde : «Je ne suis pas le Père que j'ai tué.» Elle sacrifie ainsi des pans entiers de son programme, pourtant essentiels, et liquide son héritage. Jean-Marie Le Pen le dit bien dans ses Mémoires : «*Qui veut tuer son père accuse ses chiens de la rage. Chez les oiseaux, les parents chassent les oisillons du nid pour qu'ils volent de leurs propres ailes. Dans la famille Le Pen, c'est l'inverse : l'oiselle a viré l'aigle pour devenir adulte*[2].» Chirac avait fait la même chose. Il avait abandonné l'héritage du général de Gaulle et vendu son âme au diable pour être élu. Jean-Marie Le Pen disait qu'il préférait «*être battu avec ses idées plutôt que de gagner avec celles de ses adversaires*». Parce qu'elle n'en a pas, Marine Le Pen préfère les idées des autres, quitte à perdre avec elles. Et tant pis pour le pays et les Français. Zemmour, lui, a ses propres idées. Il n'a rien, ni personne à trahir. Sauf lui-même, car il s'est fait lui-même. Il a construit son propre parti. Ce n'est pas un fils à papa, qui hérita d'un parti déjà construit, par la «magie»

---

1. Interview d'Éric Zemmour sur Europe 1 avec Laurence Ferrari, le 6 octobre 2021.

2. Jean-Marie Le Pen, Fils de la Nation, Mémoires – tome 1, page 371, éditions Muller, 2018.

de son nom plus que par son génie, pour ne rien en faire que le détruire. Comme il le dit dans *Je n'ai pas dit mon dernier mot*, à propos de la victoire de Chirac en 1995 : «*Mais qu'a fait ce dernier de sa victoire ? Rien. Je le redis une nouvelle fois : à quoi sert de gagner pour gagner ? C'est la limite du cynisme de ceux que Blaise Pascal appelait les "demi-habiles" : les conditions idéologiques de leur victoire déterminent leur capacité d'action au pouvoir. Le pouvoir pour le pouvoir ne m'intéresse pas. Je ne suis pas Emmanuel Macron, je ne suis pas un politicien. C'est le destin de la France qui m'intéresse, pas ma carrière.*» Même si Marine Le Pen était finalement élue, ce dont on peut justement douter, avec ce qui sera finalement les idées de nos adversaires, en se chiraquisant, elle ne sauvera pas la France. Si cet accident de l'Histoire se produit, elle agira probablement comme ses prédécesseurs. Ses électeurs l'auront élue pour que tout change. Mais rien ne changera. Marine Le Pen, qui fait dans le félin, est une sorte de réincarnation du Guépard, sans la grandeur ni la noblesse (*sine nobilis*). Elle ne fera rien pour lutter contre l'invasion du pays, version contemporaine de l'éternelle soumission à l'ordre des choses. La France périra achevée par ceux qui avaient mandat de la défendre et qui lui donneront le coup de grâce. Comme Giorgia Meloni en Italie, Marine Le Pen s'est finalement soumise à la *doxa* de l'Union européenne, version moderne de l'Europe allemande. Voter Marine, c'est voter Maastricht et pour la soumission à l'Allemagne. Sans aucun combat.

Ce que je croyais avoir été une victoire sur Carole Delga et les Socialistes, à partir de laquelle nous pouvions construire une vraie stratégie d'opposition, se révéla être le début d'une lente marche vers notre départ du FN. Nous étions plusieurs à vouloir bloquer le fonctionnement de l'institution en empêchant les socialistes de mettre en œuvre leur politique. Alors même que nous voulions rendre la vie de nos adversaires impossible, le FN se coucha. Il ne fallait pas faire de vagues. Je restais seul. Et à chaque fois que j'intervenais en séance plénière, j'allais au clash. Jamais mes collègues ne suivaient. « *Tu vas trop loin Emmanuel* », me disaient certains, pour qui « loin » voulait visiblement dire faire ce pour quoi ils avaient été élus. Nous avions tous été élus pour combattre. Pas pour pantoufler. Pas pour cachetonner. Pas pour conserver des mandats permettant d'être payés sans jamais travailler. Ils craignaient plus leurs idées qu'ils ne craignaient nos adversaires. Que de convictions! Certains d'entre eux sont députés aujourd'hui mais ne savent pas parler. Quand bien même ils sauraient, ils ne le voudraient pas. Quel dommage! À quoi peut bien servir une armée qui ne veut ni avancer ni combattre?

Après un énième affrontement seul avec le camp d'en face, je finis par claquer la porte du RN fin 2018, pour siéger en indépendant. N'appartenant plus à aucun groupe, mon temps de parole fut réduit à une minute par séance par la « grande démocrate » Carole Delga. Mais ce court moment de pure confrontation politique était assez attendu. J'étais un des rares à qui on assignait un élu socialiste pour lui répondre. J'en étais surpris moi-même. Mes propos piquaient l'adversaire, quand les discours du FN tombaient à plat. Jean-Marie Le Pen avait coutume de dire : « *Quoi que vous fassiez, si on n'en parle pas cela ne sert à rien.* » Devenu RN, le FN ne servait plus à rien.

Fort heureusement pour eux, il n'y avait rien à faire. Le Conseil Régional est une sinécure parfaitement adaptée à ces paresseux. Partout, dans les réunions de commissions et les séances plénières les élus de tout bord faisaient tapisserie. Rester éveillé pendant ces séances qui pouvaient durer parfois une quinzaine d'heures était leur seul vrai challenge. Madame Delga faisait des discours insipides et creux devant un parterre d'élus en pleine torpeur. Sa majorité faisait mine d'écouter et de ne surtout pas oublier d'applaudir. Mais tous jouaient en fait avec la tablette que la région leur avait offerte avec l'argent du contribuable, pour conjurer l'ennui de ces séances qui conjuguaient l'insondable vacuité des discours de comices agricoles avec le style des logorrhées édifiantes du soviet suprême de l'URSS. Nous étions au «Delgastan», un terme fort de sens, quoiqu'inventé par le groupe FN par dérision lors du débat sur le changement de nom de la Région. L'opposition comprit vite son inutilité. Elle se contenta dès lors d'une simple présence sans participation active. La plupart cherchaient à préserver leurs indemnités en venant pointer, unique objet de leur assiduité. Un «pognon de dingue» pour payer des élus qui ne faisaient pas grand-chose. L'argent du contribuable coulait à flots et était mis généreusement à contribution par Madame Delga qui avait décidé par pure idéologie de faire les séances plénières dans un grand hangar à Montpellier. Alors que nous avions hérité des deux hémicycles de Montpellier et de Toulouse de la fusion des deux anciennes régions qui restaient vides. La crise Covid la força à cesser cette folie à plus de 100 000 euros la séance, un budget de plus de 2 millions d'euros sur la mandature. Mais dans l'esprit de Carole Delga «*cela ne coûtait rien, car c'est l'État qui paie*[1] », comme l'avait dit François Hollande dont elle avait été ministre. Margaret Thatcher avait coutume de dire: «*Le socialisme ne dure que jusqu'à ce que se termine l'argent des autres.*» Nous y étions.

Après mon départ du RN, je donnais au nouveau président de groupe, Julien Sanchez, le pouvoir de voter en mon nom en cas d'absence. Certains élus RN voulurent refuser cette main tendue. Je demandais aussi au début de chaque séance leurs instructions, afin que je vote de façon similaire. Les électeurs qui m'avaient élu avaient voté FN et il ne fallait pas les trahir. Un mandat politique est une délégation de pouvoir, pas un blanc-seing. Tous mes discours furent donc en phase avec la ligne politique du FN, moins la censure réfrigérante des petits torquemadas de bazar de Marine Le Pen. Sauf mon «Vive le Roi» final, qui faisait d'ailleurs rire les socialistes alors que le

---

1. Interview de François Hollande par Gilles Boulleau le 6 novembre 2014 sur TF1.

FN me battait froid. Cette expérience, d'autres l'avaient vécu avant moi : porter un idéal avec des gens dont on s'aperçoit en chemin qu'ils en sont la contrefaçon.

J'avais pourtant envoyé à Marine Le Pen une lettre de démission très positive, mettant l'accent sur le travail accompli et la remerciant de la confiance qu'elle m'avait accordée. Il ne faut jamais quitter les organisations en mauvais termes : les hommes passent, elles subsistent. Marine Le Pen passera, elle aussi, un jour.

Marine Le Pen n'apprécia pas ce geste, elle qui avait l'habitude d'être attaquée par ceux qui la quittaient. Louis Aliot m'adressa un message plutôt sympathique en me remerciant pour le travail accompli, indiquant toutefois que mon caractère n'était peut-être pas compatible avec un mandat électif. Depuis quand le fait d'avoir du caractère est-il incompatible avec la politique ? Quoi de plus faux ! À l'aune des critères de Marine Le Pen et Louis Aliot, Churchill et de Gaulle n'étaient donc pas aptes à faire ce qu'ils ont fait. Le caractère requis aujourd'hui, ou plutôt l'absence de caractère, n'est-elle pas devenue la condition sine qua non pour faire de la politique en France ? La médiocrité des débats en témoigne. Autre signe des temps. Le personnel politique ne fait plus sens. Ce sont des fonctionnaires élus qui vivent de leurs mandats. Ils préfèrent se servir plutôt que de servir. Leurs yeux sont rivés sur la prochaine élection, histoire d'être rémunérés jusque-là par le contribuable, en ne faisant pas grand-chose. L'administration, toute-puissante, est la seule qui dirige vraiment. Si elle avait sauvé l'État du chaos de la IVᵉ République, elle participe aujourd'hui à sa déconstruction. Les élus servent de chambre d'enregistrement aux décisions administratives prises loin du peuple par une élite condescendante, coupée des réalités et des intérêts du pays. Ils sont devenus des rentiers de la politique, qui exploitent les idées de leurs électeurs, sans qu'ils aient besoin d'y croire eux-mêmes. Le pouvoir est confisqué par le néant et la routine.

Les conseils régionaux en sont une parfaite illustration. Comme les conseils départementaux et les municipalités, ce sont des usines à distribuer subventions et argent public, souvent en faveur des amis. Se créent ainsi des féodalités et des réseaux d'influence au service de puissants lobbys politico-économiques, bien loin des intérêts du pays. On verra ainsi la région Occitanie voter des subventions à SOS Méditerranée – que voteront d'ailleurs aussi les élus LR, en opposition avec les volontés de leurs électeurs. Un choix dont la pertinence se pose indépendamment des orientations idéologiques : le mandat principal des régions est de financer la formation professionnelle et la gestion des lycées.

Les régions servent aussi de laboratoire à la déconstruction de la France. Les États contribuent au budget de l'Union européenne qui reverse une partie de ces contributions aux régions : Fonds Européens de Développement Régional dits FEDER – 9,1 milliards d'euros en 2021 et «Fonds Européens Agricoles pour le Développement Rural» dit FEADER, pilier de la Politique Agricole Commune. Cette Europe des régions calquée sur le modèle fédéral des länders allemands double les États nationaux en imposant ses propres politiques. Les disparités régionales qui en résultent mettent en péril la cohésion territoriale obtenue par mille ans de construction étatique. Certaines régions de pays différents tissent même des liens entre elles pour mener des politiques communes sans intervention significative des États nationaux. L'Occitanie a ainsi engagé des relations avec la Catalogne, sans que l'État français soit consulté. Ainsi Madame Delga et ses vice-présidents feront-ils des voyages à l'étranger, parfois jusqu'au Japon, sous prétexte de promouvoir la région, comme le ferait un chef d'État. La complexité qui résulte de la multiplication des niveaux de décision rend la lisibilité des politiques publiques de plus en plus ardue. À tel point que les dossiers de demande de subventions sont devenus tellement complexes que la Région Occitanie paie aujourd'hui des cabinets privés extérieurs pour aider les entreprises à déposer leurs demandes. Les régions sont devenues des monstres administratifs et politiques qui amputent l'État d'une part de sa souveraineté. Il faudrait les supprimer et redonner à l'État et aux départements les compétences qu'ils ont déléguées aux régions. J'adhère au projet de rétablissement de la primauté du droit français sur les textes européens d'Éric Zemmour car il permettrait de rétablir la souveraineté nationale diluée après le référendum de Maastricht en 1992 puis le vote du parlement de 2007 sur la constitution européenne. Son corollaire doit être la suppression des conseils régionaux et la réintégration de leurs prérogatives dans les services de l'état au niveau national et départemental.

Car, sous prétexte de construction européenne et de paix, nos élus dénaturent et transforment peu à peu nos pays en fédération de régions. Cette mutation adopte un modèle fédéral allemand hérité du Saint-Empire, très éloigné de la conception française centralisée. Une Europe allemande et non pas l'illusoire Allemagne européenne. Notre volonté de faire de la « gorgone » allemande une nation européenne n'a fait que recréer une version édulcorée de l'empire allemand, pudiquement appelée Union européenne. Au nom de la paix, nous avons offert à ce pays vaincu deux fois, et qui avait transgressé les plus grands principes moraux, ce qu'il a toujours voulu : l'hégémonie en Europe. L'Allemagne a finalement gagné sans coup férir ce qu'elle n'a pu obtenir après deux guerres mondiales. Elle a vaincu sans armes les vainqueurs de 1918 et 1945. Après l'échec politique et militaire du pangermanisme, les héritiers du Saint-Empire ont finalement absorbé la France avec notre consentement. Un forfait organisé consciemment par une élite politique pourtant élue pour nous défendre, mais qui se soumet aux intérêts allemands. Le général de Gaulle avait établi un équilibre avec Adenauer. François Mitterrand, qui avait reçu la francisque de Pétain, alla plus loin. En 1984, il osa serrer la main du chancelier allemand

Helmut Kohl devant l'ossuaire de Douaumont où reposent de nombreuses victimes des crimes allemands, dont il blessa ainsi la mémoire. Ce geste symbolique signifiait que les morts de l'envahisseur allemand valaient les nôtres, que notre sentiment national valait celui de notre ennemi. Tout était relatif. C'était le début de notre soumission. Depuis, nous avons adopté les règles budgétaires allemandes, adoptant leur monnaie, le Deutschemark devenu Euro et affaibli consciencieusement notre industrie à leur profit. Le «couple franco-allemand» unissant les deux anciennes puissances ennemies n'est plus qu'une façade utilisée par les Allemands pour nous faire accepter leur projet hégémonique. Aujourd'hui l'Allemagne reconstruit sa puissance militaire, prenant l'excuse de la guerre en Ukraine, sans aucune objection de ses partenaires, et même avec leur assentiment. Cet abandon de notre désir de puissance signe définitivement la fin de notre souveraineté. François Mauriac nous avait pourtant bien prévenus en 1967 du danger que constituerait la réunification de la grande Allemagne pour les autres nations européennes : *«J'aime tellement l'Allemagne que je préfère qu'il y en ait deux.»* Pour ma part, je préfère qu'il n'y en ait aucune et qu'elle soit dissociée entre ses différents constituants, sans jamais avoir le droit de se reformer. Au moment où j'écris ces lignes, je contemple la photo de Jean Billerey, mon grand-oncle assassiné par les parents de ceux à qui l'on nous soumet aujourd'hui. Mon cœur se serre en pensant à son sacrifice. Cette mémoire bafouée est l'image de la France d'aujourd'hui. Notre pays est dans de bien mauvaises mains : celles d'arrivistes souvent corrompus et médiocres, dont la collaboration avec notre ennemi héréditaire conduit notre pays à sa perte.

La Région Occitanie était la parfaite illustration de cet esprit de soumission, et question médiocrité, elle battait des records. Claire Fita, la bien nommée Vice-Présidente chargée des finances du Conseil Régional, et Présidente de la Commission Finances dont j'étais l'un des membres, nous présenta un jour en réunion un pensum verbeux dont l'objectif était la mise en œuvre «d'outils de démocratie participative» dans la Région. Bonjour la novlangue! Initiative certes louable sur le principe. Le document était si mal écrit que même le camp socialiste, pourtant peu exigeant sur plan du style, s'en plaignait ouvertement. S'il n'avait tenu qu'à moi, l'auteur aurait mérité sinon une bonne correction, du moins un zéro pointé. Je proposais mes services pour leur rédiger cette note dans les canons de leur doctrine. J'avais déjà fait des tracts pour un ami macronien qui débutait en politique, pour m'exercer. Je pouvais donc bien faire cela aussi. Je regrettais qu'ils ne se servent pas de leurs grands auteurs, Marx, Proudhon, et surtout Condorcet dont le discours sur la démocratie moderne est un des grands classiques de la Science Politique. La présidente me regarda d'un œil torve, mais n'osa trop répliquer. Elle me promit de «relire» Condorcet. «Condor qui?», interrogeait son regard un peu inquiet: elle était prise au dépourvu, en flagrant délit d'ignorance. Personne n'était dupe: tout le monde avait compris qu'elle ne savait même pas de qui il s'agissait. Trois mois plus tard, le même sujet revenait sur le tapis en commission. Et cette fois pour attribuer une subvention régionale de plus de 300 000 euros à une association curieusement appelée «Démocratie Ouverte» mandatée pour fournir un rapport de conseil à la Région sur la mise en place des outils démocratiques en question. Cette association déclarée «*d'intérêt général*», «*indépendante et non partisane*[1]» (mon œil!), prétend «*œuvrer au développement de l'innovation démocratique en France et ailleurs*» (vous nous en direz tant!) et «*accompagner la communauté des agent·es et élu·es pionnièr·es dans une transformation ambitieuse de leurs pratiques et postures démocratiques*», «*contribuer à rendre l'écosystème (sic) encore plus ambitieux en termes de qualité d'innovation et d'impact en développant nos communauté d'innovateurs démocratiques*»

1. Voir le site de cette association www.democratieouverte.org, et son rapport annuel 2022, pages 8 et 9.

(quel abominable sabir!), le tout en organisant des «*démocrateuf,*
des fêtes de la démocratie et la mallette de l'apérocratie, un jeu
ludique sur la démocratie» (mais oui!, il fallait y penser). Vaste
programme dont nous avions certainement «grand besoin»
en Occitanie : si cela pouvait au moins convaincre Madame
Delga de respecter son opposition. Mais sans doute était-ce
trop demander. En fait, il s'agit d'une association de copains,
ou de copains de copains, frères de pensée et de connivence,
qui se feraient ainsi de jolis petits salaires dans la plus parfaite
légalité pour produire un rapport bidon. Une rencontre visiblement très fructueuse de ces imposteurs au pipeau agile et
orienté, avec le budget du conseil régional. Le tout, comme
d'habitude, aux dépens du contribuable qui sert de gogo à
ces agités du bocal. Que n'invente-t-on pas comme prétexte
pour pomper et détourner l'argent des Français ! La droite LR,
par la voix d'Elisabeth Pouchelon le dénonça fort justement,
demandant pourquoi la Région n'était pas capable d'écrire le
rapport elle-même et pourquoi il lui fallait avoir recours à un
cabinet de conseil extérieur : il suffisait de regarder autour de
nous pour comprendre que très peu d'entre eux, sauf peut-être
moi à l'extrême droite, en étaient capables. L'incompétence, la
médiocrité et la malhonnêteté de la classe politique rendent
maintenant quasiment systématique le recours aux agences et
cabinets de conseil extérieur. Mais elle a aussi le double avantage
de rendre possible le paiement des amis avec l'argent public en
toute légalité. Des pratiques que l'on retrouve à tous les niveaux
de l'État et même dans l'opposition RN qui utilise parfois les
budgets de groupe pour payer les services de professionnels
externes qui sont souvent des sympathisants, voire des militants
qu'on cherche ainsi à rémunérer. L'Élysée montre l'exemple
depuis des années avec Mc Kinsey, alors pourquoi faudrait-il
que Carole Delga se gêne ?

Je demandais à Claire Fita si elle avait relu Condorcet, selon
sa promesse. Mais aussi d'expliquer le concept de «démocratie

fermée », puisque la Région avait apparemment besoin d'une ouverture qui allait coûter si cher au contribuable. Gênée, elle annonça qu'elle ne me répondrait pas, car je le lui avais demandé sur un ton ironique. Elle n'avait décidément rien compris car j'étais tout à fait sérieux. Incapable de répondre, elle tentait de s'en sortir par une pirouette. Mais personne n'était dupe.

Ce n'était pas un cas isolé. Quelques mois plus tôt, Carole Delga prononça un discours pathétique en inaugurant une écluse restaurée du canal du Midi en présence du préfet de l'Hérault et du maire de Béziers. Après avoir refusé de saluer Robert Ménard en grande « républicaine », elle déclara que « le XVIIe siècle *(...) où en effet nous avons pu voir fleurir sur la France, un patrimoine, des bâtiments exceptionnels. Sous, en plus, un roi, le roi soleil, qui avait cet amour de l'architecture, qui avait cet aspect de la magnificence, mais c'est un siècle qui avait quand même un manque, un manque crucial : c'est qu'il n'y avait pas les valeurs de la République. C'est que nous étions à l'époque de la féodalité. Féodalité des femmes et des hommes. Féodalité aussi sur les esprits. En fonction de son milieu social de naissance, l'égalité des chances n'existait pas, l'accès à l'éducation, l'accès à la santé, et en fait tout simplement, les femmes et les hommes ne naissaient pas libres et égaux. La fraternité n'était pas la première des valeurs de la République, la marche suprême que nous voulons pour notre France. Parce que en effet, dans ce siècle, ce XXIe siècle que nous vivons, des difficultés existent. Mais la République doit toujours être défendue, et nous devons toujours rappeler que la fraternité, elle fait partie de notre héritage, et qu'elle est la condition de notre avenir. Alors ici, sur cet ouvrage de Pierre Paul Riquet qui, cela a été rappelé, essayait d'aménager des conditions de travail, un peu moins difficiles, en effet, nous avons un canal, un lien entre les territoires. Nous avons en fait un trait d'union, un trait d'union que je veux fraternel. Et c'est pourquoi la Région a soutenu massivement, bien sûr, ce réaménagement. Parce que nous avons une volonté forte de démontrer que la Région est attentive à tous les territoires. Que la*

Région elle sait s'inscrire dans un passé, mais surtout pour construire un avenir. Et surtout pour fédérer et certainement pas exclure, certainement pas stigmatiser. Parce que ce que nous voulons c'est du lien, du lien entre les différentes géographies, mais du lien entre les gens. Et c'est ce combat que je mène, bien sûr, à la tête de la Région. Et c'est ce combat qui fait ma passion politique. Parce que, en effet, il est important d'être attaché aux cités. Et je comprends tout à fait l'amour que les Biterrois portent à Béziers, comme je comprends tout à fait l'amour des Aveyronnais pour Rodez et pour Conques. Moi Présidente de région, j'aime toutes ces cités. Je sais partager. Je veux qu'elles puissent vibrer. Mais avant tout ce que j'aime, c'est les femmes et les hommes de ces territoires, et c'est pourquoi la Région doit continuer à pouvoir investir[1]. »

Les valeurs de la République au XVIIᵉ siècle ? Que signifie « *la marche suprême que nous voulons* » ? Un canal « *un trait d'union fraternel* » ? Vraiment ? Et que penser de ces « *cités* » dont elle voudrait qu'elles « *vibrent* » ? Quel charabia ! Une parfaite illustration de ce que Laurent Joffrin appelle la « gauche bécassine[2] ». Sauf qu'en l'occurrence Carole Delga est une bécassine méchante : elle ne voulut pas saluer Robert Ménard, pourtant maire de la ville, et lui dit pour s'en justifier : « *Non, non je n'ai pas de leçon à recevoir de vous, non non, moi je m'adresse à toute la population. Voilà.* » Le maire de la ville ne faisait visiblement pas partie de la population… Robert Ménard et le préfet levèrent les yeux au ciel, mais nul n'osa protester contre ce condensé d'âneries inouïes. Quelle indigence indigne d'une personnalité politique ! Outre les fautes de grammaire, une telle ignorance de la réalité historique aurait dû faire honte à tout son groupe politique. Ni Flaubert pour son *Bouvard et Pécuchet*, Voltaire pour son Pangloss, Molière pour son Trissotin dans les *Femmes Savantes* ou Edmond Rostand pour son personnage du Vicomte dans *Cyrano* n'auraient pu imaginer une telle inanité. Imagi-

---

1. *Hérault tribune* – 6 mars 2016.
2. Laurent Joffrin. *La gauche bécassine*. Robert Laffont, mars 2007.

nez Baudelaire lisant ce texte de cette Madame Jourdain de la politique de province. Le pauvre homme! Lui qui trouvait déjà Georges Sand stupide, ses envies de suicide en eussent été décuplées. Pauvre Carole qui n'aurait même pas 2 sur 20 avec une telle copie d'histoire au baccalauréat! Quoique? Le niveau ayant tellement baissé sous l'influence de ses idées qui font des ravages depuis cinquante ans, elle eût peut-être pu espérer un rattrapage *in extremis* à l'oral. L'inertie, et l'écroulement du niveau général, voilà comment se maintiennent ces médiocres. À côté d'elle Ménard parait un génie. J'aurais aimé être présent pour mettre un peu d'ambiance. Je montrais la vidéo de ce discours à Éric Zemmour quelques années plus tard : « *C'est une championne du monde,* lui dis-je. *Ça vaut le détour. Imaginez six ans de mandat avec elle!* »

Une autre fois, Carole Delga accusa France Jamet de racisme. France avait utilisé une périphrase dans une de ses interventions, la « *technique du voleur chinois*». Quelques mois plus tard je citais Frédéric Mistral, le grand poète provençal fondateur du Félibrige et Prix Nobel de Littérature en 1904, dans une de mes interventions en séance plénière du Conseil Régional : «*Âme de mon pays, Toi qui rayonnes, manifeste, dans son histoire et dans sa langue; (…) Âme éternellement renaissante, âme joyeuse et fière et vive, qui hennis dans le bruit du Rhône et de son vent, âme des bois pleins d'harmonie et des calanques pleines de soleil, de la patrie âme pieuse, je t'appelle! Incarne-toi dans mes vers provençaux!*[1]» Ce texte magnifique fut jugé «fasciste» et copieusement hué par la gauche, elle qui revendique le monopole de la culture et prétend protéger les langues et la culture locale en Occitanie. Mistral fasciste? Pauvres gens! Il faut tout leur apprendre. Même leurs propres classiques. « *Quand la bêtise gouverne, l'intelligence est un délit*[2] » (Montherlant). Six ans durant, nous avons dû supporter la nullité de toute une classe

1. Frédéric Mistral. *Calendal*. 1866.
2. Henri de Montherlant. *Le Treizième César*, Gallimard, 1970.

politique ignare en tout, même de l'histoire de leur propre parti. Le pays légal n'avait plus aucun lien avec le pays réel, son histoire et sa culture. Étrange destin pour notre pays, qui avait donné au monde Ronsard, Molière, Descartes, Montesquieu, Balzac, Hugo et Apollinaire et atteint les sommets du génie littéraire et philosophique les plus élevés. Sans doute un autre signe des temps sombres dans lesquels nous vivons.

Faut-il s'étonner que notre pays soit si mal dirigé? Après Giscard, Mitterrand, Chirac, Sarkozy, Hollande, Macron, la longue cohorte des fossoyeurs de la France qui se succèdent depuis la mort de Pompidou, c'est aujourd'hui à des troisièmes classes de la République agonisante comme Gérard Darmanin, Olivier Véran, Sandrine Rousseau, Carole Delga, Aurélien Pradié ou Yannick Jadot, de prétendre au fauteuil du général de Gaulle. Qu'ils s'imaginent pouvoir y accéder, et qu'ils le puissent peut-être, montre à quel niveau de déchéance le pays est tombé. S'ils savaient au moins se contenter des petites sinécures bien confortables qu'ils ont gagnées aux dépens des intérêts du pays: nous pourrions alors leur pardonner de rester dans l'obscurité de places, certes usurpées, mais à leur mesure. Mais non! À peine élus ministre, conseiller régional, député ou président de région, les voici bientôt qui s'activent, qui prétendent œuvrer pour le bien public, alors qu'ils ne font rien que brasser de l'air tout en distribuant l'argent public à gogo. Infatués de leur importance fabriquée par un système médiatique complaisant, ils contribuent par leur absence totale de talent à la médiocrité ambiante. La presse soumise conforte leur ego et loue leur soumission au monde des certitudes convenues. Leur incompétence jamais dénoncée leur donne alors un désir de puissance tel que ces petits coqs se sentent bientôt animés des plus folles ambitions. Non contents de leurs déplorables résultats, ils en veulent de plus grands. De nombreux Français abêtis par des dizaines d'années d'inéducation nationale voteront pour eux. Georges Frêche, dont Carole Delga vante les mérites et qui est un exemple pour elle, nous ne lui contesterons donc pas, le dira lui-même publiquement : «*Ah si les gens fonctionnaient avec leur tête ! Mais les gens, ils fonctionnent pas (sic) avec leur tête, ils fonctionnent avec leurs tripes : la politique c'est une affaire de tripes, pas une affaire de tête. Quand je fais une campagne, je la fais jamais (sic) pour les gens intelligents. Des gens intelligents il y en a 5 % à 6 % (…). Je fais campagne pour les cons, et là je ramasse les voix, en masse. (…) Quand je referai campagne dans deux ans pour être réélu, je ferai des campagnes sur des conneries populaires, pas sur les trucs intelligents que j'aurai faits. Qu'est-ce que les gens en ont à foutre que je remonte les digues, les gens s'occupent des digues quand elles débordent, après ils oublient, ça les intéresse pas, les digues du Rhône, les gens ils s'en foutent. Ah, à la prochaine inondation, ils gueuleront qu'on n'a rien fait. Alors moi je mets beaucoup d'argent sur les digues du Rhône, mais ça ne me rapporte pas une voix. Par contre si je distribue des boites de chocolat à Noël à tous les petits vieux de Montpellier, je ramasse un gros paquet de voix. Je donne des livres gratuits dans les lycées. Vous croyez que les connards me disent merci, ils disent : Non ils arrivent en retard, comme si c'était ma faute parce que l'appel d'offres n'avait pas marché et que donc il y avait quinze jours de retard dans la livraison. (…) Les cons ne disent jamais merci, les cons sont majoritaires. Et moi j'ai toujours été élu par une majorité de cons (…) parce que je sais comment les engranger. J'engrange les cons avec ma bonne tête, je raconte une histoire de cul, ça un succès fou. Ils disent : Merde, il est marrant, il est comme nous. Quand les gens disent : Il est comme nous, c'est gagné. Ils votent pour vous, car les gens ils votent pour ceux qui sont comme eux. Donc il faut essayer d'être comme eux. Là, les Catalans me font chier. Je leur tape dessus parce qu'ils m'emmerdent. Mais dans deux ans, je vais y revenir. Mon Dieu, je me suis trompé, excusez-moi ! Qu'il est intelligent. Ils me pardonneront. Ils en reprendront pour six ans ! C'est un jeu, qu'est-ce que vous voulez. Il faut bien en rire, parce qu'avant, je faisais ça sérieusement. Maintenant j'ai tellement l'habitude, que ça me fait marrer (…). Les cons sont cons, et en plus ils sont bien dans leur connerie. Pourquoi les changer? (…) Si vous arrivez à faire que les gens intelligents passent de 6 % à 9 %, voire 11 %, beau succès. Vous pouvez pas (sic) aller au-delà. Mais les cons sont souvent sympathiques. Moi je suis bien avec les cons. Je joue à la belotte, je joue aux boules… Je suis bien avec les cons parce que je les aime. Mais ça ne m'empêche pas de les juger[1].*» Étonnant que cette logorrhée n'ait pas produit une levée de boucliers à gauche, alors que Georges Frêche ne faisait que confirmer les propos de Charles Maurras: «*La démocratie est la gestion de la dégénérescence.*» Ces Français, dont Georges Frêche parle de manière si imagée, descendront ensuite dans la rue pour se plaindre des politiques engagées par les guignols qu'ils auront élus. Faudra-t-il les plaindre? Cléobule de Lindos, philosophe et tyran d'une des cités de l'île de Rhodes, a dit: «*Considère comme un ennemi public quiconque hait le peuple.*» Ce troupeau de moutons, que Georges Frêche juge finalement assez justement, élit son ennemi après une bonne partie de boules parce qu'ils le croient comme eux. Ils n'auront donc eu que ce qu'ils méritent… et en prime un lycée baptisé du nom de Georges Frêche à Montpellier pour couronner le tout! Il faut toutefois bien les distinguer du reste de la population qui pâtit de leur bêtise. Leur déconvenue serait une jouissance, et il faudrait en rire, si ce n'était aux dépens du pays. Avec Éric Zemmour, c'est le jour et la nuit. Il y a enfin quelqu'un dont la culture et la connaissance ne sont pas contestées ni contestables. C'est une raison d'espérer. Mais il lui faudra pour cela faire campagne au-delà des «6 % de gens intelligents» dont parle Georges Frêche et qui forment son électorat. Bref, faire une vraie campagne de terrain et ne plus se cantonner aux seules sphères intellectuelles. Nous y reviendrons.

---

1. Hérault Tribune, 2009. Enregistrement d'un cours de Georges Frêche devant ses étudiants, à Montpellier en 2008.

Les seuls recours contre l'ennui et la médiocrité des séances du conseil régional étaient l'ironie et la confrontation. Nous avions la chance d'avoir dans nos rangs un orateur de talent, Didier Carette, ancien directeur du théâtre Sorano à Toulouse et excellent comédien. Il se moquait de Carole Delga dans ses interventions et la faisait parfois enrager, quand elle comprenait ce qu'il lui disait, ce qui n'était pas toujours le cas. Cet homme lettré faisait face au vide culturel abyssal du conseil régional et de sa présidente. « *La culture, c'est ce qui reste quand on a tout oublié* » (Édouard Herriot reprenant la formule devenue poncif d'Ellen Key). Encore fallait-il dans son cas qu'il y ait eu quelque chose à oublier. La persistance de Didier Carette face à ce néant était remarquable. Lorsque Carole Delga lui dit qu'elle n'avait pas les mêmes goûts artistiques que lui, « *je l'ai admis volontiers*, lui répondit-il malicieusement[1]. *Et j'espérais que notre appréciation des objectifs que la culture dans sa globalité est en droit de posséder serait convergente, sinon au moins discutable. Et il n'en est rien ! Nous avons le droit dès le préambule de votre programme à toute une série de poncifs plus vieillots, plus passéistes, plus poussiéreux les uns que les autres. Je cite : culture pour tous et partout, et allez donc ! vivre ensemble, partage des valeurs, réduire les inégalités, sans parler des fameux mots tartes à la crème : laïcité, citoyenneté, égalité, etc. C'est bien cela, Madame la Présidente, nous n'avons pas la même définition du mot culture.* » « *Je m'en réjouis* » (Delga) « *Et moi donc ! Voyez-vous, chère présidente, je n'ai jamais rêvé d'une culture pour tous, moi. Non je rêve simplement d'une culture pour chacun, c'est très différent. Je n'ai jamais rêvé d'une culture facteur essentiel de la liberté, agent efficace de l'universalisme égalitaire. Non, non, moi je rêve simplement d'une culture de l'émotion. Voyez-vous d'une culture, et oui ! D'une culture ciment d'une civilisation européenne, la nôtre, ne vous en déplaise. Votre culture, madame, est une culture pour tous, il est vrai, une culture de la pensée unique,*

---

1. Séance plénière du Conseil régional d'Occitanie du 20 décembre 2017.

celle qui en fait dissout toute idée de culture dans la manière d'occuper ses loisirs. Parler de pratique culturelle, c'est ranger la culture dans l'ordre du comportement, dans l'ordre du conditionnement, et du chien de Pavlov. Vulgarisation, pensée unique, saupoudrages financiers divers pour s'assurer la bienveillance d'un microcosme acquis par avance sans grande surprise ni même originalité. Et Monsieur Regourd disait tout à l'heure qu'il faisait un vœu pieux, qu'il espérait un jugement hors de toute grille politique. C'est un vœu vraiment très pieux, mais qui hélas ne sera pas suivi d'effets. » « C'est un vœu laïc. » (Delga) « Oui, oui, laïc c'est ça. J'en sais quelque chose. Votre culture laïque est un mot-valise, un mot fourre-tout, un mot écran. Quant à la revendication, justement ça tombe bien, de la sacro-sainte laïcité, permettez-moi de vous dire, si vous ne le saviez déjà, que l'intégrisme religieux via le multiculturalisme est en plein essor. Vous revendiquez en fait une culture consommation de biens. Moi je rêve simplement une culture de l'être et non pas de l'avoir. Vos créateurs sont des producteurs vaguement missionnaires. Moi je rêve d'artistes qui éclairent pour chacun la complexité de l'être et du monde. Cela s'appelle la polyphonie. Car cela, voyez-vous, c'est notre héritage européen, c'est notre héritage civilisationnel acquis depuis trois millénaires, voire plus. Madame la présidente, notre histoire et notre culture n'ont pas débuté en 1789, ne vous en déplaise! Les grandes civilisations ne sont pas des régions sur une planète. Madame la présidente, ce sont des planètes différentes car, tout comme la civilisation des Européens, chaque civilisation est d'origine immémoriale. Difficile à admettre, je le reconnais, pour les déconstructeurs qui ne savent que flatter de pauvres tubes digestifs. Chaque civilisation est faite de valeurs spirituelles qui structurent les comportements et nourrissent les représentations. Voyez-vous, si la sexualité est universelle, l'amour, lui, est différent dans chaque civilisation. Comme la féminité, quand il y en a, comme la gastronomie, l'architecture, la musique ou la peinture. Morphologie spirituelle transmise par atavisme autant que par acquis. Toutes ces spécificités nous font ce que nous sommes. À nulles autres pareilles *elles constituent notre tradition pérenne, une façon unique d'être des femmes et des hommes devant la vie, la mort, l'amour et le destin. » «Merci de conclure.» (Delga) «Sans elles, ou dans leur oubli, nous sommes voués à n'être rien, à disparaitre dans le chaos intérieur et dans celui d'un univers dominé par d'autres. Alors oui je me plais à rêver que ma voix, que nos voix soient entendues. Je rêve, je rêve… mais attention, madame la Présidente, les révolutions du latin revolvere, revenir à, sont filles du rêve!»*

« *Et ben, vous le voyez, les bras m'en tombent*» fut la seule réaction qui fut donnée à ce magnifique discours par l'une des membres de l'exécutif régional. Avaient-ils seulement compris son sens? Seuls leurs bras tombaient… sans doute à défaut de tête. Didier Carette avait visé trop haut. Il honorait leur bêtise en leur prêtant l'intelligence. L'obscurité n'aime pas la lumière. Le Delgastan du socialisme décadent, où l'on proclamait haut et fort la révolution culturelle, mais sans culture, n'était que boursouflure et insignifiance. Ni Didier Carette, ni moi, n'étions à notre place avec ces indigents. C'est donc sans regrets que je quittais cet univers de platitudes et d'ignorance satisfaite. Il fallut toute la force de conviction et la personnalité d'Éric Zemmour pour me convaincre de revenir à la politique plusieurs années après.

Je décidais donc de partir. J'avais toutefois à cœur de ne pas faire subir les conséquences de mon départ aux militants de la Fédération FN du Lot qui m'avaient suivi. C'eût été une erreur et une violence inacceptable. Je fis donc le nécessaire pour préserver l'organisation que j'avais construite en continuant à la financer localement pendant trois ans. À l'annonce de mon départ, mon équipe menaça de se saborder. Je convainquis le siège du FN devenu RN à Paris de nommer Bruno Lervoire comme successeur. Je soutins ensuite le FN aux municipales de 2020 et aux élections régionales de 2021 par des déclarations publiques. Rien de négatif ne filtra dans la presse. Je partais, officiellement, pour des raisons professionnelles, mes fonctions nouvelles ne permettant pas d'avoir une étiquette politique. Cette raison n'était cependant pas complètement factice : mon étiquette politique interférait négativement avec mes affaires, j'aurais dû de toute façon quitter le groupe RN du Conseil Régional pour ce motif. Malgré ces efforts mon équipe ne survivra à mon départ que deux ans. Bruno se fera assez salement lâcher par Marine Le Pen, malgré tout le travail qu'il avait accompli et les services rendus : elle nommera pour la circonstance des élections régionales de 2021 un parfait inconnu qui habitait Paris et qui n'était jamais venu dans le Lot, sans même prendre la peine d'en aviser Bruno. Ce qui restait de notre équipe se sabordera et disparaîtra peu après.

Rien ne m'attachait plus au parti conduit par Marine Le Pen. Beaucoup de militants avaient aussi ce sentiment qu'ils n'étaient plus à leur place. Le FN transformé en RN en 2018 était devenu l'ombre de lui-même, un ectoplasme dont le Système se servait désormais comme d'une opposition contrôlée. Comme beaucoup d'héritiers, Marine Le Pen avait liquidé le Père, son organisation et ses idées. Les prémisses de cette mort politique se produisirent en fait bien avant, en septembre 2016, lors des universités d'été du FN à Fréjus. Marine Le Pen y avait déclaré que « *l'islam était compatible avec la République. Un islam tel que nous l'avons connu, laïcisé par les Lumières comme les autres religions*[1]. » Une affirmation empreinte d'une totale méconnaissance de l'islam, de son histoire et de la nôtre, et qui laissait dubitatifs les militants, interrogés dans les travées de l'université d'été par les journalistes. Un islam, « laïcisé » par les Lumières ? Vraiment ? Que viennent donc faire les Lumières, mouvement philosophique européen, avec l'islam ? « Laïciser » l'islam ? C'était vraiment n'importe quoi. Transparaissait ici l'absence de culture d'une femme dont Lorrain de Saint-Affrique, le directeur de cabinet de Jean-Marie Le Pen avait dit autrefois : « *Le vide abyssal de (sa) culture (…) est illustré par le*

---

1. Propos rapportés par Marianne. 17 septembre 2016.

poids politique de Florian Philippot. Il a structuré Marine. Il était en terrain vierge. Avec lui, elle est passée directement des Feux de l'Amour à la constitution de la Ve République[1]. » Une inculture finalement assez semblable à celle de Carole Delga et du reste de la classe politique. Entendant les paroles de Marine Le Pen sur l'islam à la radio en 2016, je décidais de rendre ma carte du parti. Par sa déclaration, Marine réduisait à néant l'unique raison de mon engagement auprès d'elle et justifiera ainsi bien plus tard mon rapprochement avec Éric Zemmour. Mais, malgré ce que je considérais comme une trahison, je ne quittais pas le FN immédiatement : toujours le poids des responsabilités, de mon mandat et de la fidélité à mon équipe, mais ce n'était plus qu'une question de temps.

La position exprimée par Marine Le Pen n'était pas un simple dérapage ni même un hasard. Elle récidivera plus tard à de nombreuses reprises. Sa position est aujourd'hui assez largement partagée dans son entourage et par beaucoup des cadres de son parti. Aujourd'hui encore, on voit par exemple Louis Aliot souhaiter à ceux qu'il appelle ses « *compatriotes musulmans* » « *un bon Ramadan*[2] ». S'il pense principalement aux harkis qui constituent une de ses clientèles électorales à Perpignan, il leur associe tous les autres par ce tropisme fondamental des héritiers de l'Algérie Française, qui nourrissent le rêve de retrouver un vivre-ensemble qu'ils avaient connu en Algérie. Curieusement, malgré ses origines, Zemmour, issu d'une famille juive berbère qui restera en Afrique du Nord pendant des siècles, ne partage pas ces positions. Sans doute avec raison et en connaissance de cause. Louis Aliot, pied-noir d'origine, déclarera plus tard qu'il fallait offrir la gestion des mosquées françaises aux harkis. Mais en Algérie, les Européens étaient les conquérants, pas les conquis. Ce n'est pas le cas en France aujourd'hui où l'islam est conquérant et se sert de la laïcité comme cheval de Troie

1. JDD 1er février 2017.
2. Propos rapportés par Le Point le 13 avril 2021.

pour s'imposer dans un pays né dans la matrice catholique mais déchristianisé, coupé de ses racines chrétiennes par le régime républicain. L'assimilation implique l'adoption du roman national français dans toute sa plénitude et, sinon une conversion au catholicisme, du moins un renoncement à son identité d'origine. Selon la formule du révolutionnaire Stanislas de Clermont-Tonnerre (1757-1792) : « *Il faut refuser tout aux juifs en tant que nation, et tout leur accorder en tant qu'individus*[1]. » Cette maxime illustre le principe selon lequel aucune nation ou communauté ne doit faire écran entre les individus et la grande Nation, car ce serait alors mettre à mort la volonté générale, et la France périrait atomisée en différentes communautés antagonistes, comme nous en faisons aujourd'hui l'expérience. Il n'y a donc pas plus de « compatriotes musulmans », terme d'ailleurs utilisé uniquement pour cette religion par les politiques et les journalistes, que de compatriotes « catholiques » ou « juifs ». Juste des compatriotes. Pierre David, Français de confession juive déjà cité, en est la parfaite illustration. Il écrira à Maurras en 1915 : « *Je me suis senti complètement détaché de la tradition juive, complètement français (...) À l'heure où vous lirez ces lignes, qui ne doivent vous parvenir que si je meurs, j'aurais définitivement acquis en mêlant mon sang à celui des plus anciennes familles de France, la nationalité que je revendique*[2]. » Comme Pierre David était d'abord Français avant d'être juif, un musulman ne le sera que lorsqu'il se sera dissocié de son socle culturel, qu'il abandonnera la communauté des croyants, l'*oumma* islamique, et fera passer son appartenance religieuse après sa citoyenneté française. Mais l'islam étant englobant et mettant l'appartenance religieuse au premier plan, avant toute autre chose, il est, dans son état actuel, incompatible avec cette

1. Stanislas de Clermont-Tonnerre. Discours prononcé le 23 décembre 1789 à la Constituante.
2. Testament de Pierre David. 26 octobre 1915. Publié dans le journal l'Action Française du 28 octobre 1918.

conception très française de la laïcité et de l'assimilation. Hassan II, roi du Maroc, Commandeur des croyants, avait d'ailleurs dit la même chose en 1991 dans une interview avec Anne Sinclair à propos des Marocains : « *Vous n'en ferez que de mauvais Français*[1]. » Il est possible que de Gaulle ait perçu le danger que poserait à notre équilibre sociologique une Algérie musulmane à la démographie galopante, une fois intégrée à la France, et qu'en coupant brutalement le lien historique que nous avions avec elle, que beaucoup vécurent comme une trahison, il ait voulu nous en préserver. Alain Peyrefitte rapporte en effet que le Général disait que Colombey-les-Deux-Églises où il résidait ne devait jamais devenir « *Colombey-les-deux-mosquées* ». Cela ne l'empêcha pas de signer en décembre 1968[2] un traité avec l'Algérie créant un régime d'immigration plus favorable que le droit commun pour les travailleurs algériens. Ce fut le début de l'ouverture de la France à l'immigration de masse voulue par l'industrie française alors en manque de main-d'œuvre. De Gaulle capitulait. Mais probablement sans en percevoir toutes les conséquences que nous connaissons aujourd'hui, sans quoi il est douteux qu'il l'aurait fait. Ses successeurs amplifieront les effets de cette politique désastreuse. Aujourd'hui c'est au tour du RN de capituler, alors même que, contrairement au général de Gaulle, ses dirigeants connaissent les conséquences désastreuses de la politique migratoire engagée dès les années 60. Comme le RPR des années 90, le parti de Marine Le Pen et Louis Aliot, qui se croit aux portes du pouvoir, abandonne la France face à l'islam pour pouvoir gouverner. Par ses racines pro-Algérie française et antigaullistes, il s'est assez naturellement converti à l'islamophilie par continuité historique, et a trahi la France.

---

1. L'heure de vérité ; 17 septembre 1989. Antenne 2.
2. Accord Franco Algérien du 27 décembre 1968 signé avec Abdelaziz Bouteflika alors ministre des Affaires étrangères d'Algérie. Voir : https://www.gisti.org/IMG/pdf/accord_franco-algerien.pdf

La campagne des présidentielles de 2017 refléta ce virage idéologique. Il n'y eut pratiquement rien sur le sujet fondamental de l'immigration et de l'islamisation. Un florilège de 144 mesures essentiellement sociales, voire socialisantes, inspirées par Philippot, et que pratiquement personne ne lut dans les équipes militantes. Je ne m'y reconnaissais pas, comme d'ailleurs avec moi, la plupart des membres du CAPECOFI l'instance économique interne du FN dirigée par Bernard Monot, un brillant financier et économiste de la Caisse des Dépôts. Excédé de la paresse et de l'incompétence générale, il se retirera lui aussi plus tard après 38 ans de parti et fondera quelques années après le Cercle National des Économistes. Cette instance, dont j'étais aussi un membre actif, avait pour objet de produire les notes économiques et les orientations programmatiques pour Marine. Elle produisait une vision stratégique à long terme pour que le FN devienne un parti de gouvernement crédible. Ses fondateurs, Bernard Monot et Jean-Richard Sulzer, avaient posé les bases d'un modèle de patriotisme économique, après avoir prédit la crise financière de 2008 dans une conférence de presse le 24 juin de la même année. Ils rompaient avec la pensée économique libérale reaganienne de Jean-Marie Le Pen qui était alors celle du parti depuis les années 80. Avec le CAP Social dirigé par Joëlle Mélin, le CAPECOFI était l'un des seuls organes internes de travail permanent et objectif du RN. Malheureusement, Florian Philippot, alter ego de Marine filtrait tout : le programme que nous avions élaboré était transformé, gauchisé et défiguré. Il était resté très chevènementiste et socialiste. Je n'étais pas venu là pour cela.

Le résultat de cette élection fut à l'aune du programme et des abandons idéologiques. Marine Le Pen n'atteint la seconde position au premier tour que de justesse devant Mélenchon et finit à peine à 33 % au second tour de l'élection présidentielle, alors que nous avions espéré que ce serait son score de premier tour après le succès des européennes de 2014. Certes, jamais un tel score n'avait été obtenu par notre formation politique par le passé. Mais c'était encore très insuffisant. Beaucoup attribuèrent à tort cette défaite cuisante au fameux débat avec Emmanuel Macron que Marine Le Pen aurait soi-disant raté. L'impact électoral de cet exercice est cependant loin d'être prouvé : on peut d'ailleurs l'estimer à environ 2 à 3 %. Certes, Marine n'avait pas été brillante, mais Emmanuel Macron non plus. Et elle le sera encore moins lors du débat présidentiel de 2022, où elle paraîtra assez terne et ne saisit aucune des opportunités politiques du moment, comme si elle avait fait un pacte secret avec le camp d'en face. La presse qui l'avait conspuée en 2017 l'applaudit en 2022. C'était mauvais signe : l'ennemi était satisfait. Marine Le Pen avait réussi son examen d'entrée dans le Système que nous avions combattu. Elle était devenue des leurs. Soumise, elle est désormais le chef de l'opposition contrôlée.

Mais une opposition exsangue. Financièrement le FN était en sérieuse difficulté. L'affaire des attachés parlementaires européens avait eu pour résultat une saisie de ses comptes bancaires. La Justice avait consigné un million d'euros de façon prudentielle pour garantir les sommes dues en cas de condamnation dans cette affaire. Bernard Monot, alors député européen FN, avait pourtant tiré maintes fois la sonnette d'alarme par le passé et prévenu Marine du risque de faillite et du danger d'une gestion qui s'apparentait à de la « cavalerie » financière. Les finances du parti étaient à sec. En septembre 2020, Wallerand de Saint-Just tirait tous azimuts pour réduire les coûts. Il fermait les permanences du parti et cessait de rembourser les militants, préservant toutefois son salaire mensuel et celui des autres dirigeants nationaux du mouvement. Un curieux esprit de service et de sacrifice. Il voulut ainsi résilier le bail de la permanence du parti dans le Lot que je leur louais. Cette permanence ne coûtait rien car je faisais chaque année un don personnel au moins équivalent au montant du loyer pour financer la Fédération FN du Lot. Je demandais cependant à Bruno Lervoire de mettre en œuvre la résiliation demandée, et proposais une contribution financière équivalente à l'arriéré de loyer, conformément à notre convention passée. Cela ne devait donc rien coûter au RN. Wallerand de Saint-Just, comprenant sa bévue, refusa cet arrangement, par méchanceté, incompétence ou bêtise, personne ne le sait, mais probablement un peu des trois. Ma SCI ne pouvant concéder d'annulation de loyer – la législation est en effet très claire : une personne morale ne peut faire un don à un parti politique –, je fus ainsi obligé de demander le paiement des arriérés. Aucune réponse à mes lettres recommandées ne fut donnée par le parti. Un mois plus tard je fus contraint de faire saisir les comptes nationaux du RN, par un huissier, m'étonnant dans la presse de ce silence et de l'absence totale de communication, malgré mon soutien financier et politique continu pendant toutes ces années. Bruno Lervoire, mon successeur, et Richard Gapski, le trésorier de la Fédération du Lot qui tenait remarquablement les comptes, se désolaient, ne comprenant pas du tout la position irrationnelle du siège du parti à mon égard. Je n'avais rien dit, ni rien fait de mal jusque-là : j'avais été un soutien financier et politique et un bon petit soldat. Même cela n'était visiblement pas accepté par ceux que j'appelais désormais, en privé et par dérision, le Rassemblement des Nazes et que la presse inféodée au Système traitait à tort pour des raisons tactiques, mais sans y croire vraiment, de Rassemblement de Nazis. Il restait un ressentiment que je ne comprenais pas. Les dirigeants de cette secte de sous-doués voulaient me faire payer une faute imaginaire dont je n'ai d'ailleurs jamais su ce qu'elle était, sauf peut-être d'être un peu moi-même et de les exposer. Wallerand de Saint-Just eut le culot de m'accuser de malhonnêteté par voie de presse.

C'était surtout la malhonnêteté et la mesquinerie du FN devenu RN qui étaient patentes, puisqu'il ne voulait pas payer un loyer pourtant tout à fait légal. Que ferait le RN au pouvoir en charge du budget de l'État avec de telles méthodes ? La question était clairement posée. La malhonnêteté financière complétait la malhonnêteté idéologique déjà constatée. Grand prévaricateur dans cette affaire, Wallerand de Saint-Just, avait déjà été surpris en situation de conflit d'intérêts comme actionnaire avec son fils d'une société de services qui fournissait des prestations à la campagne de Marine Le Pen en 2017[1], alors qu'il était trésorier du parti. Mon affaire n'était donc pas un cas isolé. Le RN était foncièrement malhonnête. Il me paiera deux ans plus tard au terme d'un accord bilatéral obtenu de haute lutte, que le parti ne signa que pour éviter la honte d'un procès déjà engagé et qui se présentait assez mal pour lui compte tenu du caractère irréfutable de leur obligation de paiement. J'étais le seul de leurs créditeurs, avec Jean-Marie Le Pen et la Justice, à les avoir fait plier et à avoir fait saisir leurs comptes. Je me serais toutefois bien passé de cette gloire encombrante après toutes ces années d'engagement.

Sans le savoir, Wallerand de Saint-Just, que Jean-Marie Le Pen appelait fort justement «le mal nommé», me rendait un grand service. Il coupait ici tous les liens qui me rattachaient à mon engagement passé et me rendait enfin ma liberté de parole et mes militants. Même Louis Aliot, que j'avais pourtant félicité de son élection à Perpignan, et avec qui je communiquais sur ce sujet, me traita finalement de «*traître*», utilisant le procédé de l'inversion accusatoire si commun en politique. Il savait de quoi il parlait. N'avait-il pas trahi ses propres idéaux? Non seulement sur l'islamisation, mais aussi, par exemple, en plaçant sa compagne dans le conseil d'administration du théâtre de Perpignan[2]? Lui que j'avais entendu souvent dire que «*le combat politique que nous menons ne sert à rien, si c'est pour faire la même chose que nos adversaires*». À peine élu maire de Perpignan en 2020, il nommera un socialiste comme directeur de cabinet,

---

1. Mediapart 28 mai 2018. *Campagne de Marine Le Pen: le florissant business de cadres FN et de leurs familles.*
2. Gala 25 juillet 2020. *Louis Aliot: la promotion de sa compagne Véronique Lopez fait polémique.*

puis rencontrera Carole Delga pour enterrer la hache de guerre. Il déposait les armes sans combattre – anéantissant ainsi en quelques heures les cinq ans d'efforts de son groupe au Conseil Régional d'Occitanie. Le tout sans rien obtenir de significatif, sauf la mine réjouie de Carole Delga. « *Il n'y a que les montagnes qui ne se rencontrent pas. Bonne soirée camarade* », m'écrira-t-il pour s'en justifier. Était-ce pour cela que nous nous étions tous battus ? Il intégrait le système qu'il avait pourtant combattu pendant 30 ans, mais par la petite porte de la soumission. Ce joueur de rugby abandonnait et rentrait sous la mêlée après avoir marqué l'essai. En prenant ce fauteuil, il en devenait prisonnier. Il cédait à la *realpolitik* des petits arrangements entre ennemis. Était-ce par fatigue après une longue lutte, ou par paresse ? Sans doute un peu les deux. Voilà quelqu'un qui, malgré un talent indéniable, n'avait jamais vraiment exploité son potentiel et se contentait de végéter en deuxième division, sur un strapontin de maire d'une grande ville de province, au lieu de s'intéresser au grand destin de la France, dont il était pourtant capable. Il avait cédé à la facilité. Marine Le Pen a étouffé son destin en lui imposant le sien… et ses chats. Comme elle, il a trouvé un moyen pour ne jamais plus travailler. Quel dommage ! Je le regrette d'autant plus pour lui que c'est quelqu'un que j'aime bien. Qui aime bien châtie bien.

On m'avait abusé. Mais j'avais été naïf, et j'avais aussi péché par orgueil. L'orgueil de ceux qui croient que les services qu'ils rendent seront un peu considérés. Même si je n'attendais et n'avais jamais demandé aucun remerciement, je ne m'attendais pas à ce qu'on me crache au visage. Les arrière-pensées devenaient limpides. La vérité apparaissait au grand jour. Le RN n'était finalement, comme la presse le disait souvent, qu'une petite PME familiale qui ne servait qu'à payer ses dirigeants, fût-ce au prix de la trahison des idées. Je n'avais jusque-là jamais voulu croire à ces ragots : la presse est d'une telle mauvaise foi vis-à-vis du camp national. Ils se fichaient ostensiblement et complètement des militants et de tous ceux qui comme moi donnaient de leur temps et leur argent de façon bénévole. Nous étions corvéables et exploitables à merci. Ceux qui, comme moi, travaillaient gratuitement étaient suspectés d'être incontrôlables. C'était un comble! Le lien puissant qu'avait créé Jean-Marie Le Pen avec la base du parti, comme celui qui existe entre camarades de combat, avait disparu. Marine Le Pen voulait des moutons dociles à qui elle donnait postes et rémunérations pour mieux les contrôler. Je ne faisais pas et ne voulais pas faire partie de cette chapelle-là.

Je n'avais rien dit publiquement jusque-là, même si j'avais peu à peu pris conscience du problème : j'avais continué à soutenir le RN financièrement et même politiquement en dépit du mépris dont je faisais visiblement l'objet, tant ma volonté de préserver la Fédération du Lot et mon équipe était forte. On m'avait pris pour un naïf et je l'avais sans doute été par loyauté. La Fédération RN du Lot qui m'était restée fidèle n'y résista pas : elle disparut pratiquement du jour au lendemain malgré mes trois années d'effort pour qu'elle survive à mon départ. Il n'y a encore aujourd'hui que des décombres qui ne fument plus depuis longtemps faute de feu. Huit ans de construction furent anéantis mais pas complètement perdus.

Je ne regrettais rien. J'étais libre et pouvais envisager l'avenir. Sans beaucoup d'illusions au début, je n'avais pas perdu grand-chose. J'avais gagné un énorme réseau de militants et de cadres pour pouvoir continuer, et acquis une expérience de terrain qui se révèlera très utile. Ce sera Éric Zemmour qui en profitera.

∞

« *Il faut aussi rêver sa révolution, pas seulement la construire.* »

Pierre Boulez, *Relevés d'apprenti*

Chapitre IV

RECONQUÊTE

Avec Éric Zemmour tout restait à construire et à rêver. En février 2021, alors que je le rencontrais pour la première fois, nous n'étions qu'une dizaine de personnes autour de lui. Un groupe de personnalités diverses avec des histoires personnelles, des expériences et des talents différents, dont Sarah Knafo, déjà citée, Stanislas Rigault, jeune étudiant de vingt-deux ans, Jonathan Nadler le banquier d'affaires de JP Morgan déjà cité, et Julien Madar, ancien de la banque Rothschild, qui s'occupait du financement de la campagne à venir. Il n'y avait pas d'appareil, pas de militants et pas de moyens financiers. La tâche était immense. Le challenge semblait impossible. La dynastie Le Pen avait mis quarante ans pour obtenir la deuxième position sur l'échiquier politique français. Nous avions douze mois pour être les premiers et gagner. Il fallait beaucoup de courage et de détermination pour s'engager dans une telle aventure.

Plutôt que de contribuer au programme d'Éric Zemmour, je décidais de me consacrer à la construction du mouvement en Occitanie. Je n'ai jamais cru aux programmes politiques.

Ils ne sont jamais appliqués et peu lus par l'électorat. S'ils permettent de constituer des équipes et de définir des orientations de campagne, c'est un exercice qui reste ancré dans un temps court. Le général de Gaulle n'avait pas de programme. Il était le programme. Quelques orientations devraient suffire. C'est un autre signe des temps. Nos sociétés, rongées par le clientélisme, demandent désormais des propositions précises et chiffrées, qui brouillent toute vision d'ensemble. Le débat politique est ainsi réduit à des pinaillages d'épiciers entre candidats, sur des mesurettes sans vision qu'ils n'appliqueront de toute façon pratiquement jamais. Élus, ils seront les gestionnaires du néant et du déclin. Ce clientélisme, conjugué au passage du septennat au quinquennat, engendre et perpétue une lignée de présidents de la République sans vision, incapables de s'inscrire dans un temps historique. Leurs yeux ne sont fixés que sur la ligne d'horizon de la prochaine élection. Leurs programmes ne sont souvent que des vœux pieux immédiatement abandonnés et oubliés une fois l'élection passée. Fonder le parti naissant semblait plus gratifiant.

J'avais construit des pans entiers de nouvelles activités dans plusieurs banques et monté la section du Front National dans le Lot. J'avais donc l'expérience de la gestion des hommes, celle de la politique de terrain, et un talent d'organisateur. Mon réseau en Occitanie couvrait les trois quarts des treize départements. J'avais aussi des liens avec le milieu des affaires et les réseaux nationalistes et royalistes. Il fut donc assez facile de constituer le premier noyau de ce qui deviendrait Reconquête en Occitanie, même si la difficulté du projet devait faire parfois reculer certains. Il y a toujours de beaux parleurs en politique : mais lorsqu'il faut mouiller la chemise, le terrain s'éclaircit. La plupart veulent des places et des titres ronflants. Notre culture d'organisation sera : vous serez responsables de ce que vous construirez. À ce stade préliminaire, personne n'avait de titre. C'était très efficace, car cela éloignait automatiquement les intrigants.

Il fallait que l'organisation reflète le projet d'Éric Zemmour : l'union des droites. Royaliste, j'aurais pu être tenté de recruter principalement des royalistes. Cette pratique est celle de la plupart des organisations politiques, qui deviennent rapidement de petites chapelles ou de petites franc-maçonneries autocentrées et sectaires. Le grand mouvement voulu par Éric Zemmour devait représenter les principales tendances de la droite française. René Rémond, grand universitaire et professeur emblématique de Sciences Po Paris, décrit trois tendances principales de la droite : l'orléaniste, la bonapartiste et la légitimiste. Ces catégories se déclinent elles-mêmes en de multiples chapelles en conflit permanent, rendant l'union impossible. Ces divisions sont une malédiction dont est victime notre pays majoritairement conservateur dirigé par une minorité de gauche. Elles furent la cause de la chute de la monarchie en septembre 1792 – lorsqu'une minorité de députés présents à la Convention instaura la première République. Puis à nouveau de 1871 à 1878, lorsqu'une assemblée nationale majoritairement monarchiste échoua à restaurer la Royauté : plus qu'une affaire de drapeau blanc, ce sont surtout les divisions des monarchistes qui eurent raison des espoirs de restauration à cette époque.

Avec Zemmour, dans toutes les régions, y compris en Occitanie, il y eut donc des personnalités de tous horizons de la droite. Cet œcuménisme politique fut appliqué avec plus ou moins de succès dans toute la France. Il fallait aussi que l'organisation puisse résister à mon départ éventuel et ne soit pas trop personnelle. Objectif atteint : elle n'a pas tellement changé un an après mon départ. Ni le passage assez improductif de Gilbert Collard pendant les derniers mois de campagne, ni les quelques départs naturels, n'ont mis en péril l'intégrité de sa construction.

Trouver des cadres expérimentés s'avéra plus facile que prévu. Les Républicains étaient exsangues et divisés. Beaucoup dans leurs rangs étaient désespérés. Du côté du RN, c'était pareil :

beaucoup de cadres et élus de qualité avaient quitté le parti et attendaient une alternative à une Marine Le Pen usée, qui ne montait dans les sondages que lorsqu'elle se taisait. La figure fédératrice de Zemmour était très attendue par les droites, qui ne s'étaient jamais remises de la disparition du Général de Gaulle. Sarkozy, dernier rejeton d'un gaullisme dans les derniers stades de sa décomposition, avait fait illusion un temps. Et depuis sa défaite de 2012 face au très médiocre François Hollande, la droite conservatrice que devaient normalement incarner les Républicains perdus dans le maelstrom du centrisme était comme un canard sans tête. Mais s'il était possible de trouver des responsables politiques au sein de tous les partis de droite, les militants disponibles se trouvaient principalement au Front National. Or ce sont les militants qui font les campagnes électorales, pas les élus locaux. Sans ces troupes, une campagne électorale est impossible. Napoléon avec ses maréchaux mais sans la Grande Armée n'aurait pas existé.

Il nous fallait des jeunes dont l'énergie est le moteur clef des campagnes électorales. Mon expérience au FN m'avait fait apprécier toute l'importance de la jeunesse dans un mouvement politique. Six mois avant l'élection présidentielle de 2017, une dizaine de jeunes très motivés apparurent dans le Lot presque sortis de nulle part. Ce furent Jonathan, Théo, Noélie, Bruno et tous leurs camarades. Leur détermination apporta une énergie nouvelle. Ils incarnaient l'expression du vieux pays, comme le fut Jeanne d'Arc en son temps, alors que personne ne l'attendait. J'utilisais des méthodes de scout : je conçus des costumes et un drapeau avec une belle flamme sur fond blanc. Je leur fis rendre hommage à leurs prédécesseurs de la Résistance en grande cérémonie au Monument au mort de la Résistance Française à Lamotte-Cassel. Celui où est gravée dans le marbre cette belle citation d'Éluard : « *Si l'écho de leur voix faiblit nous périrons.* » Comme leurs illustres prédécesseurs, ils ne voulaient pas que meure leur pays. Ils incarnaient à nouveau la Résistance dont l'esprit immortel soufflait en eux comme par miracle, au moment où la France faisait face à un nouveau péril.

À cette époque, Génération Z n'existait pas encore. Je sollicitais d'abord l'aide de Bruno Lervoire qui avait toujours ses réseaux dans la jeunesse nationaliste au sein et autour du RN. Mais il était assez débordé par ses fonctions d'adjoint à la communication de la mairie de Moissac et ne put pas faire grand-chose pour m'aider sur ce sujet. Je me tournais alors vers les identitaires. Je tentais de les contacter par divers moyens. Mais c'était une organisation opaque qui se méfiait de toute arrivée extérieure. Il fallait aussi rester prudent, car certains de leurs éléments posaient des problèmes. Je vins les soutenir lors de leur manifestation contre leur dissolution place Denfert-Rochereau. Mais aucun de leurs dirigeants ne semblait favorable, ni même approchable.

Je résolus alors d'utiliser mes réseaux royalistes en contactant les dirigeants des Cercles Légitimistes, de l'Alliance Royale et de l'Action Française (AF), que je connaissais tous assez bien. Les royalistes avaient prêté main-forte à Marine Le Pen par le passé, mais anonymement, sans s'afficher politiquement, comme ils le font avec tous les candidats souverainistes. Il n'y a pas de parti politique royaliste en France qui leur permette d'exprimer leur opinion : ils le font donc indirectement en soutenant les formations qui leur paraissent les moins éloignées. On les trouve ainsi souvent chez Les Républicains, le FN, Nicolas Dupont-Aignan, voire Renaissance. Il y en a même certains dans les cabinets ministériels actuels ! Les jeunes royalistes avaient l'avantage d'être très bien formés politiquement, et d'être aussi d'excellents militants. J'organisais une rencontre autour d'un diner dans mon appartement parisien entre Pierre Meurin, le responsable de l'organisation territoriale nommé par Éric Zemmour, et des personnalités de plusieurs courants royalistes dont François Bel-Ker, alors secrétaire général de l'Action Française. Jean-Luc Schaffhauser était présent. Un accord informel fut passé, sans être toutefois un accord politique, chacun gardant son indépendance. Nous aurions ainsi dans plusieurs régions quelques militants jeunes, pratiquement du jour au lendemain. Cet engagement devait être temporaire et le fut en effet : il ne dura que jusqu'à la fin de la campagne. Pierre Meurin nous quitta quelques mois plus tard avec amertume, et fut élu député RN dans le Gard. Je lui souhaite bon courage même si je pense qu'il a fait, à terme, une erreur.

Le mois suivant, un petit miracle se produisit. Apparut sur internet, Facebook et Twitter, un mouvement alors mystérieux et autoproclamé qui se nommait « Génération Z ». Quelques jeunes qui à Toulouse distribuaient des tracts Zemmour. Interrogation : serait-ce Génération Identitaire qui se reformerait sous un nouveau nom en usurpant celui d'Éric Zemmour ? Vérification faite, il n'en était en fait rien. Contact fut pris sur twitter puis par téléphone. Vincent et Enzo, que je voyais pour la première fois arrivèrent chez moi. Les tribus politiques portent leurs couleurs et leurs idées sur elles. Un antifa se reconnaît facilement, un jeune macronien aussi. Ils arrivèrent chez moi en costume cravate : ils ne portaient pas sur eux les codes de Génération Identitaire, dont ils n'étaient manifestement pas issus. J'appris qu'ils étaient déjà une quarantaine sur Toulouse et Montpellier, pour beaucoup venant de l'UNI et de la droite traditionnelle. C'était inespéré. Les royalistes, toutes tendances confondues, mobilisaient temporairement pour la période de la campagne une quarantaine de jeunes militants en Occitanie avec des apports similaires dans d'autres régions. Nous aurions avec Génération Z une base plus stable et plus diverse. Cette force combinée était déjà plus importante que celle du RN dont le mouvement de jeunesse, le FNJ, rebaptisé depuis « Génération Nation », avait été complètement vidé de son âme après le départ du si charismatique Julien Rochedy en 2016. À mon départ de Reconquête, Génération Z comptait plus de 800 militants en Occitanie, près de 20 000 sur le plan national avec une petite minorité de royalistes. Tous, par-delà de leurs origines politiques portaient la flamme allumée par Jeanne d'Arc en son temps et que rien n'avait pu éteindre. L'armée des ombres de la Résistance et du général de Gaulle l'avaient portée haut entre 1940 et 1945. C'était la flamme de la France éternelle. Cette jeunesse, qui ne s'y trompait pas, suivait Éric Zemmour.

Tous s'étaient levés spontanément. Le recrutement était facile. L'enthousiasme régnait. Mais il débordait parfois. Ils voulaient aller coller des affiches dans les banlieues pour contrer la racaille et reconquérir les territoires perdus de la République finissante, prenant parfois des risques inconsidérés. Il y eut quelques incidents où ils étaient attaqués et insultés par cette partie de la jeunesse allogène qui déteste la France et qu'on a encore vu récemment s'exprimer lors des émeutes en 2023. Je dus intervenir la mort dans l'âme pour brider ces initiatives. Nous n'étions pas là pour faire la guerre, mais pour mener une campagne électorale. Ce serait aux forces de l'ordre de le faire plus tard, si nous gagnions les élections. Il fallait patienter. Je pensais comme eux. Mais il ne fallait pas prendre de risques. Ce type d'actions, normales en période électorale – il ne devrait y avoir aucun endroit en France où des militants politiques sont menacés –, pouvaient rapidement dégénérer et être instrumentalisées comme une provocation par les racailles, nos adversaires et la presse qui les soutient. Nos jeunes étaient armés de leur courage et de leur esprit de reconquête. Le camp d'en face avait, lui, des couteaux, voire pire. Je ne voulais pas aller à l'enterrement d'un jeune militant – à aucun prix. Toute action de ce type pouvait avoir un impact médiatique significatif sur la campagne d'Éric Zemmour. La médiasphère aurait dénoncé une soi-disant provocation. Nous verrons ainsi Bruce Toussaint demander sans en rougir à Éric Zemmour, lors d'une interview sur BFMTV, si ce n'était pas lui qui créait le trouble et la violence dont il était souvent victime. Inversion accusatoire classique, reprise ici par ce journaliste militant, qui n'hésite jamais devant rien pour toucher les profondeurs de l'ignoble, en bon valet de ses maîtres[1]. Soumise est aussi la Justice qui condamna la charmante et courageuse Thaïs d'Escufon, jeune égérie de Génération Identitaire, à de la prison avec sursis pour de simples paroles. Alors que les petites frappes des banlieues issues de l'immigration, au casier judiciaire bien rempli, bénéficient d'une forme d'impunité accordée par une Justice complaisante. C'est la jeunesse française qui est discriminée dans son propre pays.

En mai 2017, en pleine élection législative, j'avais moi-même été la victime d'un incident de ce type avec mon équipe. Nous avions été caillassés devant les panneaux d'affichage du bureau de vote du quartier de la Croix de fer à Cahors par une trentaine de jeunes «de la Diversité». Les «grands frères» du quartier vinrent nous menacer devant ma permanence d'élu. Plainte fut déposée, vidéo à l'appui identifiant les agresseurs. Deux ans plus tard l'affaire était jugée au tribunal de Cahors. La vidéo donnée aux policiers avait «disparu» du dossier. Nos agresseurs s'en sortaient donc. Ils avaient bénéficié d'une complicité à l'intérieur même de l'appareil judiciaire. Dégoûté, je ne fis même pas appel de cette décision. Inutile d'insister. Je gardais donc le nom des juges et des membres des services d'enquête qui s'étaient ainsi lâchement compromis. Peut-être en aurions-nous besoin plus tard pour les remercier en fonction de leur mérite.

Pendant la campagne des présidentielles 2022, nos équipes furent victimes de nombreuses violences et d'agressions, à Nîmes, à Montpellier ou à Toulouse. Les insultes souvent racistes, les menaces de mort, des coups et les attaques à la barre de fer dont nous étions victimes, étaient systématiquement minimisées par la presse. La Justice croisait les bras. Mon expérience à Cahors m'avait convaincu que ni l'appareil judiciaire, ni la police ne nous aideraient, bien au contraire. Nous portions plainte pour

---

1. Bruce Toussaint sur BFMTV le 20 juin 2023: «Ça ne serait pas vous le problème Éric Zemmour»?

informer la presse, et laisser une trace officielle. La presse et la Justice se comportaient comme des adversaires politiques : pour elles les criminels issus de l'immigration ne pouvaient être responsables de leurs méfaits. C'était la société, supposée raciste, qui l'était. Version 2.0 du rousseauisme : « *L'Homme naît bon c'est la société qui le pervertit.* » Sauf l'homme blanc qui, par nature, est mauvais, nous disent aujourd'hui ces héritiers d'un rousseauisme de supermarché, qu'ils soient *woke* ou pas. Ils en seront les premières victimes, car la révolution mange ses enfants, comme l'histoire la plus récente l'a prouvé.

Aujourd'hui des juges politisés et les élus de la majorité se plaignent souvent de la violence dont ils font l'objet jusque dans leurs salles d'audience ou leurs permanences. Faut-il avoir de l'empathie pour eux, alors que les idées qu'ils défendent et leurs décisions sont les principales causes de cette violence ? « *Dieu se rit des prières qu'on lui fait pour détourner les malheurs publics, quand on ne s'oppose pas à ce qui se fait pour les attirer* », disait Bossuet critiquant Martin Luther, qui déplorait paradoxalement la violence entre protestants et catholiques au début du XVIᵉ siècle tout en soutenant la Réforme protestante. Des juges, par leur laxisme, sont les principaux initiateurs et inspirateurs de la violence dirigée contre la magistrature. Nous ne les plaindrons donc pas, car ce mal ils nous l'ont aussi infligé. Quand Bernard Tapie agressé chez lui, ligoté et battu par des racailles leur demanda grâce, au motif qu'il leur avait été politiquement favorable – « *Je ne vous comprends pas ; je vous ai toujours défendu, pris toujours votre parti* » [1], leur avait-il déclaré – ses agresseurs se moquèrent de lui : « *va te faire enc… ; ce temps-là est mort* » lui répondirent-ils avant de continuer à le frapper ainsi que sa femme. Tragique retour des choses : l'Histoire et la Providence se chargent parfois de corriger les péchés d'*ubris* des responsables des malheurs publics. C'est une forme de justice. Bernard Tapie

---

1. Propos de Bernard Tapie repris par André Bercoff sur Sud Radio le 6 avril 2021.

n'est plus. Mais les décombres qu'il nous laisse avec ses amis politiques coûteront plus cher à notre pays que les centaines de millions d'euros que la Justice politisée de ses anciens amis l'a condamné à rembourser à l'État.

En juin 2021, après seulement trois mois de mobilisation, nous avions des responsables et des équipes plus importantes et plus motivées que Les Républicains ou même le RN, dans pratiquement tous les départements d'Occitanie, la région où notre action était la plus avancée. Citons Robert Morio dans l'Aude, Chantal Dounot-Sobraquès en Haute-Garonne, Monique Goussu dans le Lot, Bruno Lemaire, ancien conseiller économique de Marine Le Pen dans les Pyrénées Orientales, Monique Tézenas du Montcel dans le Gard, Willy Gaultier dans l'Aveyron et un ancien de la coordination rurale, Philippe Arnaud, dans le Gers. Je constituais aussi une équipe transrégionale avec Gilles Ardinat à la communication, Frédéric Lamouche pour les relations avec les entreprises et deux Vice-Présidents, Chantal Dounot et Monique Tézenas. Je ne les citerai pas tous, par souci de synthèse pour le lecteur, mais tous ont ma reconnaissance pour la qualité de leur travail. L'équipe ainsi constituée devait permettre de faire une campagne efficace sur le terrain, obtenir des parrainages pour la candidature d'Éric Zemmour, et être utilisable par toute personnalité ralliée et les futurs candidats aux élections législatives. L'organisation devait aussi faciliter une union avec les partis de droite sur le terrain en cas de second tour : le choix des personnalités dirigeantes des équipes locales avait ainsi été motivé non seulement par leurs capacités militantes et leur réseau local, mais aussi par leur aptitude à être acceptés plus largement dans leurs départements avec ces formations politiques concurrentes mais amies, RN, LR ou DLF. Ce fut le cas pratiquement partout. Je m'en ouvrirai à Louis Aliot beaucoup plus tard, en octobre 2021 dans un SMS : « *Je viens de lire cet article sur ceux que tu appelles les «coucous». Si les oiseaux désertent leurs nids (sur l'islam «compatible» et autres*

sujets), il ne faut pas se plaindre que d'autres les occupent. Cela dit, je serais personnellement ravi que tu nous rejoignes. J'ai d'ailleurs mis quelqu'un que tu aimes bien en charge des PO[1]*. J'ai structuré toute la région pour Éric et, s'il reste beaucoup à faire, nous sommes maintenant assez bien organisés et prêts. Je pense sincèrement que c'est cuit pour Marine (même si je peux me tromper). Je le regrette sincèrement pour elle et tous ceux qui l'ont suivie et dont j'ai fait partie de bonne foi. Amitiés et peut être à bientôt (ce que j'espère).* »
Ce message diplomatique restera malheureusement lettre morte. L'union des droites n'était pas pour tout de suite.

Juin 2021. Vint le moment de la première action de terrain visible. Pierre Meurin avait fixé comme objectif un premier collage qui devait intervenir en une nuit et sur tout le territoire national, suivi immédiatement par une campagne de presse locale et nationale. La France devait se réveiller le lendemain de cette opération couverte d'affiches d'Éric Zemmour. Zemmour n'était pas en campagne officiellement. Tout devait sembler spontané. Il fallait stupéfier l'adversaire. Un débat commença dans notre équipe quant à la date la plus appropriée. Fallait-il le faire entre les deux tours des élections régionales et perturber la campagne ? L'idée était tentante. La visibilité serait maximale selon certains. Les autres pensaient que nous ne serions pas visibles car les Français saturaient en fin de période électorale et ne distingueraient pas forcément nos affiches de celles des participants à ces élections. La solution choisie vint de notre équipe : Monique Tézenas du Montcel, très active et talentueuse responsable du mouvement dans le Gard, proposa un collage immédiatement après le second tour. Nous pourrions ainsi bénéficier de tous les emplacements, y compris des panneaux de la campagne officielle, devenus inutiles, et maintenant autorisés car les élections étaient juste passées. Ceci maximiserait la visibilité de notre campagne.

---

1. PO : les Pyrénées Orientales.

Le résultat fut excellent. Les premiers noyaux des équipes régionales et de Génération Z s'étaient si bien coordonnés qu'aucun département ne fut privé de nos affiches. Le lendemain, la France se réveilla stupéfiée. Coup de tonnerre dans un ciel calme. Personne ne s'y attendait. L'organisation d'Éric Zemmour apparaissait comme une armée souterraine qui surgissait du néant. Nous avions préparé la couverture presse nationalement et dans tous les départements : la couverture médiatique de l'événement fut donc maximale. La presse spécula sur l'organisation qui avait réussi cela. Éric Zemmour, interrogé par les journalistes, jouait avec malice la vestale innocente, se réjouissant de la spontanéité d'un mouvement dont il n'était apparemment pas partie prenante et ne reconnaissait pas la paternité. De Gaulle en 1958, avait lui aussi patiemment préparé son retour éventuel et créé un réseau. Comme son illustre prédécesseur et inspirateur, Éric Zemmour recevait un appel du pays, et marchait dans ses pas.

Personne ne pouvait nous accuser d'avoir gêné Marine Le Pen avec nos affiches alors qu'elle venait tout juste de s'effondrer aux élections régionales passant de 27,7 % à 20,5 % en seulement six ans. Le RN était alors un navire en perdition. Il perdait des sièges partout, et avec eux, des parrainages d'élus précieux pour la candidature de Marine Le Pen aux présidentielles. Mais aussi des revenus : les reversions de cotisation d'élus en baisse allaient encore compliquer la situation financière déjà très déficitaire du RN. Immédiatement après cette bérézina électorale, l'apparition inédite des affiches d'Éric Zemmour signalait aussi à tout un électorat désespéré de ces résultats calamiteux, l'existence d'une alternative à l'empire alors croulant des Le Pen. C'était un résultat encourageant pour nous. Tous les indicateurs étaient au vert. Nous avions le cœur léger. Éric Zemmour aussi : il me dit que c'était une excellente nouvelle et une confirmation par les urnes que sa candidature était nécessaire.

Nous tissions depuis des semaines des liens sur le plan national et régional, avec les réseaux subsistants du défunt

Mouvement Pour la France de Philippe de Villiers, VIA, le mouvement chrétien-démocrate de Jean-Frédéric Poisson, le Mouvement Conservateur (ancien « Sens Commun ») de Laurence Trochu, les réseaux de la Manif pour tous, des anciens de Debout la France et le CNIP. Nous constituâmes aussi des cercles spécialisés, pour mobiliser la société civile et les chefs d'entreprise avec Frédéric Lamouche, entrepreneur assez bien connecté avec les milieux d'affaires dans la région. Un collectif régional *Zemmour avec les Femmes* fut lui aussi créé. Tous nous rejoignaient : le nom d'Éric Zemmour les rassemblait après tant d'années de divisions stériles. Mais nous avions un gros problème : notre infrastructure naissante ne nous permettait pas de gérer le flux énorme des nouveaux arrivants qui s'en plaignaient parfois. Pendant ce temps les adhésions du RN chutaient. Plusieurs outils furent mis en place au niveau de notre organisation en Occitanie pour remédier à nos problèmes de gestion des flux : un fichier centralisé et des ressources partagées en ligne pour les responsables. Puis vint *Nation Builder*, un système moderne de gestion des données et de communication promotionnelle remarquable, que Jean-Luc Mélenchon et Emmanuel Macron utilisaient avec succès. La puissance de cet outil nous permettait d'avoir une finesse d'analyse et de gestion de la campagne qui nous donnera par la suite un avantage considérable sur les autres partis politiques, le RN en particulier. Tant était devenu obsolète le mode de fonctionnement de ce parti qui n'avait plus de quoi investir dans les technologies modernes ni de cerveaux pour les utiliser et les mettre en œuvre.

En juin 2021, je fis une tournée de la région Occitanie avec Vincent, le responsable de la très nouvelle Génération Z dans la région. Vincent et son adjoint Enzo étaient des jeunes de notre époque, que rien ne distinguait des autres, sinon leur esprit et leur volonté de ne pas abandonner la France où ils étaient nés. Le père de Vincent était policier municipal sur la côte d'azur. Enzo et Vincent y travaillaient l'été pour payer leurs études de droit à Toulouse. Tous deux avaient rejoint l'UNI et fréquenté les milieux nationaux. Ils étaient bien implantés à Toulouse. Leur motivation était exceptionnelle, tout comme leur capacité d'initiative. En eux brûlait cette flamme vigoureuse qu'avait allumée Jeanne en son temps. Celle de l'amour pour son Roi et pour la Patrie qu'il incarnait alors. C'étaient les palpitations du grand cœur de Jeanne d'Arc que les flammes du bucher de Rouen n'avaient pu consumer et que le bourreau eut ordre de jeter dans la Seine encore intact « pour qu'on n'en fît pas des reliques ». Malgré les siècles, ce cœur disparu dans les flots de la Seine qui rendit Jeanne éternelle, battait encore chez eux. Ils étaient la réalité vivante de cette phrase de Malraux dans son discours sur Jeanne d'Arc « *le tombeau des héros est le cœur des vivants* ». Ils ne croyaient pas en Dieu, mais leur motivation suffisait. Vincent est aujourd'hui étudiant à l'ISSEP de Marion Maréchal. Il rêve de rejoindre l'armée ou les services de renseignements pour servir la France. Lors de notre première rencontre, je priais pour que le pays qu'ils aimaient puisse leur offrir l'avenir qu'ils méritent. Nous le leur devons. Maurice Barrès écrit « *qu'une nation, c'est la possession en commun d'un antique cimetière et la volonté de faire valoir cet héritage indivis[1]* ». C'est aussi la volonté de transmettre aux générations le sentiment d'appartenance au récit national et leur assurer un futur radieux, afin que nos morts ne se soient pas sacrifiés pour rien et puissent continuer à être honorés pour leurs combats.

Je visitais avec Vincent les principaux départements de l'Occitanie. Partout des réunions furent organisées avec une très forte participation, souvent plus de 50 personnes par département, ce qui était un tour de force pour un mouvement politique balbutiant, alors que le RN en perte de vitesse peinait à mobiliser une vingtaine de participants à ses réunions départementales. Nous étions frappés par la grande diversité de l'origine politique des participants. Contrairement à la

1. Maurice Barrès. *Scènes et doctrines du nationalisme.* 1902.

sociologie du FN devenu RN, étaient présents au sein de ce qui s'appellerait bientôt *Reconquête*, tous les courants de toute la droite française. Nous retrouverions cette même diversité plus tard chez les sympathisants et adhérents du mouvement baptisé Reconquête, qui ne sera lancé officiellement que sept mois plus tard, en décembre. C'était le résultat du long travail de construction idéologique et de combat culturel d'Éric Zemmour pendant des années, dans la plus grande tradition Gramscienne. Éric Zemmour, dont le discours avait été diffusé pendant des années dans ses livres, chroniques et émissions de télévision, apparaissait comme le candidat naturel de la droite unie, une droite qui avait cherché son homme providentiel depuis 40 ans après avoir cru en Chirac et avoir été trompée et abandonnée par l'UMP. Ce n'était pas « *la fusion des extrêmes droites* » comme le relaiera perfidement plus tard une certaine presse opposée à nos idées[1], à la suite nos adversaires politiques, de Valérie Pécresse à Marine Le Pen. Mais bien l'union retrouvée des électorats de la droite conservatrice, légitimiste et bonapartiste autour d'idées communes, comme à l'époque du Général de Gaulle.

Je terminais cette tournée par l'Aveyron où j'avais nommé responsable Willy Gaultier. C'était lui aussi un militant de toujours. Engagé au FN il avait été déçu par les dissensions de la fédération de ce département très difficile. Il avait fait un excellent travail pour construire notre équipe localement, malgré une grave maladie qui l'affectait. Il ne voulut pas abandonner son poste et continua malgré son état. Beaucoup se seraient retirés. Mais la force de ses convictions et sa générosité désintéressée primaient sur tout. Il bénéficiera fort heureusement d'une rémission. La main de Dieu était sur lui.

De retour à Paris je me rendais aussi utile à la campagne nationale. J'organisais plusieurs rencontres chez moi avec des

---

1. Libération, 9 février 2022. *Sympathies nazies : les équipes de Pécresse dézinguent les accointances de Zemmour* et *Extrême droite : qui sont les « nazis » pointés par Marine Le Pen*

personnalités de droite qui nous avaient rejoints ou étaient susceptibles de le faire. Lorsque la « Nouvelle Droite » se rapprocha de Zemmour, j'invitais à diner Jean-Yves Le Gallou, une des figures idéologiques emblématiques de cette sensibilité politique. Même si je n'étais pas convaincu de l'utilité de ce courant assez contesté pour la construction de notre mouvement, je fis l'effort et respectais la décision d'Éric Zemmour, au nom du projet d'union des droites qu'il appelait de ses vœux. Cette réunion d'un soir n'était pas naturelle pour moi compte tenu de nos différences idéologiques fondamentales. Nous y reviendrons. C'était un mariage de raison et de circonstances autour d'Éric Zemmour et de son projet, plus qu'une communion d'idées, même si nous nous retrouvions sur certains sujets.

Avant que Reconquête n'ait un siège social et des bureaux, mon appartement servit ainsi assez souvent, comme d'autres lieux, à organiser des réunions discrètes avec des chefs d'entreprise, des hommes politiques et des hauts fonctionnaires dont le public averti serait d'ailleurs surpris de connaitre aujourd'hui l'identité. En avril 2021, j'avais commencé cette séquence de rencontres en organisant un déjeuner entre les dirigeants de l'Action Française et de la Restauration Nationale, avec Jean-Marie Le Pen. Il arriva chez moi accompagné de son épouse Jany. De jeunes militants de plusieurs courants de la droite conservatrice étaient aussi présents. Si je n'avais jamais été un grand fan de Jean-Marie Le Pen depuis l'affaire du « détail », j'ai toujours considéré qu'il était utile de favoriser le dialogue avec toutes les composantes de la droite, voire de la gauche. L'une des malédictions de la vie politique française est précisément l'absence de dialogue et le sectarisme. Il y a des hommes et des femmes de bonne volonté et de talent partout. Il faudrait rassembler le talent et exclure les imbéciles et les incompétents. Mais le jeu des partis qui implique un corsetage idéologique, empêche cette concorde pourtant nécessaire en temps de crise. Recevoir cet homme qui avait été témoin et acteur d'une grande page de notre histoire, un pilier de la vie politique française pendant près de 70 ans, était un grand événement pour moi, malgré mes différences avec lui. C'était un peu comme si un pan de l'histoire de France entrait chez moi. Je n'aurais jamais pu l'imaginer, lorsque je le vis à la télévision en 1984 dans sa première apparition à l'émission *l'Heure de Vérité*. J'avais alors quatorze ans et j'avais déjà atteint depuis trois ans le stade de la conscience politique. Cet âge où les convictions sont déjà formées, sans que l'on sache d'ailleurs encore très bien soi-même pourquoi on pense ce que l'on pense. Son discours m'avait alors semblé juste et brillant. Rétrospectivement, on est frappé de constater la justesse et le caractère prophétique de son propos de l'époque, le tout dans la langue parfaite d'un homme cultivé si rare aujourd'hui. Que l'on soit ou non en accord avec Jean-Marie Le Pen, les politiques d'aujourd'hui n'ont ni sa profondeur ni son éclat. Quant à sa popularité, elle ne saurait être démentie. J'en eus une nouvelle preuve ce jour-là : alors qu'il sortait de mon immeuble, deux jeunes garçons d'une vingtaine d'années se trouvant dans la rue, lui dirent spontanément : « *Bravo et merci Monsieur Le Pen.* »

Ce déjeuner qui réunit une quinzaine de participants était conçu comme un passage de témoin des anciens vers les plus jeunes. Le journal *L'Opinion* se fit plus tard l'écho de cette rencontre dont l'existence ne fut pas démentie.[1] Nous chantâmes tous ensemble des chansons royalistes dans la grande tradition des camelots du Roi. L'enthousiasme de chanteur du patriarche de la droite nationale, celui qu'on appelait « le menhir », laissait paraître de vieilles convictions royalistes sous l'épaisse carapace façonnée par les combats politiques. Il ne fallait pas s'en étonner. Le FN qu'il avait construit était en fait principalement une résurgence de la tendance légitimiste de la droite française théorisée par René Rémond, et non pas un ersatz de parti fascisant comme le

---

1. L'Opinion – 15 avril 2021. *En 2022, l'Action française soutiendra Marine Le Pen « faute de mieux », par Ivanne Trippenbach.*

disaient complaisamment nos adversaires. Ceci expliquait sans doute la forte présence de royalistes et de catholiques au sein de ce mouvement dès ses débuts, et encore aujourd'hui. J'avouais, un peu gêné, à Jean-Marie Le Pen que je ne soutiendrais pas sa fille aux prochaines élections, mais Éric Zemmour. Il n'en fut pas choqué : son ouverture d'esprit est plus grande que celle de sa fille. Il comprend que l'intérêt de la France puisse être détaché des intérêts familiaux. Plus tard, lui aussi soutiendra Éric Zemmour, quoique de façon indirecte, à la plus grande fureur de sa fille. Lorrain de Saint-Affrique, son directeur de cabinet, avec lequel je suis ami et qui m'aida à organiser cette rencontre, me rapportera par la suite qu'à peine sorti de chez moi, Jean-Marie Le Pen s'interrogera à mon sujet : « *Comment ma fille a-t-elle pu se passer d'un gars comme cela ?* » Intention sympathique de sa part. J'étais honoré. Mais c'était moi qui m'étais passé d'elle. Je ne lui avais pas donné le choix. Je suis certain qu'elle vit très bien sans moi. Moi aussi, car je n'ai jamais estimé ceux qui abandonnent leurs soldats et leurs convictions.

Le premier voyage d'Éric Zemmour en Occitanie fut un second test grandeur nature pour notre organisation naissante. Éric Zemmour n'avait pas encore annoncé sa candidature. L'objectif déclaré de ce voyage était de présenter le nouveau livre de Zemmour, une campagne intitulée « *La croisée des chemins* ». C'était le vrai début de la campagne, même s'il n'était pas encore officiellement candidat. L'occasion unique pour motiver nos équipes et les préparer à la vraie campagne. Les étapes prévues en Occitanie pour ce déplacement de trois jours étaient Nîmes, Montpellier et Béziers. Deux grands meetings, l'un à Nîmes et l'autre à Béziers étaient programmés.

L'organisation patinait un peu au début : l'équipe assez parisienne et très professionnelle d'Éric, et la nôtre, militante et bénévole ne savaient pas encore travailler ensemble. C'était la première fois. À ceci s'ajoutaient les difficultés du calendrier d'Éric Zemmour avec d'incessants mais compréhensibles changements de dates qui rendaient difficiles l'obtention d'engagements de réservation de salles et de rendez-vous avec les personnalités locales. Si nous avions initialement prévu de faire le meeting de l'Hérault à Montpellier, loin de Robert Ménard dont nous craignions localement l'influence négative, c'est finalement par une prise de contact directe entre Ménard et Zemmour que la décision de faire le meeting de Béziers fut prise.

Arrivée à Nîmes. Trois cents personnes étaient présentes, notables, chefs d'entreprise, particuliers. Ils l'attendent dans la cour arborée d'un des plus beaux hôtels de la ville. Ambiance mauresque et chaleureuse. Responsable de l'Occitanie, je l'accueille en quelques mots avec la responsable du Gard, Monique Tézenas, et lui offre des bottes en caoutchouc pour lui signifier qu'il doit désormais faire une campagne de terrain. Il ne pourra cependant pas mettre en œuvre ce conseil pour des raisons diverses, et c'est Marine Le Pen qui profitera de ce champ laissé libre, comme Chirac face à Balladur en 1995.

Le soir, meeting au Grand Hôtel de Nîmes. Immense queue à l'extérieur du bâtiment. 1 200 personnes à l'intérieur d'une salle en contenant 900 et 300 laissées à l'extérieur. Un véritable phénomène. En quatre ans de militantisme au FN dans la région, je n'avais jamais vu cela. Même quand Marine Le Pen se déplaçait, il fallait des semaines de mobilisation pour avoir quelques centaines de personnes venant d'un peu partout. Quelque chose outrepassait le cadre de ce à quoi nous étions habitués. Une dynamique source d'espoir.

Parmi les personnalités présentes, Gilbert Collard, député européen et secrétaire départemental du Rassemblement National dans le Gard. Le maire d'Orange, Jacques Bompard, était également présent. Certaines personnes arboraient un tee-shirt « Zemmour 2022 ». Génération Z était déjà à l'œuvre. La campagne avait commencé officieusement.

Gilbert Collard jouait les faiseurs de roi. Il soufflait le chaud et le froid avec les journalistes, indiquant qu'il était toujours au RN, mais qu'il venait écouter avec intérêt le possible futur candidat et poser des questions sur son livre. En réalité, les dés étaient complètement pipés car tout était déjà fait en coulisses. Cela faisait en effet des mois que j'étais en relation avec Gilbert Collard et que je travaillais avec lui pour préparer sa venue. Après son interview avec les journalistes, je rencontrais Gilbert Collard et son avocat Bernard Kuchukian. Il me dit qu'il nous rejoindrait bientôt, et que tout devait être arrangé pour cela. J'étais allé la veille chez lui à Vauvert pour lui montrer nos systèmes informatiques et notre organisation. Gilbert Collard allait bientôt donner à Marine Le Pen le baiser de Judas. J'étais dans la confidence et c'était, il faut l'avouer, assez amusant.

Le meeting fut extraordinaire. C'était la première des quatre grandes messes auxquelles j'assisterai pendant la campagne. Notre équipe fut transportée par ce résultat incroyable.

Je partis immédiatement après cette grande réunion pour aller coller les affiches avec les militants de Montpellier. Je découvris alors leur dénuement total de moyens, mais un esprit d'engagement très fort. L'équipe était plus nombreuse que celle du FN et surtout plus motivée. C'était bon signe.

Le lendemain nous visitions avec Éric une entreprise viticole à Montpellier. Dégustation de vin et visite du château. Je lui parlais dix minutes en aparté pour lui expliquer les principales forces et faiblesses de notre organisation en Occitanie, le travail accompli et ce qu'il restait à faire. Je lui fis part de mes critiques et de mes conseils, comme je le lui avais dit lors de notre première rencontre. Pas de compliments mais uniquement des critiques. Je commençais par le nœud de cravate et les chaussures. « *Regardez Fillon, Macron ou Chirac*, lui dis-je : *ils sont toujours tirés à quatre épingles. Ne soyez pas François Hollande qui termina son septennat à moins de 5 % d'intentions de vote, boudiné dans des costumes fripés qui le couvraient de ridicule, ajoutant ainsi une confirmation visuelle à la médiocrité de sa politique.* » On apprend en marketing que 60 % de l'opinion d'un spectateur ou d'un consommateur est faite dans les premières secondes avant même qu'un orateur ait ouvert la bouche. Éric Zemmour consacre le premier chapitre de son livre *Je n'ai pas dit mon dernier mot*, à ces problèmes d'habillement et à son nœud de cravate. S'il est peut-être exagéré d'en faire tout un chapitre, il était clair que je n'étais pas le seul à le lui dire. Ces remontrances amicales de son équipe l'ont visiblement marqué. Intelligent, il les a prises en compte.

Le moment culminant de ce premier voyage fut la journée passée à Béziers sur les terres de Robert Ménard. Trois mille personnes se mobilisèrent pour assister à ce meeting dans la salle Zinga Zanga. Malheureusement, Éric Zemmour n'eut pas le temps de rencontrer les militants et les responsables du département. Plusieurs rencontres de terrain, dont celle avec les ostréiculteurs de Sète, furent annulées. C'était une erreur, mais nous n'avions pu l'éviter. Notre organisation avait atteint sa capacité maximale, celle du candidat aussi, mais c'était une très bonne leçon, qui restera cependant sans suite.

S'ajoutèrent à nos difficultés internes celles de travailler avec la «méthode» Robert Ménard. Notre tout jeune service d'ordre fit des miracles compte tenu des circonstances, malgré les instructions parfois confuses que l'organisation de Robert Ménard lançait, faisant prendre un risque de sécurité significatif à Éric Zemmour, qui fort heureusement ne se matérialisa pas.

Ménard jouait les stars et traita notre équipe d'une manière désobligeante, toute à sa mesure. Je le vis à Béziers après le meeting et ne pris pas la peine d'aller le saluer, car il avait maltraité nos équipes. Ce n'était d'ailleurs pas nécessaire. Il était déjà patent que Robert Ménard avait choisi Marine Le Pen. Éric Zemmour a sans doute fait une erreur en allant le voir et en lui consacrant un chapitre entier de son dernier livre. Il l'appelle «mon Judas de Béziers». Mais ce terme honore Robert Ménard plus qu'il ne le faudrait. Judas a été choisi comme disciple pour ses qualités. Il était le disciple préféré. Avant lui, le bel Alcibiade, élève de Socrate trahit Athènes pour conseiller Tissapherne, satrape perse de Lydie et de Carie. Talleyrand fait faux bond à Napoléon, plus qu'il ne le trahit vraiment. Aucun d'entre eux n'est des hommes du commun. L'Histoire se souvient d'eux car il y eut du génie et de la grandeur dans leur trahison. Les grands ne sont jamais trahis par des minables. Quant à Ménard, choisi par Marine Le Pen, il est sans doute à sa mesure. Il a déjà commencé d'ailleurs, en expliquant début juin 2023 qu'il ne « *dirait pas non* » si Emmanuel Macron lui proposait d'entrer au gouvernement. Elle l'aura mérité comme il l'aura méritée. Assez parlé de lui donc : l'Histoire se chargera de l'oublier.

Du grand succès de ce premier voyage en Occitanie notre équipe sortait renforcée. Elle avait été exposée à une expérience de campagne exceptionnelle en peu de temps. Un aguerrissement qui sera utile pour la suite. Il fallait maintenant la renforcer et surtout lui donner une visibilité médiatique qui permette de continuer à construire une équipe diversifiée conforme au projet zemmourien d'union des droites.

Mon positionnement politique personnel était singulier et inhabituel. Royaliste, j'avais rejoint dans ma jeunesse le RPR puis passé sept années au FN. J'avais été élu pendant six ans sous cette étiquette politique. Si mon caractère m'avait fait m'opposer publiquement et farouchement à Carole Delga, et me désignait comme un adversaire valable et logique sur le plan régional, je risquais de marquer le mouvement zemmourien par un positionnement peut-être jugé trop droitier qui pourrait compromettre les rapprochements nécessaires avec des personnalités de droite traditionnelle en Occitanie.

En octobre 2021, Mediapart publia un article ignoble et mensonger sur l'organisation Zemmour en Occitanie, dénonçant une supposée présence importante de « *séditieux* », royalistes et d'identitaires d'extrême droite dans notre organisation. Les faits reprochés : mon Dieu, il y avait aussi des royalistes et des identitaires chez Zemmour et ils aimaient leur pays ! Pour cette presse gauchiste, c'était un crime de lèse-République. Il fallait jeter l'anathème. Mediapart utilisa le procès intenté par la Justice toulousaine contre moi pour des propos déjà très zemmouriens, que j'avais tenus en hémicycle le jour de l'intrusion des militants de l'Action Française dans le bâtiment du Conseil Régional à Toulouse en mars 2021. J'avais « osé » dire à Carole Delga ceci[1] : « *Je vous rappelle ici même votre trahison et votre "collaboration" avec l'islamo-gauchisme, vous qui avez inauguré la mosquée de Toulouse avec l'imam Tataï, antisémite notoire. Je ne vous prête pas ses intentions cependant.* » « *Et avec l'archevêque de Toulouse et le représentant du CRIF, voilà* », me répondit-elle pour tenter de s'en démarquer. « *Mais ça je m'en fiche, continuais-je, cela veut dire qu'ils collaborent avec vous, c'est encore pire ! Tout ceci n'a rien d'étonnant et, dans votre discours introductif de janvier 2016, vous vous étiez en effet placée en continuité avec l'héritage de François Mitterrand, l'homme du déséquilibre budgétaire mais aussi de la francisque et de la collaboration avec l'ennemi. Parfaite continuité donc. Les collabos d'hier font les collabos d'aujourd'hui, n'est-ce pas ? Les royalistes, comme Honoré d'Estiennes d'Orves, furent les premiers à résister en 1940. Les fascistes c'est donc bien vous, les socialistes ! Toute votre gestion le démontre ! (…) Au vu de ce bilan calamiteux, je ne peux donc que souhaiter que les Français ne vous reconduisent pas dans votre mandat et mettent en place une administration compétente, pour que vive la France. Je vous dis donc pour terminer : Vive le Roi !*[2] » L'imam Tataï avait en effet tenu ces propos antisémites et incitant au meurtre, fin 2017 dans ses prêches, faits pour lesquels il a depuis été condamné par la Justice[3] : « *(Le prophète) nous a parlé de la bataille finale*

---

1. Séance plénière du Conseil régional d'Occitanie. 25 mars 2021.
2. Séance plénière du Conseil régional d'Occitanie. 25 mars 2021.
3. Actu.fr, Toulouse. *La condamnation de l'imam d'Empalot, Mohamed Tataï, confirmée par la cour d'appel*, mercredi 31 août 2022, « *la Cour d'appel de Toulouse a confirmé la condamnation de prison avec sursis pour « provocation à la haine raciale » dont avait fait l'objet Mohamed*

et décisive : le Jugement dernier ne viendra pas jusqu'à ce que les musulmans combattent les juifs (…) Les Juifs se cacheront derrière les rochers et les arbres, et les rochers et les arbres diront : Ô musulman, ô serviteur d'Allah, il y a un juif qui se cache derrière moi, viens le tuer. » Ces propos tirés d'un hadith rapporté par Al-Boukhari[1], sont couramment repris dans les mosquées, mais incompatibles avec les lois françaises.

La présence de Madame Delga à l'inauguration de la mosquée de Toulouse le 23 juin 2018, où elle représentait le Conseil Régional dans son ensemble, y compris son opposition, cautionnait un imam dont les propos antisémites tirés de la *Sunna* étaient alors connus publiquement. Sa présence à cet événement était un outrage manifeste aux élus de l'institution qu'elle représente, une collaboration avec ceux que Manuel Valls qualifiait « *d'ennemis de l'intérieur*[2] », lorsqu'il était Premier ministre. Donc une trahison. La logique et la décence auraient voulu que le Procureur de la République se saisisse de cet outrage à l'institution régionale, commis par Carole Delga, plutôt que faire plaisir à la Présidente en attaquant ceux qui le dénonçaient.

Rester silencieux aurait été une trahison de mes idées, de mon histoire familiale et de mon pays, à la mesure de celle de Madame Delga qui prétend lutter contre le fascisme tout en serrant la main d'un de ces « fascistes islamistes » modernes, pour des raisons bassement clientélistes. Jean-Luc Moudenc, Maire de Toulouse, était présent le même jour qu'elle à cette inauguration, et comprit rapidement son erreur : il signala les

---

Tataï, l'imam de la Grande Mosquée d'Empalot à Toulouse. Il a été condamné à 4 mois de prison avec sursis et à verser plusieurs milliers d'euros à diverses associations ».

1. Al Boukhari – *Sahih Al-Boukhari* (Hadith n° 3593). L'un des six grands recueils de hadiths. Il est considéré par les musulmans sunnites comme le livre le plus fiable après le Coran.

2. Propos rapporté par Challenges, le 12 octobre 2012. *Terrorisme : Valls met en garde contre «l'ennemi intérieur».*

déclarations antisémites de l'imam à la Justice, ce qui conduit à sa juste condamnation. Carole Delga n'a jamais voulu reconnaitre son erreur.

Dire la vérité, quel crime abominable! « *Rien que la mort n'était capable d'expier (mon) forfait : on (me) le fit bien voir*[1] » (Jean de la Fontaine). C'était un crime de lèse-Delga. Comme l'a chanté Guy Béart, « *celui qui dit la vérité, il faut l'exécuter* » et, après six ans de confrontation, Carole Delga voulait ma tête. Je fus donc mis en garde à vue six heures puis menotté trente minutes, seulement un mois après les faits! C'était une atteinte à la liberté d'expression d'un élu en hémicycle. Personne ne s'en scandalisa, y compris mes anciens amis du RN, même si c'était inédit : seuls la Chine, le Venezuela ou la Corée du Nord ont de telles pratiques.

Ces inquisiteurs modernes veulent interdire de tirer des leçons de l'Histoire, interdire d'établir un parallèle entre le fascisme historique et sa résurgence contemporaine islamique qui subvertit notre société insidieusement. Ils permettent la récidive de l'acte honteux de Montoire par ceux qui appartiennent au cénacle de la bien-pensance et du pouvoir. Cette soumission à l'envahisseur islamiste n'est qu'une sorte de version moderne du pétainisme.

J'avais déjà pu observer la même lâcheté quelques années auparavant dans le Lot. Une personne anonyme m'avait envoyé par la poste la copie d'un rapport de renseignement sur la mosquée de Souillac, ce que l'on appelle une « note blanche », visiblement écrite par le SDRT du Lot[2]. Elle confirmait ce que nous avions déjà appris par ailleurs sur cet établissement. Ce document très inquiétant faisait état de la présence de membres connus et surveillés de réseaux islamistes. Il contenait leurs photos, leurs adresses, les plaques d'immatriculation de leurs véhicules et indiquait leur fichage éventuel. Ils appartenaient

1. Jean de la Fontaine – Fables – Les animaux malades de la peste.
2. Service Départemental de Renseignement Territorial.

à la mouvance sunnite piétiste Tabligh[1], branche cousine mais adversaire des Frères Musulmans, toute aussi dangereuse, dont le préfet de l'Hérault de l'époque, Pierre Bousquet de Florian et ex-patron de la DST, avait dénoncé l'activité. Des membres de cette mouvance fréquentant la mosquée Tablighie de Lunel s'étaient en effet rendus en Syrie dans les camps d'entrainement de Daech. Ce document étant sensible, il ne fallait pas qu'il soit rendu public. Je décidais donc de le protéger en l'envoyant au procureur de la République au titre de l'article 40 du Code de Procédure Pénale. J'organisais ensuite une conférence de presse mentionnant l'existence de ce rapport sans en révéler le contenu. Je demandais publiquement à Jérôme Filippini, alors Préfet du Lot, la fermeture de cet établissement[2]. Je reçus une fin de non-recevoir et me vis immédiatement trainé devant la justice par la mosquée pour «incitation à la haine raciale et religieuse», mais aussi par le Procureur de la République (agissant selon toute vraisemblance sur instructions du Préfet) pour «outrage à une personne dépositaire de l'autorité publique»! Il n'est pas bon en France de dire la vérité: j'avais exposé l'incompétence et l'irresponsabilité des pouvoirs publics et dénoncé une organisation islamiste. Il fallait me le faire payer en ouvrant des procédures qui n'avaient aucun fondement juridique sérieux. Il s'agissait de pure intimidation à mon encontre. Elles n'eurent donc aucune suite. Éric Zemmour, Renaud Camus et tous ceux qui dénoncent la complaisance des pouvoirs publics et des élus font l'objet de ces manœuvres: mon cas n'était donc pas une exception. Quelques jours après l'assassinat de Samuel Paty en octobre 2020, je communiquais le rapport de renseignement à Gérald Darmanin, dont le directeur de cabinet était justement Pierre Bousquet de Florian, lui

---

1. Tablighi Jamaat, en français «Association pour la prédication».
2. Medialot. 13 janvier 2016. FN46: *Emmanuel Crenne en remet une couche sur la mosquée de Souillac.*

demandant de réexaminer ce dossier. À ce jour, cette mosquée est toujours ouverte au public.

Je vis aujourd'hui aux Émirats Arabes Unis, pays dans lequel les Frères Musulmans et le mouvement Tabligh sont considérés comme des organisations criminelles terroristes. Pourquoi faut-il que les élus dits républicains, comme Madame Delga, collaborent avec un membre d'une organisation terroriste et apologue d'une idéologie antisémite mortifère, sous prétexte de « vivre-ensemble » ? Est-il normal que l'opposition soit intimidée par le pouvoir politique par voie de Justice parce qu'elle dénonce les perpétrateurs d'un outrage manifeste ? C'est un véritable scandale d'État ! La célérité particulière de la Justice dans cette affaire était suspecte : lorsque j'avais porté plainte contre Carole Delga pour m'avoir arraché le micro en pleine séance du Conseil Régional quatre ans auparavant, la Justice toulousaine n'avait même pas pris la peine de traiter ma plainte. Justice politique ? Justice à deux vitesses ? L'esprit des loges, à défaut d'esprit de justice, semblait souffler dans les prétoires d'Occitanie avec une intensité particulière.

Dans ces circonstances où une partie de la Justice, en l'espèce les services du procureur, était clairement aux mains du pouvoir politique, se faire lyncher publiquement par un journal tel que Mediapart était une forme de consécration, la preuve que notre organisation avait déjà bien avancé, malgré l'état d'inachèvement de nos travaux. Que cette officine faisant office d'accusateur et de dénonciateur public s'intéresse à notre action politique est un hommage à notre efficacité, et témoigne de notre dangerosité pour leurs idées subversives.

Mediapart, avait été fondé par Edwy Plenel, ex-rédacteur en chef du torchon trotskiste *Rouge*. Celui qui avait osé écrire, toute honte bue en 1972 : « *Aucun révolutionnaire ne peut se désolidariser de Septembre Noir. Nous devons défendre inconditionnellement face à la répression les militants de cette organisation [...]. À Munich, la fin si tragique, selon les philistins de tous poils qui ne disent mot de l'assassinat des militants palestiniens, a été voulue et provoquée par les puissances impérialistes et particulièrement Israël[1].* » Cette attaque terroriste par des Palestiniens avait endeuillé les jeux olympiques de Munich : onze membres de la délégation israé-lienne périrent assassinés. Elle choqua le monde entier, sauf Plenel et ses camarades trotskistes, vieux routiers de toutes les trahisons, quand il s'agit de poignarder la France dans le dos. Comment des gens pareils, eux qui avaient mis en 1944 sur le même plan les alliés au prétexte qu'ils étaient des puissances impérialistes et la Wehrmacht, pouvaient-ils encore s'octroyer le droit de faire la morale à quiconque ? Eux qui ont porté les valises du FLN et du Vietminh et qui, depuis toujours, sont spontanément des ennemis de leur pays au nom d'un interna-tionalisme fumeux. L'ADN de la trahison est dans leurs gènes idéologiques. Depuis Septembre noir leur position n'a pas chan-gé : ils continuent de considérer le Hamas palestinien comme une force de résistance et refusent de dénoncer les massacres du 7 octobre 2023 en Israël comme des crimes contre l'humanité et de condamner leurs amis qui crient « mort aux juifs » dans les manifestations propalestiniennes. Ce n'est pas surprenant : la presse de gauche qui fait la morale n'a en réalité pas de morale, comme d'ailleurs l'avait expliqué lui-même Léon Trotski dans son livre fameux *Leur morale et la nôtre*.

Aujourd'hui, la presse de gauche, Plenel en tête, fabrique des listes d'ennemis publics. Comme le faisaient en leur temps Marat et Hébert, le chef des « enragés », qui demandaient des tribunaux populaires pour envoyer leurs ennemis à la guillotine. Les tribunaux de la prétendue pensée sont maintenant média-tiques et leurs victimes stigmatisées publiquement en *prime time*. On leur accole « l'étoile jaune » sémantique du fascisme et du racisme pour les tuer symboliquement et socialement. Leurs meurtriers n'ont même pas le courage de venir au contact

---

1. Joseph Krasny dans *Rouge*. Numéro 171 (1972). Joseph Krasny était le pseudonyme utilisé alors par Edwy Plenel.

de leur victime par lâcheté. Le seul vrai courage est toujours physique et eux n'ont que le courage des mots. Mediapart est une sorte d'équivalent moderne du *Père Duchêne*, journal d'Hébert, qui demandait des têtes au nom de la République et de l'Égalité, et dont même Robespierre dut se débarrasser. En l'absence d'un Robespierre moderne, Edwy Plenel mène habituellement et en toute impunité des campagnes de presse *ad hominem*, comme ce fut le cas contre Dominique Baudis, le maire de Toulouse. Alors à la tête du *Monde*, Plenel l'avait faussement accusé d'avoir organisé des orgies avec le tueur en série Patrick Allègre. Aujourd'hui, ce même Plenel explique tout aussi faussement qu'Éric Zemmour veut la guerre civile, distillant la haine et la xénophobie. Mais qui prêche vraiment la haine ? Pascal Prault de CNews dira de Plenel assez justement qu'il était « *l'incarnation moderne de Tartuffe, faux dévot, qui avance drapé dans le manteau de la morale pour mieux cacher son âme sombre et ses passions tristes*[1] ». Voilà donc qui osait nous trainer dans la boue, lui qui est un habitué des bas-fonds de la presse.

Leur article sordide était fondé sur un de nos fichiers qui avait fuité. Il datait en réalité du mois de mai 2021, donc du début de notre aventure. Cette version ancienne contenait d'ailleurs de nombreuses erreurs et semblait avoir été truquée à dessein. La presse militante d'extrême gauche cherchait déjà à positionner Éric Zemmour à l'extrême droite. Plenel était à l'avant-garde de la manœuvre. Marine Turchi, plumitive qui officiait dans ce cas précis à Mediapart, avait déniché des éléments, qui quoique biaisés et en grande partie faux, apportaient de l'eau à leur moulin. Sans talent, elle faisait feu de tout bois. Il apparait aujourd'hui que l'origine la plus plausible de cette fuite ait été certains nouveaux arrivants dans notre organisation venant de la « Nouvelle Droite ». Ceux-ci tentaient dès leur arrivée de contrer la présence des autres tendances au sein de l'organisation, dont la mienne. Cet antagonisme raisonné et

1. CNews. 24 mai 2023 à 9 heures.

raisonnable entre Royalistes et Nouvelle Droite n'est pas nouveau et date de dizaines d'années. Les organisations politiques sont souvent des nids de vipères. Celle d'Éric Zemmour, quoique très jeune, ne dérogeait pas à cette règle, malgré tous nos efforts. La section régionale d'Occitanie que je dirigeais attirait des convoitises internes, de par ses succès : elle était en effet à cette époque, celle dont l'organisation et la structure étaient les plus abouties. Les humains sont constants dans leur caractère. Leur grandeur est souvent à la mesure de leur faiblesse.

Afin de poursuivre la campagne d'Éric Zemmour et d'éviter une répétition de ce type d'attaques extérieures, je décidais donc de me mettre en retrait partiel en conservant la responsabilité opérationnelle du mouvement dans la région, mais en faisant nommer une personnalité plus proche de la droite traditionnelle et moins exposée, Chantal Dounot-Sobraquès. Chantal était une amie de ma famille et, si elle avait passé six ans au sein du groupe FN au Conseil Régional d'Occitanie, sans jamais d'ailleurs prendre sa carte au FN, elle avait à son actif plus de vingt ans de RPR auprès de Dominique Baudis à la mairie de Toulouse. C'était l'intérêt de la campagne d'Éric Zemmour. Cette problématique existait dans d'autres régions. Mais aucun responsable régional n'eut le courage de prendre ce genre de décision. J'étais pratiquement parvenu au terme de mon engagement avec Éric Zemmour et n'avais pas d'ambition particulière. Cela ne me posait donc pas de problème. Je présentais donc Chantal à Éric Zemmour lors de son passage à Béziers, juste après le meeting avec Robert Ménard et lui indiquais mes intentions de réorganisation. Je conservais les mêmes attributions vis-à-vis de l'équipe, mais Chantal servait de figure de proue. Je limitais mes interventions publiques, sans les abandonner complètement. Cette stratégie fonctionna : la presse desserra ses crocs et nous laissa enfin tranquilles. Plus important, de nouvelles personnalités de la droite conservatrice nous rejoignirent, particulièrement en Haute-Garonne.

L'organisation que nous construisions continua à monter en puissance et, grâce à la mise en place d'outils modernes, nous pûmes gérer la croissance qui redoubla après l'entrée en campagne officielle d'Éric Zemmour en décembre 2021. De nombreuses réunions avaient maintenant lieu régulièrement avec, non plus des dizaines, mais des centaines de participants dans tous les départements. Plusieurs de nos orateurs nationaux y furent invités, dont Gilbert Collard et Jacline Mouraud, après leur ralliement. Tous nos responsables départementaux qui travaillaient d'arrache-pied depuis le mois d'avril, dont Robert Morio dans l'Aude, Bruno Lemaire dans les Pyrénées Orientales, ou encore Monique Tézenas du Montcel dans le Gard, organisèrent des réunions impressionnantes avec des centaines de participants, mais aussi remarquables quant à la qualité de leur contenu politique. Ils avaient tous un vrai réseau local, une longue expérience politique de terrain.

Dans l'Aude, Robert Morio organisa une très belle réunion à laquelle je participais avec Benjamin Cauchy de l'équipe nationale. Robert était un militant de toujours du FN qui avait monté la fédération de l'Aude pour Marine Le Pen. Sa famille était d'origine pied-noir. C'était un fervent partisan et supporter de Marion Maréchal. Il faisait partie de ces militants dont le courage est à toute épreuve.

Ces succès étaient bien sûr le résultat du travail de notre équipe, mais aussi de l'appel considérable que le nom d'Éric Zemmour rencontrait dans le pays. Comme l'avait fait de Gaulle avant lui, les graines avaient été patiemment semées par Zemmour. Sa popularité n'était pas un accident temporaire de l'Histoire, ni un phénomène médiatique artificiel. Les causes profondes de cet engouement subsistent encore aujourd'hui. Éric Zemmour est un homme enraciné qui a un espace politique, qui laisse augurer d'un grand rôle pour l'avenir, malgré sa défaite. La France ne veut pas mourir et a peut-être trouvé son homme providentiel, celui dont elle n'a cessé de rêver depuis l'assassinat de son Roi par la République et l'échec de l'aventure napoléonienne. Marine Le Pen n'incarne pas cet espoir.

Nous eûmes le privilège de recevoir Renaud Camus dans le Gers. Je le connaissais depuis plusieurs années. J'avais été invité chez lui par Philippe Martel, gaulliste historique qui avait été le directeur de cabinet d'Alain Juppé, puis très brièvement celui de Marine Le Pen. Philippe Martel avait organisé quelques années avant, avec Renaud Camus au château de Plieux, un colloque du Comité National de la Résistance où de nombreuses personnalités des droites nationalistes européennes et françaises avaient été invitées. Je rencontrais aussi à cette occasion Damien Rieu. Philippe Martel, que j'appréciais beaucoup, mais dont le destin tragique fut de mourir trop tôt, m'avait avoué avoir quitté Marine par incompatibilité de caractère et de méthodes. Il ne parvenait pas à travailler avec elle, pour ne pas dire plus, car il restait discret. Mais son silence était fort de sens et implicite. Philippe Martel restera dans nos mémoires. Si Éric Zemmour lui a dédié son dernier livre, ce n'est pas par hasard.

Renaud Camus est une des bêtes noires de la presse et de la Justice. Ancien homme de gauche, figure de la cause homosexuelle dans les années 1970, il avait fini par comprendre que la France était en danger mortel et faisait face à un phénomène migratoire sans précédent qu'il appela *Le Grand Remplacement*. Livre resté célèbre qui eut l'effet d'une bombe tellement puissante qu'il marque toujours le débat politique français. Il mettait des mots justes sur les maux et devint pour cette raison rapidement la victime expiatoire de ses anciens amis. Il était coupable d'un sacrilège insupportable à la *doxa* ambiante, la religion des droits de l'Homme. Comme l'a dit Nicolas de Chamfort, « *en France, on laisse en repos ceux qui mettent le feu, et on persécute ceux qui sonnent le tocsin*[1] ». Si la réalité du phénomène qu'il osait décrire avec des mots forts est bien saisie par Renaud Camus, je lui préfère cependant les concepts de colonisation, d'invasion et

---

1. Nicolas de Chamfort. *Maximes, pensées, caractères et anecdotes*. 1796.

de soumission. Je ne suis pas certain que les Français de souche disparaissent complètement. Ni d'ailleurs leur culture. Si rien n'est fait pour repousser l'envahisseur, plutôt que complètement remplacés, les Français finiront plus probablement minoritaires dans leur propre pays, comme le devinrent les Amérindiens d'Amérique du Nord, ou les peuples aborigènes d'Australie. Cette terminologie permet aussi à nos adversaires de la stigmatiser et de la tourner en ridicule, de la juger complotiste. Nous ne pouvons toutefois que remercier Renaud Camus d'avoir jeté un pavé dans la mare de la bien-pensance et du déni de réalité organisé. Essai réussi. Grâce à lui, quarante ans après Jean-Marie Le Pen, des millions de Français ont enfin pu mettre un nom sur ce phénomène de pénétration de notre pays par des peuples étrangers que le pouvoir politique qui nous dirige favorise et amplifie. Grâce à lui, les Français encore lucides se sentent aujourd'hui moins seuls. Car la stigmatisation pour un prétendu racisme empêche encore toute contestation, leur faisant craindre les conséquences judiciaires et professionnelles les plus graves s'ils avaient la malheureuse idée d'exprimer une opposition quelconque à la *doxa* ambiante sur ce sujet. Bref, l'opprobre. La lucidité et le courage de Renaud Camus pour faire face aux attaques et au harcèlement judiciaire du pouvoir et des associations prétendument antiracistes à la solde de l'idéologie mondialiste, méritent d'être applaudies et honorées. Il tweetera d'ailleurs tout aussi lucidement en avril 2019 : « *Le Rassemblement National, aujourd'hui, c'est un vieux chef indien vers 1900 qui dirait : Je pense qu'il faut sérieusement limiter l'immigration européenne* », faisant écho des années après au « *Ne vous y trompez pas je suis Sitting Bull* » d'une affiche de l'ancien Front National représentant Jean-Marie Le Pen en vieux chef Indien. Renaud Camus était parfaitement conscient des insuffisances de Marine Le Pen. Son soutien à Éric Zemmour fut donc très naturel. Nous n'eûmes donc aucun mal à le solliciter ni même à l'intégrer à notre comité de soutien régional.

150 personnes, public et militants, participèrent à cette réunion dans le Gers. Ce succès était dû au talent et au réseau de Philippe Arnaud, notre responsable dans ce département, et son remarquable adjoint Jean Jacques Balmisse, conseiller municipal d'Auradé. Ancien membre fondateur de la Coordination Rurale, Philippe Arnaud était un ancien villiériste, membre du Mouvement Pour la France dont il avait porté les couleurs par le passé aux élections législatives dans le Gers. Il était devenu un élément très important de notre dispositif en Occitanie. Il rapportera avec son équipe 22 parrainages de maires ruraux soutenant la candidature d'Éric Zemmour, sur les 55 obtenus dans toute l'Occitanie, ce qui dans l'ambiance médiatique du temps est une performance exceptionnelle. Le terrain, encore le terrain, toujours le terrain. Jamais Marine Le Pen n'en avait obtenu autant, et certainement pas aussi rapidement.

Jamais le FN n'avait été capable en effet d'une telle mobilisation et d'une telle émulation. Encore aujourd'hui Marine Le Pen ne règne sur l'électorat de la droite nationale que par défaut d'homme providentiel que cette partie du peuple français désespéré attend toujours. Lorsque les premières adhésions officielles se matérialisèrent en janvier 2022 lors du lancement officiel du parti Reconquête, nous fûmes surpris des chiffres. Rien que dans le Lot, terre de mission pour les idées nationales et où le parti de Marine Le Pen était péniblement monté à 225 adhérents suite au travail acharné de toute mon équipe pendant trois années, celui d'Éric Zemmour en avait obtenu déjà 525 au bout d'une semaine seulement. Ce n'était pas un hasard : j'avais repris toute mon ancienne équipe et, débarrassée du carcan du RN, elle travaillait magnifiquement. J'en avais confié les rênes à Monique Goussu, retraitée de l'administration qui avait tenu l'organisation de la fédération du RN du Lot pendant des années. Cheville ouvrière du FN dans le Lot avec son mari Jacques qui, venant du milieu des affaires, avait de grandes connaissances, elle avait aussi un talent particulier pour dénicher les violations de règlement ou de lois pratiquées couramment par les élus pour satisfaire leurs clientèles électorales. Si elle avait été élue au conseil municipal de Cahors, elle aurait été un adversaire redoutable du maire. Monique avait une énergie extraordinaire et des convictions en acier, en plus de ses talents d'organisatrice hors pair et de cordon-bleu : les repas chez elle étaient de véritables enchantements. Son résultat, comme celui des autres départements, était cependant bien au-delà de nos attentes et nous fit alors croire que la victoire n'était peut-être qu'à portée de main, ce qu'elle était sans doute. Aucune organisation politique concurrente n'enregistrait alors un tel succès.

L'ambiance et l'esprit de nos équipes contrastaient de manière significative avec ceux du Rassemblement National, dont les équipes alors dépouillées de leurs meilleurs éléments ne parvenaient plus à mobiliser après l'échec des régionales de juin 2021. Lors d'un déplacement de Sébastien Chenu dans l'Aude, le parti de Marine Le Pen ne réussit qu'à rassembler une trentaine de militants de toujours. L'inquiétude minait leurs rangs. Lorsque Marine Le Pen se déplaçait, ses équipes locales devaient mobiliser toute une région pour remplir les salles avec souvent les mêmes militants venus parfois de très loin. Ces réunions ne suscitaient d'ailleurs que très minoritairement la participation d'un public extérieur au parti. Nous y voyions la confirmation de la justesse de notre engagement.

Malgré cette extraordinaire émulation sur le terrain, les parrainages d'élus peinaient à se matérialiser. Nos équipes proches de la réalité du terrain et des élus locaux, faisaient face à de grandes résistances. La première était liée au *timing* de déclaration de candidature choisi par Éric Zemmour. La plupart des maires ne voyaient pas pourquoi ils donneraient leur précieuse signature à un candidat non déclaré. Et s'il ne se déclarait pas ? Leur signature serait perdue pour un autre. Plus la déclaration de candidature tardait et plus l'échéance se rapprochait, rendant notre tâche très difficile. Notre mouvement n'était né que quelques mois auparavant. Contrairement aux partis politiques établis, nous n'avions pas d'élus, à part les quelques ralliés, et donc aucun réservoir naturel de signatures. Nous ne pouvions compter que sur nos réseaux, principalement sur des maires ruraux non politisés. Beaucoup nous disaient vouloir signer mais craignaient la réaction de leurs électeurs, et celle des instances distributrices de subventions contrôlées par les pouvoirs politiques. Le maire de Pia, village des Pyrénées Orientales, organisa une consultation début février 2022 pour demander à ses électeurs de choisir à qui il donnerait son parrainage. Éric Zemmour arriva largement en tête avec 36,55 % des suffrages exprimés devant Marine Le Pen qui obtenait 28,70 %, dans cette terre ou le RN était implanté depuis longtemps. Même dans ses terres d'implantation, le RN semblait en perte de vitesse. Nous avions dans ce département une excellente équipe construite par mon ami Bruno Lemaire, ancien chef de la recherche chez IBM France et ancien conseiller économique de Marine Le Pen. Il avait fait partie du CAPECO, où nous nous étions rencontrés. Bruno était un ancien proche de Louis Aliot et avait été candidat aux élections législatives dans le département et conseiller municipal de Perpignan. Catholique pratiquant, il aimait la France, avec un désintéressement et une grande générosité. Lorsqu'il fut diffamé par la presse, Aliot et Marine lui tourneront le dos, comme ils le faisaient souvent lorsque leurs lieutenants étaient sous le feu des médias. Lâcheté de petits généraux qui ne soutenaient pas leurs équipes. Mais Bruno ne leur en tint pas rigueur. Son rôle fut décisif pour construire notre équipe et obtenir des parrainages dans ce département qui dépasserait rapidement la centaine de militants et cadres pour environ 1 800 adhérents, soit trois fois la taille du RN local.

La candidature d'Éric Zemmour commençait à faire peur à nos adversaires, compte tenu des enquêtes d'opinion qui lui étaient de plus en plus favorables. Un sondage IFOP Fiducial de début novembre 2021 le placera au second tour de l'élection présidentielle, lui prédisant 17 % au premier tour devant Marine Le Pen à 16 %, en faisant toutefois l'hypothèse d'une candidature Xavier Bertrand pour Les Républicains qui finalement n'existera pas. Le Système tremblait et, voyant le danger, mobilisa ses troupes, presse et tous partis politiques confondus, y compris celui de Marine Le Pen désormais dans leur camp pour des raisons tactiques.

La presse, relativement calme jusque-là, se déchaina. Zemmour leur avait été utile pour affaiblir Marine Le Pen. Mais il devenait dangereux. On commença donc à enquêter sur la « moralité » du candidat et à disséquer sa vie privée. Les autres candidats, dits « républicains », étaient, eux, exemptés de cette inquisition. Des plaintes de femmes soi-disant molestées sexuellement fleurirent subitement comme par miracle dans des articles de presse qui déshonorent leurs auteurs et leur titre de journaliste. Tout chez Éric Zemmour fut passé au crible : ses enfants, sa femme, sa vie familiale et sa relation avec Sarah Knafo furent exposés sur la place publique. Sarah fut elle-même l'objet d'attaques, dont certaines font preuve d'un sexisme d'une grande violence, et sont tellement ignobles que nous n'en reproduirons pas ici les détails par pure décence. Leurs auteurs ne méritent que le mépris.

À l'instar d'Haim Korsia, grand rabbin de France[1], une certaine presse de gauche, osa même accuser paradoxalement Zemmour d'antisémitisme ! Alors qu'il est incontestablement juif[2]. Et sans que personne s'en émeuve. Pas même Serge Klarsfeld qui, trainant dans la fange ses convictions affichées, vomit ceci : « *Son "ascension fulgurante" me fait penser que si je prenais position pour affirmer que les chambres à gaz n'ont pas existé, je connaîtrais*

---

1. Cité dans Le Nouvel Obs. *Zemmour Antisémite ?*, par Esther Benbassa, 14 janvier 2022.
2. Le Nouvel Observateur. *Éric Zemmour, le nouveau visage de l'antisémitisme*. Article par Marie Guichou, 5 novembre 2021.

également une pareille ascension[1]. » Tout le système se mettait en branle, au mépris de la morale et de la décence que l'on doit toujours à ses adversaires si l'on est un homme de bien. La coalition de ces charognards de l'Histoire, qui instrumentalisaient l'horreur de la Shoah à des fins politiques, ne recula devant aucun des moyens les plus ignobles : on vit ainsi bientôt dans certaines feuilles, Zemmour représenté et caricaturé de façon sinistre avec un nez crochu et de grandes oreilles[2]. Réminiscence des représentations nauséabondes des années trente et quarante comme dans le *Juif Süss*[3], ou des caricatures d'Adolphe Willette, dessinateur communard qui bascula dans l'antisémitisme avec l'affaire Dreyfus en illustrant *La France juive* de Drumont dans *le Courrier français* et le journal antidreyfusard *L'assiette au beurre*. Eux qui s'érigent en professeurs de morale, avaient pourtant été les artisans complaisants d'un véritable tintamarre médiatique, politique puis judiciaire contre Jean-Marie Le Pen pour le fameux « *détail de l'histoire* », et « *Durafour crématoire* » prononcé par l'intéressé en réponse à ce ministre de François Mitterrand qui avait dit vouloir « *exterminer le Front National* ». Ils reprenaient maintenant honteusement à leur compte les représentations ignobles du « Juif » propagées par les antisémites d'avant-guerre pour arriver à la fin macabre. Si Jean-Marie Le Pen avait en son temps, osé faire la même chose, nul doute qu'il eut été immédiatement mis au pilori par les mêmes salauds hypocrites. Il y avait clairement deux poids et deux mesures. Ils se permettaient ouvertement ce qu'ils avaient interdit à Le Pen avec raison. Et que faisaient donc la LICRA et le CRIF contre cet antisémitisme ambiant et manifeste, dont Éric Zemmour était maintenant la victime ? Rien, bien sûr. Ces institutions

---

1. Cité dans l'article précédent du nouvel Observateur.
2. Voir par exemple le dessin de Christian Creseveur publié par Mediapart représentant ainsi Éric Zemmour.
3. Film de propagande de Veit Harlan commandé par Joseph Goebbels et sorti en salle en 1940.

autoproclamées, qui prétendent lutter contre l'antisémitisme et le racisme, mais qui sont en fait – elles le prouvaient ici une fois de plus – des lobbys politisés aux mains d'une petite clique utilisant souvent la cause qu'ils affichent à des fins communautaires voire personnelles, étaient devenues étrangement silencieuses, sauf pour s'acharner sur Zemmour avec la meute. Un silence « antisémite », finalement assez peu différent de celui des lâches qui n'avaient pas protesté lorsque la police française et les Allemands avaient raflé les juifs au Vel d'hiv ou ailleurs. Les « juifs antisémites », c'était donc eux. Mon arrière-grand-mère juive italienne aurait certainement été choquée par ces ignominies. Les descendants des victimes étaient devenus bourreaux, comme le sont souvent les enfants violentés avec leurs propres enfants. Quoique frère de sang et de religion, Zemmour était devenu leur ennemi. Ce n'était sans doute pas un « bon juif » pour eux. C'était un « traître ». Zemmour était trop français, trop assimilé. Il fallait sinon l'« exterminer », du moins l'« excommunier » et le stigmatiser, politiquement et médiatiquement. Comme Spinoza avant lui, il n'était plus juif. Traité de « nouveau Doriot » par Mediapart, il était d'abord et surtout « facho[1] ».

Il fallait faire barrage à Zemmour par tous les moyens, même les plus illicites, quitte à violer les principes de la morale et de l'État de droit qu'ils prétendaient défendre. Dans l'Hérault, un sénateur, Jean-Pierre Grand, personnalité remarquée du Grand Orient de France envoya une lettre en janvier 2022 à tous les élus locaux pour faire pression sur eux et les empêcher de donner leur parrainage à Éric Zemmour. C'était illégal mais aussi scandaleux. Le prétexte était toujours le même : il fallait lutter contre les candidats stigmatisés non républicains, version moderne du « *pas de liberté pour les ennemis de la liberté* » du tristement célèbre Saint-Just, celui qu'on surnommait à l'époque révolutionnaire « l'Archange de la Terreur ». En filigrane, cet ap-

---

1. Sur le dessin de Christian Creseveur publié par Mediapart Éric Zemmour est appelé « le nouveau Doriot ».

pel constituait une menace sur les maires ruraux, qui devraient sans doute s'attendre à des difficultés pour obtenir subventions et services s'ils ne se soumettaient pas à cette menace.

Il fallait contrer cette initiative. France 3 Région m'invita à participer à un débat avec ledit Jean-Pierre Grand et le maire de Cahors Jean-Marc Vayssouze, qui présidait l'association des maires de France en Occitanie et que je connaissais bien. Je rappelais à l'antenne les raisons des parrainages et leur origine historique. Lorsque le général de Gaulle avait institué en 1962 l'élection du Président de la République au suffrage universel, il lâcha un os aux assemblées. Celles-ci regardaient en effet traditionnellement avec méfiance le suffrage universel pour cette élection, réminiscence du traumatisme du coup d'État de Louis Napoléon en 1852 qui avait mis un terme à la jeune IIe République. Le Sénat était lui-même issu d'un suffrage par un collège de grands électeurs, constitué d'élus locaux et nationaux. On avait donc imposé un système de parrainages pour filtrer les candidatures et éviter que le système républicain ne succombe à une dictature élue par le peuple comme en 1852, ou ne subisse des candidatures fantaisistes. Les cent signatures initialement prévues furent ensuite portées à cinq cents sous la présidence de Valéry Giscard D'Estaing pour contrôler encore plus efficacement le nombre de candidats. Donner son parrainage fait partie du devoir civique de l'élu. Mais combien de fois avons-nous entendu, lors de nos rencontres avec les maires, des élus qui ne le comprenaient pas et le prenaient pour un soutien politique ? Alors qu'il s'agit en fait d'une simple présentation sans engagement partisan de la part d'un maire.

En janvier 2022, nous étions encore loin d'avoir atteint le minimum des parrainages requis. C'était un peu la panique. Le siège de Reconquête n'avait pas anticipé de telles difficultés. Éric Zemmour était assez inquiet, dénonçant les manœuvres et le dévoiement du système des signatures.[1] Marine Le Pen, qui avait perdu près d'un tiers de ses élus aux élections régionales de juin 2022, faisait quant à elle face à des difficultés encore plus grandes. Elle n'atteint finalement le seuil magique des 500 signatures qu'après l'intervention du Pouvoir. On vit de nombreux élus œuvrer pour elle, surtout François Bayrou dont l'action fut déterminante. Éric Zemmour faisait peur. Il fallait faire barrage. Marine Le Pen devait avoir ses signatures pour l'affronter et atteindre le second tour, garantissant ainsi la victoire d'Emmanuel Macron. La macronie et tout le système se mobilisaient donc pour elle, pour des raisons tactiques. Autre preuve qu'elle faisait implicitement partie du système qu'elle prétendait combattre, et dont elle est l'alliée objective. Et c'était aussi une preuve qu'Éric Zemmour incarnait alors la véritable alternative.

Ces manœuvres réussirent. Éric Zemmour obtint 741 parrainages et Marine 622, alors que deux semaines avant la date limite de dépôt elle n'en avait qu'à peine 400. Notre équipe d'Occitanie obtenait à elle seule 55 parrainages, dont 22 dans le Gers, pratiquement tous des maires ruraux. Dans notre région, Marine n'obtint que trois parrainages venant de maires ruraux, le reste venant de ses propres élus municipaux, départementaux et régionaux. Sans implantation locale elle n'aurait pas été qualifiée. De son côté, Éric Zemmour réalisait un tour de force, l'essentiel de ses soutiens venant de maires de petites communes rurales très difficiles à convaincre. C'était aussi le signe que Reconquête avait réussi, contre toute attente, à s'implanter en à peine quelques mois dans toutes les régions.

Jamais dans l'histoire de la Ve République le système des parrainages d'élus n'avait été aussi instrumentalisé et dévoyé par la classe politique pour tenter de bloquer les candidatures jugées gênantes par le pouvoir. C'est la preuve qu'il constitue

1. Europe 1, 6 janvier 2022. Interview d'Éric Zemmour par Sonia Mabrouk.

un véritable frein au fonctionnement démocratique. Il organise un filtrage des candidats qui doivent être adoubés et favorise les formations établies. Les candidatures qui proposent un changement radical comme celle d'Éric Zemmour ont peu de chance de recevoir l'assentiment d'élus installés. Tout est bien verrouillé. Sans les efforts considérables déployés par nos équipes, Éric Zemmour n'aurait pas pu se présenter. D'autres candidats, comme Christiane Taubira, échouèrent malgré un indéniable soutien populaire. Est-ce bien là la démocratie dont on nous vante tant les mérites et les valeurs ?

En février 2022, alors que mon travail approchait de son terme, plusieurs problèmes apparurent dans l'Hérault concernant la préparation des élections législatives et la nomination des candidats. Sujet classique dans tous les partis politiques : les équipes locales veulent déterminer les candidats et le siège veut en imposer d'autres. Nous avions eu peu de problèmes de structure jusque-là, sauf dans les Hautes Pyrénées où j'étais déjà descendu pour remettre l'équipe en forme, car nous avions fait un mauvais choix dans le leadership local, par excès de rapidité, et tout était rentré dans l'ordre. À Sète, une féodalité s'était constituée au sein de notre équipe sous le radar, et se révélait alors en pleine lumière. Dans toute structure nouvelle, il faut parfois plusieurs réorganisations pour arriver à un équilibre et trouver les bonnes personnes, les affecter aux responsabilités dont on les pensait capables. Comprenant que le choix des candidats à la députation serait dirigé depuis Paris sur proposition locale mais pas seulement, l'équipe de Sète s'était révoltée et je descendis dans le département pour mettre un peu d'ordre.

À mon arrivée j'expliquais à l'équipe locale qu'un député n'est pas un élu local. C'est un élu national. Il doit essentiellement siéger à Paris pour faire et voter les lois. On doit donc choisir un candidat qui en soit capable. Or ce n'était pas le cas à Sète. La candidate pressentie par cette équipe était clairement inadaptée et par ailleurs assez vulgaire. Si l'aspect local peut parfois être important avec un candidat déjà bien implanté, il faut toutefois se garder de tomber dans un localisme exagéré en choisissant quelqu'un uniquement sur le fondement de ce critère. J'expliquais qu'il y a déjà un mille-feuille d'élus locaux, les maires, les conseillers départementaux et les conseillers régionaux. Il est donc contre-productif de faire du député un élu local. C'est pourquoi notre législation autorise quiconque habite sur le territoire français de se présenter dans une circonscription, même si elle est à l'autre bout de la France. Léon Gambetta par exemple, pourtant issu du département du Lot, sera élu dans les Bouches du Rhône, puis dans le département de la Seine. Mélenchon se présentera à Marseille et Marine Le Pen à Hénin-Beaumont, où ils n'habitent pas. Ceci n'est pas bien compris aujourd'hui car, pour assurer leur réélection, les députés ont la fâcheuse habitude de passer finalement plus de temps dans leur circonscription à faire du lobbying et servir des intérêts particuliers. Ceci a pour résultat un absentéisme considérable à l'Assemblée qui siège parfois des nuits entières. Beaucoup de lois sont discutées et votées par une poignée de députés. Ce qui produit un affaiblissement des textes et contrevient au principe même d'une représentation nationale. Hors des vacances parlementaires, les députés devraient donc être à Paris pratiquement en permanence plutôt qu'inaugurer les chrysanthèmes et fleurir les monuments aux morts dans leur circonscription. Éric Zemmour voudrait rétablir le cumul des mandats de député et de maire. Ceci ne ferait que renforcer les féodalités, ce qui est contraire à l'esprit de nos institutions. C'est donc, je pense, une erreur. Je le lui dis respectueusement.

Ma présence à Sète fut immédiatement connue des journalistes qui me convièrent à un débat avec les autres partis sur les élections législatives à venir qui fut rapporté dans la presse locale. Je dénonçais la corruption dans la région, qui est un secret de polichinelle, annonçant que, si je m'y présentais à la députation, j'y mettrais bon ordre. Le représentant des socialistes m'accusa d'avoir diffamé la présidente de région, Carole Delga, alors que je parlais de la région au sens géographique. Il devait sans doute se sentir visé car il n'y a que la vérité qui blesse. Qui sait? La presse en tout cas en fit les gorges chaudes. L'article de *Midi Libre* qui suivit[1] ne parla pratiquement que de cet échange. Objectif atteint donc.

Une réunion houleuse avec l'équipe de Sète me fit découvrir un problème plus grave que je ne l'avais imaginé: cette équipe avait été infiltrée par certains éléments du «Milieu», comme il arrive parfois dans d'autres organisations politiques locales sur la côte. Cette féodalité devait donc être brisée immédiatement. Ceci expliquait la résistance inhabituelle de cette section à respecter la hiérarchie de Reconquête. Je décidais de la dissoudre complètement et immédiatement. Deux jours plus tard, je reçus des menaces de mort sous la forme d'un bouquet mortuaire apposé sous les essuie-glaces de mon véhicule. Le message était clair. Je décidais de m'éloigner immédiatement de la ville par précaution. On avait voulu me faire peur. Je compris que la mafia locale avait infiltré notre organisation et m'envoyait un signal. J'annulais alors tous mes autres rendez-vous pour ne pas prendre de risques inutiles. Je ne voulais pas finir comme Yann Piat, députée FN du Var qui, près de trente ans plus tôt, avait été assassinée par la pègre locale le 25 février 1994. Elle s'était attaquée à un des barons locaux du grand banditisme de la drogue. Il fallait donc prendre ces menaces au sérieux. Puis je portais plainte. Une plainte qui, comme à l'habitude, ne sera jamais traitée par la Justice. Elle fut aussi transmise à Gilbert Payet, ancien préfet lié à l'esprit des loges, par ailleurs très sympathique, qui était secrétaire général de Reconquête. À ma connaissance, aucune suite interne n'y fut donnée non plus après mon départ.

---

1. *Sète: Emmanuel Crenne accuse de «corruption», Sébastien Denaja dénonce une «diffamation».* Midi Libre 2 mars 2022.

Nous étions à la veille de la guerre en Ukraine. Je ne savais pas encore qu'elle aurait un impact considérable sur mes affaires et me conduirait à reprendre très rapidement une partie de mes activités professionnelles dans les jours suivants. Quelques jours après, alors que le volume de mon activité professionnelle augmentait, suite à l'invasion russe, j'annonçais mon départ de l'organisation Zemmour et transférais tous mes pouvoirs et responsabilités à Chantal Dounot en assurant une transition douce, afin d'éviter les dysfonctionnements.

Après mon départ du RN en 2019, Louis Aliot m'avait écrit sur le ton de la boutade : « *Monte ton parti et en avant pour les élections à venir. Je regarderai avec attention.* » C'était chose faite. À mon départ de l'organisation d'Éric Zemmour, Reconquête comptait 1 500 cadres et militants actifs en Occitanie dont plus de 800 jeunes de Génération Z. En partant de zéro, mes collègues des autres régions et moi avions créé le plus grand parti de France avec un ancrage militant très stable dans toutes les régions. En Occitanie, 13 500 adhérents et 30 000 sympathisants, et sur le plan national 130 000 adhérents et 350 000 sympathisants, soit plus du triple du RN.

J'avais fait mon devoir et dépassé mes objectifs. Je pouvais partir la tête haute et passer le flambeau. Nous avions construit Reconquête en à peine huit mois, et fait plus que la dynastie Le Pen en quarante ans. La démonstration était faite qu'impossible n'était pas français. Mais l'émulation que nous observions partout sur le terrain se traduirait-elle dans les urnes ? Les électeurs suivraient-ils ? Au fond de moi-même j'avais la conviction précoce que la campagne présidentielle serait un échec. Mais nous n'imaginions pas à quel point nos espoirs seraient déçus.

∞

"This story shall the good man teach his son;
And Crispin Crispian shall ne'er go by,
From this day to the ending of the world,
But we in it shall be remembered —
We few, we happy few, we band of brothers;
For he to-day that sheds his blood with me
Shall be my brother; be he ne'er so vile,
This day shall gentle his condition;
And gentlemen in England now a-bed
Shall think themselves accurs'd they were not here,
And hold their manhoods cheap whiles any speaks
That fought with us upon Saint Crispin's day."

William Shakespeare "Henry V"

Chapitre V

« L'ALCHIMIE »
DE VILLEPINTE

Nous avions attendu impatiemment la déclaration de candidature d'Éric Zemmour pendant des mois. Plusieurs oracles voyaient dans telle ou telle date le moment tant attendu, mais ces pythies qui jouaient les informées eurent toutes tort. Éric Zemmour seul jouait avec le temps et la presse en grand maitre des horloges. Tout le monde en parlait, tout le monde l'attendait, tel le « Messie ».

Mais il tardait. Sur le terrain, cela rendait difficile l'obtention des précieuses signatures des maires. La campagne de terrain calait un peu et sur les marchés que nos équipes arpentaient déjà depuis des semaines, cette question était souvent posée. *« Est-il vraiment candidat ? Nous en avons assez d'attendre »*.

Le CSA n'attendit pas, lui, par contre. Le 8 septembre 2021, il décida de décompter le temps de parole médiatique d'Éric Zemmour, qui sera alors contraint de renoncer à sa chronique hebdomadaire sur CNews. C'était inédit pour une personnalité qui n'avait pas déclaré sa candidature, et évidemment illégal.

Le prétexte avancé, fallacieux et hypocrite comme toujours, était « *qu'Éric Zemmour était, de par ses prises de positions, devenu un acteur du débat politique national*[1] ». À ce compte-là, tout journaliste de France Inter ou des médias contrôlés, aurait aussi dû être traité par le CSA de la même façon, car la presse *mainstream*, les grands prêtres et les censeurs du régime, les techniciens de la propagande, agissent comme courroie de transmission idéologique de ceux qui détiennent le pouvoir. Le Pouvoir n'avait pas vu venir et avait minimisé Zemmour. Caracolant dans les sondages, il devenait dangereux et mettait en péril le scénario attendu, élaboré et déjà joué par le Système pour assurer la réélection d'Emmanuel Macron : une confrontation avec Marine Le Pen. Il devait être farouchement combattu. Zemmour passa outre. S'il ne s'était finalement pas présenté, le CSA se serait vraiment couvert de ridicule. Cette décision inique fit paradoxalement d'Éric Zemmour une victime et le positionna encore plus clairement comme opposant principal d'Emmanuel Macron.

La date qui revenait le plus souvent pour cette déclaration de candidature était le 2 décembre, anniversaire de la fameuse victoire d'Austerlitz. Logique pour un bonapartiste. L'événement tant attendu par notre équipe, mais surtout par beaucoup de Français, se produisit le 30 novembre 2021 vers midi. L'allocution diffusée sur internet fut suivie par des millions de Français. À la surprise de tous, Éric Zemmour adoptait la posture du Général de Gaulle dans les moindres détails, et même son micro, remettant en scène l'appel du 18 juin 1940, très peu écouté à l'époque, alors que celui d'Éric Zemmour sera vu par des millions de téléspectateurs et d'internautes. Cette allocution d'une dizaine de minutes rappelait intentionnellement le discours de naissance de la Résistance française lors de la Seconde Guerre mondiale. Comme fil conducteur le délitement de la France, et l'espoir de restauration de notre grandeur

1. Le Monde. 13 septembre 2021.

passée, jonglant entre des archives visuelles positives datant des Trente Glorieuses et des images actuelles de violences urbaines. En accompagnement sonore, l'allegretto de la 7ᵉ symphonie de Beethoven, dont la conception finale datait de 1812 alors que la Grande Armée était en pleine campagne de Russie. L'équipe de campagne l'avait choisi comme écho au *Discours d'un Roi*, film qui utilise cette pièce musicale pour accompagner le discours de Georges VI prononcé au moment de la déclaration de guerre contre l'Allemagne le 3 septembre 1939, qui mettait l'accent sur les aspects civilisationnels de la guerre, et s'achevait par «*Avec l'aide de Dieu, nous vaincrons*[1]». Le message d'Éric Zemmour fort et limpide comme du de Gaulle, se situait en dehors du corpus idéologique convenu dont nous avions l'habitude de la part d'une classe politico-médiatique démonétisée. C'était bien joué. Éric Zemmour se positionnait en alternative à toute une classe politique qui avait mis la France dans l'état où elle se trouvait. Il devenait ainsi le porte-parole de l'alternance au Système. Constatant l'état de notre pays qui contrastait avec notre grandeur passée, dont la classe politico-médiatique niait l'existence, Éric Zemmour se présentait à la présidence de la République pour faire face à l'enjeu civilisationnel en cours, restaurer notre puissance et reconstruire un pays industrialisé et prospère, digne d'être transmis à ses enfants.

Les Français furent au rendez-vous: le nombre de vues sur internet explosa. Énorme succès. Les pressions du Pouvoir et de toute la classe politique liguée contre ce nouvel ennemi ne tardèrent pas. La plateforme de streaming qui diffusait l'allocution d'Éric Zemmour ferma au bout de quelques jours. Cette censure de plus en plus apparente confirmait à quel point cette entrée en campagne avait visé juste. Un procès serait intenté plus tard au candidat pour «utilisation illicite d'images» et

---

1. «*With God's help, we shall prevail*». Discours du roi Georges VI prononcé à la BBC le 3 septembre 1939.

«contrefaçon au droit d'auteur», au terme duquel une Justice complice le condamna à 115 000 euros d'amende en 2022.

Suivra un déluge de commentaires plus ignobles les uns que les autres, contre celui qui devenait l'ennemi commun. Zemmour avait mis toute la classe politique face à ses résultats catastrophiques. Il était le premier de la classe, détesté de tous. Il avait donc réussi!

Olivier Faure, le secrétaire général du Parti Socialiste, estima toute honte bue «*qu'il s'agissait du micro de De Gaulle, mais du discours de Pétain, la bibliothèque de Pompidou, mais les lettres de Renaud Camus. La musique de Beethoven, mais les fausses notes d'un passé fantasmé pour un présent caricaturé. La France ne mérite pas cette sinistre mise en scène*[1].» Boris Vallaud, député porte-parole de la campagne d'Anne Hidalgo: «*C'est un pou qui se dresse sur la tête d'un géant en mimant l'appel du général de Gaulle*[2].» À une époque sombre de notre histoire certains traitaient les porteurs d'étoiles jaunes de «*rats*». Rien ne changeait vraiment dans l'ignoble et l'inhumanité de cette gauche rance qui restait ancrée dans son passé le plus vil. Les socialistes, dont un des prédécesseurs et membres éminents de la SFIO avait été Pierre Laval, Premier ministre de Pétain, parlaient sans doute en connaissance de cause. «*La haine est son métier. La polémique son seul objet*[3]», indiqua pour sa part Fabien Roussel, candidat du Parti communiste. Sans surprise de la part de ceux qui, pendant plus de deux siècles depuis 1792, depuis les massacres commis par leurs ancêtres idéologiques Montagnards jusqu'aux goulags de Staline et Pol Pot au XXᵉ siècle, avaient partagé un héritage de plus de 100 millions de morts sans compter les blessés. L'amour est leur métier?

---

1. Le Monde. 30 novembre 2021.
2. Le Monde. 30 novembre 2021.
3. Paris Match. 30 novembre 2021.

À droite, Michel Barnier estima que cette déclaration « *manquait de sérieux, de dignité et de respect*[1] », lui qui avait en tant que commissaire européen contribué à dépecer et à réduire notre puissance. Il couchait dans le lit des Allemands. Une candidature qui « *ressemble aux discours de Nuremberg : il a simplement remplacé Wagner par Beethoven*[2] », affirma de son côté Dominique Bussereau, ancien ministre de Jacques Chirac puis de Nicolas Sarkozy. Voilà qui ressemblait bien au discours devenu habituel de cette droite soumise à la gauche. Elle utilisait la même rhétorique dégueulasse. Gérald Darmanin osa dire devant la représentation nationale qu'il s'agissait « *d'une vidéo absolument ignoble*[3] ». Lui qui, après avoir attendu quatre jours pour réagir au meurtre de la petite Lola par une immigrée algérienne en situation irrégulière en octobre 2022, avait osé fustiger la prétendue « indécence » d'Éric Zemmour qui avait réagi aussitôt. Cet illusionniste, qui commença sa carrière à l'Action Française, et qui voyait et voulait nous faire voir des Anglais, des Mattéo et des Kevin partout où ils n'étaient pas, se trouvait confronté au réel. Sur le Titanic, cet olibrius aussi agité qu'inefficace ne verrait rien jusqu'à ce que le navire touche le fond au son des valeurs de la République. Nous y sommes presque.

Marine Le Pen ne manqua pas l'occasion de se joindre à ce concours de bassesse. Adoptant une mine dépitée et jalouse, elle jugea cette déclaration de candidature « *passéiste et crépusculaire* ». Par la voix de son porte-parole Sébastien Chenu, cette entrée en campagne fut jugée « lugubre[4] ». Elle qui avait transformé son parti en morne plaine savait de quoi elle parlait. Ce faisant, elle crachait sur les thèmes souverainistes développés par Éric Zemmour, grandeur de la France, préférence nationale,

---

1. Les Échos. 30 novembre 2021.
2. Le Monde. 30 novembre 2021.
3. Les Échos. 30 novembre 2021.
4. Le Monde. 30 novembre 2021.

réindustrialisation, assimilation, réhabilitation du mérite à l'école, qui avaient fait partie de son programme et qu'elle jugeait maintenant passéistes. Elle confirmait sa mauvaise foi, son absence totale de convictions et surtout son infidélité à nos idées. Nous n'en étions pas surpris.

Les déclarations venimeuses de ces politiciens médiocres confirmaient en creux qu'ils avaient parfaitement compris le message d'Éric Zemmour qui mettait les pieds dans le plat de leur incompétence et de leur lâcheté. Plus mesuré et décent, le député Éric Ciotti, qui avait affirmé qu'en cas de duel Zemmour-Macron au second tour, il voterait pour Éric Zemmour, estima que cette déclaration de candidature contenait « *des constats que partagent beaucoup de Français*[1] », mais qu'il y manquait « *une espérance* ». Celle-ci était pourtant clairement présente dans la déclaration d'Éric Zemmour, et sera encore plus visible à Villepinte quelques jours après.

Cette avalanche de réactions négatives et violentes n'était pas anodine. C'était celles de routiniers de la médiocrité face à un talent qui les éclipsait. Marine Le Pen et le reste de la classe politique s'étaient ligués en un seul bloc contre Zemmour. Tout cela était bon signe, même s'il en fit finalement les frais. Éric Zemmour nous amenait sur une route qui n'avait pas été empruntée depuis 1958 lorsque de Gaulle était arrivé au pouvoir et même peut-être plus loin encore dans notre glorieux passé. Beaucoup de Français l'avaient perçu. La classe politique aussi et, du coup, elle paniquait. Ce n'était qu'un commencement. Villepinte en serait l'aboutissement.

Nos équipes préparaient ce qui allait être la grand-messe de Villepinte. Le lieu prévu initialement pour ce premier grand meeting était le Zénith à Paris. L'organisation du parti était submergée de réservations, plus de 15 000. Le Zénith pouvait à peine accueillir 5 000 personnes. À ceci s'ajoutait l'intimidation de la gauche qui tentait par tous les moyens d'empêcher

1. Le Monde. 30 novembre 2021.

la tenue de ce premier meeting. Le conseil municipal du XIXᵉ arrondissement, où se situe le Zénith, avait dénoncé la venue d'Éric Zemmour, prenant comme prétexte les deux condamnations de notre candidat pour «provocation à la haine raciale» et «provocation à la haine religieuse», votant même un vœu rappelant l'attachement du territoire aux «*valeurs humaines et républicaines, à l'encontre des idées véhiculées par Éric Zemmour*[1]». «*Je suis pour la confrontation d'idées. Notre rôle n'est pas d'interdire, mais ce meeting va mettre tout le quartier sous tension*», déclarait hypocritement François Dagnaud, maire PS du XIXᵉ arrondissement. Ben voyons! *Le conseil du XIXᵉ avait également alerté les services de l'État sur «les risques de trouble à l'ordre public que fait peser l'organisation de ce meeting au Zénith de Paris».* Les élus disaient craindre des conflits entre les sympathisants et les résidents de ce quartier «*où sont installés des consommateurs de crack et des migrants à la rue*», selon Hadrien Bortot, l'adjoint au maire, communiste. Quel aveu!

Des appels à manifester avaient également été lancés par la CGT, Solidaires et des militants soi-disant «antifascistes», en marge de ce premier rendez-vous officiel entre Éric Zemmour et ses soutiens. «*Nous devons être des milliers à converger vers le Zénith, pour empêcher Zemmour de tenir son meeting, pour perturber la tenue de cet événement*[2]», déclarait ainsi sans honte Action Antifasciste Paris Banlieue, un mouvement prétendument démocratique de lutte contre l'extrême droite.

Notre équipe nationale de campagne décida de trouver un autre lieu pour toutes ces raisons. Ce sera Villepinte. C'était l'endroit précis où trente et un ans plus tôt presque jour pour jour, le RPR et l'UDF réunis en congrès avaient fait le serment de conjurer le péril de l'immigration et de l'islamisation. J'y avais participé en tant que spectateur: son souvenir était encore vif dans ma mémoire. Les vrais militants oublient rarement

---

1. Le Parisien. 1ᵉʳ décembre 2021.
2. Le Parisien. 1ᵉʳ décembre 2021.

ces moments politiques où sont débattues au grand jour leurs convictions profondes. Cette coïncidence de lieu pour ces deux événements à plus de trente années d'intervalle sur le sujet du péril civilisationnel, lui donnait un sens particulier. C'était peut-être un signe du destin. Depuis ce jour, la droite s'était soumise aux injonctions de la gauche universaliste qui voulait intégrer la France dans une gouvernance mondialisée. Elle nous avait déçus et trompés. C'était cette déception qui m'avait conduit vers Éric Zemmour et vers Villepinte.

Quelques jours avant ce meeting, je devais me rendre à une conférence organisée par l'Action Française, dont l'invité principal était Patrick Buisson, le brillant théoricien de la droite conservatrice. Il devait y présenter son dernier livre. Il avait été un proche conseiller de Nicolas Sarkozy à qui il avait suggéré d'utiliser les thématiques du FN pour capter l'électorat du camp national et assurer ainsi son élection en 2007.

François Bel-Ker, le secrétaire général de l'Action Française, me téléphona en pleine panique. Patrick Buisson était bloqué et avait besoin qu'on aille le chercher en voiture. Je pris mon véhicule pour le conduire au siège de ce mouvement où devait se dérouler la conférence. Je ne le connaissais pas. Je restais donc discret. Je souhaitais rester incognito. Mais ma couverture fut soudain exposée lorsqu'un de mes militants m'appela pour régler certains problèmes d'organisation du meeting auxquels l'équipe régionale que je dirigeais participait.

Patrick Buisson entendit cette conversation prise sur mon téléphone portable en mode main libre. Il s'exclama alors : « *Comment est-ce possible ? L'Action Française soutient Zemmour ? C'est illogique, le second corps du Roi ne peut être incarné par Zemmour, un bonapartiste, qui plus est juif d'Afrique du Nord !* » Éric Zemmour est certes loin d'être un descendant direct des Capétiens. Mais en l'absence d'une restauration de la monarchie, le second corps du roi peut être incarné par qui voudra et en sera capable. Un Corse fameux avait déjà ramassé le sceptre qui trainait à terre après la Révolution avec un certain panache. Tout était donc possible.

Je lui expliquais alors la logique. Il me dit sèchement que, quoi qu'il advienne, Éric Zemmour n'avait aucune chance de faire plus de 5 % pour des raisons sociologiques qui lui paraissaient évidentes. Je lui répondis que la vieille garde maurrassienne pouvait difficilement ne pas soutenir le seul candidat qui traitait avec respect Bainville et Maurras. Je lui demandais qu'il veuille bien en discuter avec la direction du mouvement royaliste, car je n'étais qu'un simple sympathisant.

Nous arrivions au lieu de la conférence. Je le laissais devant l'immeuble après avoir conservé ses coordonnées. J'avais un autre rendez-vous et ne pouvais donc pas assister à cette réunion à laquelle j'avais pourtant voulu participer car elle commençait trop en retard. L'oracle prononcé par Patrick Buisson sur le score d'Éric Zemmour se réalisa, mais pour d'autres raisons qui n'étaient pas les siennes. Il finira par se rallier à Éric Zemmour et revenir sur ses propos quelques semaines plus tard aux Sables d'Olonne. J'étais cependant loin d'imaginer ce qui allait se produire à Villepinte et à quel point Patrick Buisson s'était finalement trompé sur le fond.

Le grand jour arriva. Le 5 décembre, fête de la Saint Gerald, étymologiquement «celui qui gouverne avec la lance». C'était le lendemain de l'investiture de Valérie Pécresse par les Républicains. Ce choix de calendrier était destiné à capter tous les Républicains déçus qui avaient voté Ciotti. Éric Zemmour publia une lettre destinée à ces militants, rappelant l'amitié qu'il entretenait avec Éric Ciotti, les appelant à participer au meeting de Villepinte. Beaucoup s'y rendront. La presse spéculait sur une scission des Républicains et sur une alliance avec Éric Ciotti qui renforceraient Éric Zemmour. Elle ne se produisit malheureusement pas.

La veille du grand jour, Lorrain de Saint-Affrique me demanda de contacter Éric Zemmour et Sarah Knafo afin qu'il soit placé au premier rang devant la tribune. Il s'agissait de faire en sorte que Jean-Marie Le Pen soit, d'une certaine façon, présent par son intermédiaire. Ce fut accepté. Marine serait furieuse.

Le jour dit, je conduisais Lorrain et cinq de mes militants sur le lieu du meeting afin de leur éviter les longues files d'attente et de bénéficier de mon droit d'accès prioritaire en tant que responsable du mouvement. J'utilisais la camionnette de mes campagnes électorales depuis dix ans. L'habitacle ne permettant que trois personnes dont le conducteur, quatre militants furent placés à l'arrière, dans la plus parfaite illégalité. Le site de Villepinte était énorme. Nous nous trompâmes d'abord de porte d'accès. Les CRS chargés de la sécurité nous arrêtent et demandent à inspecter l'intérieur de ma camionnette. Quatre militants en surgissent... j'explique. On me demande la preuve de mes responsabilités. Je demande à parler au responsable. La tension monte. J'étais furieux. Lorrain, qui observait la scène, me dira plus tard que nous étions à deux doigts de nous faire tous embarquer. Le chef arrive. Il comprend. Nous apprenons que la sécurité du site n'est pas au point, peu coordonnée avec les forces de l'ordre, et qu'il faudrait s'attendre à des incidents. Cette prédiction se réalisa malheureusement ensuite. Il s'excuse mais, dans la même phrase, se prétend socialiste : pour se dédouaner de nous avoir été favorable devant ses collègues? Nous ne le croyons pas une minute. Un militant lui lance : «*Alors vous allez voter Hidalgo?*» «*Ah non, ça, surtout pas!*» Rires. Nous repartons et arrivons enfin sur le site. Nous apprenons qu'il y a des barrages partout sur les routes à dix kilomètres à la ronde pour filtrer les éléments perturbateurs potentiels. Plusieurs milliers de personnes favorables à Éric Zemmour ne pourront pas participer au meeting qui rassemblera pourtant près de 15 000 personnes.

C'est avec émotion que je me retrouvais dans cette immense salle trente et un ans après les États généraux du RPR et de l'UDF sur l'immigration de mars 1990. Giscard, Chirac, Madelin,

Juppé : je les revoyais qui faisaient de grandes et pompeuses déclarations sur l'arrêt de l'immigration, le danger de l'islam, la préférence nationale pour les allocations. Les bonnes résolutions sont rarement suivies d'effets. Tout cela sera abandonné seulement quelques mois plus tard lors de la campagne sur le traité de Maastricht. Je priais donc en entrant dans ces lieux que les promesses qu'y ferait Éric Zemmour ne connaissent pas le même sort.

La salle était bourrée à craquer. Ayant une place réservée dans les tribunes officielles avec les responsables du mouvement, je décidais de rester avec mes militants. Mes collègues responsables me voyant habillé comme les jeunes militants qui m'accompagnaient, me chambrent gentiment. Je n'irai pas comme eux faire de la figuration sur la scène après la fin du discours. Un général reste avec ses soldats. J'irai saluer Éric Zemmour après le meeting, mais sans public, accompagné de quelques militants de mon équipe pour les gratifier, et ils en furent ravis.

Au premier rang étaient assis les amis politiques et les ralliés du moment. Beaucoup nous avaient rejoint depuis seulement quelques semaines. Peu de personnalités de premier plan de la droite classique à l'exception notable de Jean-Frédéric Poisson et Christine Boutin. On y vit aussi Laurence Trochu (Mouvement Conservateur), Jacline Mouraud, Agnès Marion (RN), Franck Keller (LR), Antoine Diers (ex LR), Paul-Marie Coûteaux, Lorrain de Saint-Affrique, Joachim Son-Forget (ex-LREM) et des personnalités de la société civile, telles qu'Éric Naulleau et Pierre-Jean Chalençon. Gilbert Collard, Jérôme Rivière (LR puis RN), Guillaume Peltier (LR), Marion Maréchal, Philippe de Villiers et Nicolas Bay (RN) viendront bien après et parfois trop tard. Alors qu'une grande partie de la droite nationale hors RN s'était rapidement coalisée autour de la figure d'Éric Zemmour, la droite classique se comportait en dominion soumis de la gauche. Elle craignait de sortir en s'affichant hors de la relative sécurité du maigre espace politique que la gauche lui avait laissé. Éric Ciotti, absent malgré la proximité de ses idées, fut nommé et appelé par Zemmour dans son discours mais ne viendra finalement pas, préférant manœuvrer pour présider Les Républicains, après la chute de Valérie Pécresse, un parti pourtant démonétisé, en pleine déroute idéologique, avec une peau de chagrin en guise d'espace politique.

Certains des présents quitteront Éric Zemmour aussi vite qu'ils étaient venus, comme des mouches se précipitent sur la soudaine lumière, et qui s'éloignent dès qu'on l'éteint. Mais à Villepinte, le moment était celui de la communion d'une certaine droite réunie. Et si quelques-uns étaient certainement là pour la soupe, beaucoup y croyaient aussi.

Le meeting commençait. En retard de deux heures pour cause d'affluence exceptionnelle et de difficultés d'accès créées par les problèmes de sécurité et les menaces. La salle était chauffée à blanc par cette longue attente. Commençaient les discours des personnalités ralliées pendant plus d'une heure. Cette présentation un peu longue par des personnalités de second plan n'effaçait pas les faiblesses de notre camp que nous espérions temporaires, tant notre foi de réaliser le Graal de l'union des droites était forte. Elle mettait cependant en avant d'autres forces, en particulier une forme de simplicité et d'authenticité, un parler vrai, en dehors des formes contraintes de la communication médiatique qui rigidifiait tout le discours politique depuis des années. Parmi les orateurs qui vinrent à la tribune, figurait Jacline Mouraud, une des personnalités fondatrices du mouvement des Gilets Jaunes. Son discours simple et authentique était celui de « *la majorité silencieuse* » qui veut se faire entendre et qui souhaite « *provoquer une insurrection civique dans les urnes* ». Elle représentait « *les gens ordinaires dont je suis (…), ceux qui connaissent des fins de mois difficiles (…), nous les sacrifiés de la mondialisation qui assassine des peuples* ».

Le plus étonnant et le plus marquant de ces discours introductifs fut certainement celui de Paul-Marie Coûteaux, juste avant celui d'Éric Zemmour. Il faisait partie de ces anciens du RPR encore attachés au gaullisme et qui avaient survécu aux infidélités de Jacques Chirac. Ancien conseiller de Philippe Seguin de 1993 à 1996, Paul-Marie Coûteaux avait été balloté entre les éléments épars de cette partie de la droite qui défendait encore la France, mais qui était divisée en une multitude de chapelles.

Député européen souverainiste de 1999 à 2009, élu sous les couleurs du Rassemblement pour la France de Pasqua et réélu sous celles du Mouvement pour la France de Philippe de Villiers, il avait créé en 2011 son propre parti, Souveraineté, identité et libertés (SIEL), pour en perdre finalement le contrôle après son rapprochement avec le Front National de Marine Le Pen. Il avait soutenu François Fillon lors de la campagne présidentielle de 2017, puis rejoint le Parti chrétien-démocrate de Jean-Frédéric Poisson en 2019. Son ralliement à Éric Zemmour était parfaitement logique. Mais sous son étiquette souverainiste se cachaient en fait des convictions royalistes. Malgré ses années de service à la République, il avait gardé vis-à-vis de ce que qu'il servait *« une indépendance de jugement absolue »*, qui, comme l'écrit Bernanos, *« était la règle des fidélités sans conformisme, c'est-à-dire des fidélités vivantes* [1] *»*. C'est cette fidélité indéfectible au corps mystique et historique de la France éternelle, qu'il exprimera à Villepinte et qui sera pour moi et les quelques militants royalistes qui m'accompagnaient un moment fort. *« Zemmour, dira-t-il, (…) n'est pas un homme politique, et je crois qu'il ne le sera jamais. Il doit être autre chose, un homme d'État, et pour cela incarner le "second corps du Roi", le corps immémorial et immortel de la France, il doit être à partir d'aujourd'hui un autre Homme, l'Homme de personne, l'Homme d'aucun parti, d'aucune féodalité (…); il doit n'être rien d'autre que ce que la France attend depuis un demi-siècle, l'Homme de tous parce qu'il n'est l'homme de personne, en un mot, il ne doit être que l'Homme de la Nation. Et de ce point de vue, il ne suffit pas d'être simple-*

---

1. Georges Bernanos. *Autobiographie*. Janvier 1945.

ment Président de la République – encore moins "Jupiter" : il faut être Roi de France – du moins le grand Connétable de France, le Souverain ! Cette transsubstantiation, ce que l'on appelait jadis "les deux corps du roi", est une affaire morale, et, comme toute morale en terre chrétienne, c'est une affaire d'amour. Oui, Zemmour est une affaire d'amour, un amour indéfectible au pays, un amour qui vient toucher chaque Français jusque dans ses découragements, ses difficultés et ses solitudes. Car il est tant et tant de Français, dans nos villes, dans nos villages et nos campagnes qui se sentent seuls, abandonnés, déshérités, privés d'avenir parce qu'un progressisme imbécile les a privés de leur passé. » Il faisait indirectement écho à Charrette dans sa fameuse harangue « Notre patrie à nous, c'est nos villages, nos autels, nos tombeaux, tout ce que nos pères ont aimé avant nous. Notre patrie, c'est notre Foi, notre terre, notre Roi… Mais leur patrie à eux, qu'est-ce que c'est ? Vous le comprenez, vous ? Ils veulent détruire les coutumes, l'ordre, la tradition. Alors, qu'est-ce que cette Patrie narguante du passé, sans fidélité, sans amour ? »[1]. La France coupée de ses racines par le progressisme de la République était en train de mourir. Il fallait un homme providentiel pour incarner le second corps du Roi et la Nation. Et si cet homme était Éric Zemmour ?

Ce moment, très significatif, était inédit dans un meeting politique dans la France contemporaine. C'était un acte contre-révolutionnaire manifeste en pleine grand-messe républicaine. La presse ne parlera pratiquement pas de cette transgression, sauf dans de rares cas pour la moquer. Beaucoup dans la salle crieront alors « Vive le Roi ». Nous, bien sûr les royalistes, qui étions très minoritaires. Mais beaucoup autour de nous l'avaient dit naturellement, portés par la puissance de ce discours. Réminiscence instinctive du vieux cri de ralliement du peuple autour de son Roi incarnant la Patrie, la France immémoriale et combattante, ce peuple qui n'avait jamais voulu mourir malgré

---

1. François-Athanase de Charette de La Contrie. Harangue prononcée à ses hommes vers 1794.

les massacres révolutionnaires et la répression républicaine. Ce n'était pas étonnant. Un sondage de 2016 indiquait que 40 % des Français considèrent qu'un monarque serait bénéfique pour l'unité nationale et la stabilité gouvernementale[1]. Cette sensibilité monarchiste diffuse, car sans relais politique, s'exprimait ici spontanément. Éric Zemmour, porté par l'enthousiasme de la foule, y pensera aussi sans doute quand il dira plus tard, à la fin de son discours « *Vive la République et SURTOUT, SURTOUT, Vive la France!* » Admission implicite que le régime politique est second devant la France qui est première.

Porté par la ferveur de la foule chauffée à blanc, Éric Zemmour arrivait enfin. Énorme bain de foule sur le chemin de la scène. L'agression d'un homme qui l'étreint alors et le blessera au poignet ne l'arrêtera pas. Cet acte sans précédent contre un candidat en campagne électorale, que la presse minimisera d'ailleurs scandaleusement, ne fut que la première d'une série d'attaques de l'extrême gauche sur notre meeting. Nous ne le saurons que plus tard car leurs tentatives ne troublèrent pas la sérénité de notre réunion politique. Éric Zemmour se relevait imperturbable et arrivait sur la scène pour prononcer son discours, sans doute poussé par la grande force qui l'animait depuis le début de cette aventure. Une heure et vingt minutes qui passeront très vite tant nous serons tous portés par l'intensité de ce moment de communion d'idées sur la France et la profondeur de son texte.

Dans un discours de « combat », mot qu'il martèlera une dizaine de fois, Éric Zemmour annonçait la création officielle du mouvement que nous avions construit en si peu de temps : « Reconquête ». Un nom parfaitement adapté au projet de réappropriation de notre puissance et de défense de notre civilisation, un écho à la "Reconquista", cette période médiévale

---

1. Le Figaro. Frédéric Rouvillois : *40 % des Français considèrent qu'un monarque serait bénéfique pour l'Unité nationale*, 2 septembre 2016 et *Sondage BVA réalisé pour l'Alliance royale réalisés les 22-23 août 2016.*

durant laquelle les royaumes chrétiens de la péninsule ibérique ont chassé les musulmans. La France, première puissance économique et politique en 1789 sur la terre comme sur les mers, était maintenant au 27ᵉ rang mondial. Éric Zemmour voulait « *changer le cours de l'histoire* », « *reconquérir le plus beau pays du monde* » pour que les Français se réapproprient le pays dont on les dépossédait « *ce peuple français qui est là depuis mille ans et qui veut rester maître chez lui* ». Pour mettre en œuvre cette réappropriation, un programme de rupture : préférence nationale, sortie de l'Otan, réindustrialisation, suppression du droit du sol, assimilation, réhabilitation du mérite à l'école, droit de succession et de mutation pour les entreprises. À certains égards, un véritable contre-projet de société allant à l'encontre des principales orientations suivies ces dernières décennies par les gouvernements successifs, notamment sur l'immigration et la sécurité, mais aussi sur l'industrie, le nucléaire, l'éducation, ou encore la discrimination positive.

Éric Zemmour tentait ici de façon magistrale une fusion en un seul mouvement des différents courants de la droite, avec pour thème central le « *retour de la France* ». Un mouvement où dire « *Vive le Roi* » ou « *Vive la République* » signifiaient « Vive la France ». Bonapartistes ou légitimistes, nous étions tous à nouveau réunis sous la même bannière, celle qu'avaient porté Jeanne, Louis XIV, Napoléon et de Gaulle. La bannière aux lys de France élevée par les aigles, et portée par le peuple : celle de la France éternelle. Éric Zemmour réalisait une synthèse permettant l'alliance des conservateurs et des classes populaires, synthèse qui dans notre histoire fut bonapartiste puis gaullienne. Elle avait été tentée par Bonaparte puis par Louis-Napoléon. Mais leur projet avait échoué, d'abord à Waterloo face aux puissances impérialistes hostiles à la mission de la France, puis à Sedan face à l'impérialisme allemand. Celle du général de Gaulle à partir de 1958, moins ambitieuse, restera sans lendemain après la mort de Pompidou en 1974. Ses successeurs dilapideront son héritage. La droite éclatera alors à nouveau en divers courants non miscibles, que seul un homme indépendant des partis, comme le fut en son temps le Général, pouvait rassembler. Éric Zemmour se posait en alchimiste de cette transformation réunificatrice de la droite.

Zemmour renouait avec la tradition des grands discours politiques qui avaient marqué notre histoire, ceux de Danton, Bonaparte, Gambetta, Malraux ou de Gaulle qui résonnent jusqu'à aujourd'hui. Il était leur continuateur, se plaçant au-dessus d'adversaires incapables de discourir à ce niveau. Le discours de Valérie Pécresse, quelques semaines plus tard, tombera à plat provoquant l'hilarité générale. Une partie de son public partira durant le premier quart d'heure. Elle qui, immédiatement après son investiture, fut créditée par les sondages d'une place au second tour, terminera à moins de 5 % au premier tour de l'élection présidentielle. Un camouflet que n'eut pas à subir Zemmour.

La force et la qualité du discours d'Éric Zemmour tétanisèrent immédiatement la presse et la classe politique. Sur BFMTV qui l'avait retransmis, Ruth Elkrief, embarrassée, admit en première réaction, la mine un peu dépitée : *« Il a réussi son pari : il a démontré qu'il pouvait être un orateur et qu'il pouvait galvaniser une foule, une démonstration de force qui a réussi*[1] *. »* Le discours était si fort qu'elle ne pouvait dire autrement. L'effet de surprise était considérable. La plupart des commentateurs cherchaient leurs mots. Éric Zemmour avait jeté un lourd pavé dans la mare de la politique. Son dernier grand discours datait de septembre 2019 lors de la Convention de la droite qui avait rassemblé essentiellement des souverainistes. Sa performance d'orateur avait été moyenne, mais il est vrai qu'il était malade ce jour-là. À Villepinte, il s'était transformé. Personne ne l'avait vu venir. Celui dont tout le monde disait qu'il n'était pas fait pour la politique, était devenu un orateur, le *« tribun qu'on*

---

1. BFMTV. 5 décembre 2021.

n'attendait pas » dira la presse. Après le meeting, au cocktail où j'avais été invité, je lui déclarais : « *Vous vous êtes transformé. Le papillon est sorti de sa chrysalide. Maintenant il faut voler le plus haut possible.* » Ce fut le seul commentaire élogieux que je lui fis de toute la campagne. Je restais, à cette exception près, fidèle à mon engagement initial de ne parler que de ce qui n'allait pas.

La presse et nos adversaires tétanisés recommencèrent alors une campagne de dénigrement qui se poursuit encore aujourd'hui. Ni sur le fond politique, ni sur les idées, car ces grands « démocrates » sont incapables de débattre et d'admettre la contradiction de leurs adversaires qu'ils stigmatisent systématiquement en leur collant le label « extrême droite ». Si Jeanne d'Arc vivait aujourd'hui, nul doute qu'elle serait taxée « d'extrême droite », le mot moderne pour « sorcellerie ». Alors que, dans son cas, ce serait plutôt l'extrême Droit, le parti du droit divin. Ils se servirent exclusivement des incidents qu'ils avaient eux-mêmes organisés ou cautionnés pour jeter l'anathème sur notre candidat et notre organisation de campagne, comme les Anglais avaient en leur temps traité Jeanne de « putain ribaude » et de « sorcière ». L'article malveillant de Mediapart dont j'avais été l'objet en octobre 2021 n'en était que le prélude, comme je l'avais pressenti.

De premières échauffourées avaient lieu en milieu de journée à Villepinte, à quelques kilomètres du site du meeting d'Éric Zemmour. Antifas et militants d'extrême-gauche s'étaient donné rendez-vous pour perturber l'événement et furent repoussés par les forces de l'ordre. Avant même le début du discours, 39 personnes avaient déjà été interpellées pour « attroupement armé », dont 11 avec des cocktails Molotov et des bouteilles d'acide. Un appel au rassemblement avait été lancé par plusieurs groupes sur les réseaux sociaux, demandant aux militants de se rassembler autour du Parc des expositions pour « saboter » le meeting. Par ailleurs, les antifas avaient appelé à réserver des places afin de faire de notre rassemblement « un échec ». Le président PS du département, Stéphane Troussel, lançait une pétition pour s'opposer à la tenue du meeting. « *Ni la Seine-Saint-Denis, ni la diversité ne peuvent servir de faire-valoir à ceux qui attaquent la République, qui haïssent la France et qui sapent ses principes au quotidien*[1]. » Pour faire annuler la réservation, il fit publiquement pression sur le groupe Viparis, propriétaire du site de Villepinte, qui avait signé une charte de la diversité en 2009, et qui fut sommé de « *refuser d'accueillir le meeting politique d'un polémiste et candidat à la présidentielle multi-condamné pour provocation publique à la haine raciale, en Seine-Saint-Denis* » ! Tous les « démocrates » étaient de sortie et en pleine action.

La principale perturbation fut organisée par SOS Racisme qui avait monté une opération d'agit-prop classique, leurs militants se dévoilant au milieu du public avec des tee-shirts « Non au racisme ». Dissimulés dans le public à l'arrière de la salle, ils tentaient de se frayer un chemin vers la scène mais furent arrêtés par les jeunes militants de Reconquête. Le retard de notre service d'ordre justifia cette intervention. À l'arrivée du service d'ordre, les militants de SOS Racisme furent exfiltrés sans heurts vers la sortie et certains qui résistaient durent être traînés à terre. Rien d'inhabituel. Proche de la scène, je n'avais rien vu ni rien entendu de cet incident relativement mineur dont toute la presse coalisée à qui on avait enfin jeté un os fit un véritable fromage. Selon leur version, les « pauvres militants » de SOS Racisme avaient été « agressés » par d'affreux « fachos » zemmouriens. Une militante antiraciste était apparemment « couverte de sang ». En fait, une éraflure à la tête somme toute mineure dont elle avait laissé le sang couler. « *Non, non ne me soignez pas, j'ai d'autres plateaux* » dira-t-elle à nos agents de sécurité, ignorant qu'elle était enregistrée. Bref, une mise en scène bien orchestrée par nos adversaires.

---

1. Le Point. 3 décembre 2021.

La presse nauséeuse se déchaîna. Le journal *Libération* parla d'un meeting « *brun flippant (…) ressassant des obsessions nauséabondes pour le plus grand bonheur de fans éplorés et de nervis violents*[1] ». Le Huffington Post parla du « *pire de l'extrême droite* » évoquant « *des groupuscules vêtus de noirs (…) dans la salle, sans que l'on sache précisément leurs relations avec la sécurité. Équipés de bâtons, parfois cagoulés, ces individus sont en tout cas impliqués*[2]. » Je n'avais pas dû aller au même meeting qu'eux. Quand des individus cagoulés vêtus de noir prétendument antifascistes lancent des boules de pétanque et des mortiers de feu d'artifice sur la police dans les manifestations d'extrême gauche, où est donc l'indignation de ces journalistes militants ? Elena Raymond, de *Slate*, eut même l'audace de titrer : « *Je suis allée au meeting de Zemmour à Villepinte. Une certaine idée de l'enfer*[3]. » Le système avait adoubé Marine Le Pen après des années de dédiabolisation. Il lui fallait un nouveau diable à stigmatiser. C'était donc Éric Zemmour. Dans cette version romancée des faits, très éloignée du journalisme et plus proche du roman de gare, l'histoire devint : « *Sylia, militante antiraciste, est "évacuée" par la sécurité, le crâne ouvert et la moitié du visage recouvert de sang alors qu'un homme cagoulé la poursuit en l'insultant. La scène semble indifférer (sic) ses spectateurs, comme ces groupes de gens aux visages masqués et aux gants coqués qui continuent de déambuler dans le hall entre les buvettes et les stands de goodies.* » Selon ce texte mensonger et orienté à dessein, nous étions dans un meeting fasciste ou des ligues d'avant-guerre, quand la castagne entre milices opposées était de règle, tradition conservée par l'extrême gauche lorsqu'elle lance des centaines d'antifas contre les forces de l'ordre. Zemmour eut beau rappeler pendant le meeting que ses idées étaient les mêmes que celle exposées par le RPR et l'UDF trente et un ans plus tôt à Villepinte, demandant à

1. Libération. 5 décembre 2021.
2. Huffingdon Post. 5 décembre 2021.
3. Slate. 7 décembre 2021.

l'assistance si Giscard ou Chirac étaient fascistes, rien n'y fit. Éric Zemmour était déjà condamné et diabolisé. SOS Racisme avait partiellement réussi son coup. Zemmour était un facho !

La Justice, égale à elle-même, se saisit des faits de violence allégués, prenant faits et causes pour nos adversaires. Pourquoi ne se saisissait-elle pas d'un délit de trouble à l'ordre public dans le cadre d'une campagne électorale et d'une violation du droit de réunion ? Ce n'était qu'une manifestation de plus de la politisation de la Justice. Sans la provocation des militants de SOS racisme, aucune violence n'aurait été constatée. Qui était l'agresseur, eux ou nous ? Si nos militants avaient perturbé de la même manière un meeting de Mélenchon, que n'aurait-on pas entendu sur le thème des « provocations d'agresseurs fascistes s'en prenant à la démocratie » ? Qui étaient les fascistes à Villepinte, eux ou nous ?

Aucun des meetings des autres candidats ne fut perturbé par la gauche pendant la campagne, y compris, une fois n'est pas coutume, ceux de Marine Le Pen. Éric Zemmour était devenu le seul opposant du système. L'ennemi à abattre. Les violences organisées qui avaient émaillé le meeting, furent retournées contre nous avec l'aide d'une presse complaisante. L'agressé devenait l'agresseur dans cette inversion classique opérée par la gauche qui justifie l'action violente pour contrer une prétendue violence d'extrême droite, dont l'étiquette est collée sur tout opposant crédible. Application parfaite du « *Calomniez, calomniez, il en restera toujours quelque chose* » de Francis Bacon dans son essai sur l'athéisme. Éric Zemmour peut ainsi apparaître aux yeux d'un public mal informé comme un candidat violent, un candidat « d'extrême droite ». Cette technique classique d'agit-prop contribua à repositionner Éric Zemmour dans l'esprit des électeurs, à la droite de Marine Le Pen, alors que la stratégie de notre campagne pour réaliser l'union des droites avait consisté à le placer entre Les Républicains devenus centristes et Marine Le Pen.

La droite conservatrice est trop sage et trop respectueuse. Elle joue constamment sur la défensive. C'est une stratégie de perdant. Il est temps que les forces conservatrices et de la contre-révolution adoptent les méthodes politiques déstabilisatrices de la révolution. La France est un pays majoritairement de droite, mais il est dirigé par la gauche minoritaire pratiquement uniquement pour cette raison.

Malgré les mauvais rapports de la presse, ces incidents, tout en nous donnant raison, nous positionnaient comme les adversaires principaux d'Emmanuel Macron et de la classe politique. Cette journée avait contre toute attente consacré Éric Zemmour. C'était un grand succès politique. Éric Zemmour *« leur avait appris qu'il était plus facile de nous braver et de nous menacer que de nous vaincre[1] »*. Nous nous souviendrons longtemps de cette journée. Elle est notre *Saint Crispin day*, comme pour les soldats d'Henri V la veille de la bataille d'Azincourt, ou le jour d'Austerlitz pour les soldats de Napoléon. Comme eux, nous pourrons dire plus tard : « Nous y étions. »

∞

---

1. Proclamation après la bataille d'Austerlitz, le 3 décembre 1805. Publiée par Lecointe et Pougin en 1835.

« *Quand on ose, on se trompe souvent ; quand on n'ose pas, on se trompe toujours.* »

Romain Rolland

« *L'espérance est un risque à courir.* »

Georges Bernanos

Chapitre VI

UNE DÉFAITE
PAS SI ÉTRANGE

Après ce moment si particulier, nous étions transportés et nos équipes gonflées à bloc. Nous étions partis de rien dix mois plus tôt. Le meeting de Villepinte avait fait d'Éric Zemmour l'adversaire principal du système. Il avait pris une dimension présidentielle, voire plus. La victoire semblait possible et à portée de main. Mais nous ne nous doutions pas que ce moment paroxystique serait un point culminant ; le début d'une lente descente vers l'échec. Tout était déjà joué comme dès le premier vers d'une tragédie grecque. Jules Torres commence son excellent journal de campagne le 28 novembre 2021[1], à peu près là où s'achève le nôtre. Son intéressant récit est celui d'un navire qui chemine inéluctablement vers les récifs, que l'équipage et les passagers de première classe ignorent, malgré les signaux d'alerte des marins qui s'activent dans la soute. Il n'en parle pas car il ne les voyait pas, comme toute l'équipe du capitaine qu'il suivait.

---

1. Jules Torres. *Zemmour. Dans le secret de sa campagne.* Éd. Plon, mai 2022.

Éric Zemmour termina la campagne avec un score de 7,07 % au premier tour, soit un peu plus de 2.48 millions d'électeurs. Mais le navire zemmourien ne s'était pas abîmé en mer irrémédiablement. Il s'était juste échoué sur un rivage inattendu, non par la faute du navire ni celle du capitaine, mais principalement parce qu'il avait rencontré des «récifs» politiques extérieurs qui n'étaient pas sur la carte. Ce score était honorable pour un premier essai, mais Zemmour ne fut pas qualifié pour le second tour. À mon départ fin février 2022, deux mois avant le premier tour, j'avais eu une conversation avec Lorrain de Saint-Affrique et lui avais exprimé mes doutes sur la campagne, compte tenu des remontées de terrain et mon inquiétude sur les sondages qui n'étaient pas au niveau espéré. À cette époque, Zemmour était encore à 16 % dans les intentions de vote et flirtait toujours avec celles accordées à Marine Le Pen. Mais il stagnait et je craignais qu'il ne termine en dessous de 10 % et ne manque le second tour. Ce pressentiment se réalisa malheureusement. Quelque chose n'avait pas fonctionné, malgré un début de campagne hors du commun. Il fallait maintenant comprendre les raisons de cet échec.

La meilleure des campagnes électorales a ses limites. Et si celle d'Éric Zemmour fut, par bien des aspects, magnifique, elle eut aussi ses défaillances. Celle de Marine fut médiocre, sans surprise. Celle de Macron inexistante. Celle de Mélenchon venimeuse et haineuse. Mais ces stratégies furent efficaces. Celle de Zemmour fut brillante, mais elle manqua d'efficacité.

Dès le mois d'octobre, peu après le déplacement d'Éric Zemmour dans le Gard et dans l'Hérault, nous avions observé des signes d'essoufflement sur le terrain. La dynamique ralentissait. Plusieurs des responsables départementaux d'Occitanie me faisaient part de leurs inquiétudes début novembre. Marine Le Pen avait changé de stratégie et adopté un style de campagne proche du terrain et des préoccupations du quotidien. Daniel Briot, notre responsable de Béziers, qui venait de quitter l'équipe de Robert

Ménard, s'en inquiétait déjà le 7 novembre 2021 : « *Paris a-t-il compris l'importance de ce changement de stratégie ? Nous n'avons aucune vision de la cible de la com de Z, car ses brillantes analyses ne s'adressent pas à l'électorat dormant (qui ne vote pas). La nouvelle stratégie de Marine Le Pen le fait et la simplicité de la tournure "Rendre aux Français leur pays", touchera bien mieux qu'une brillante démonstration (celles destinées aux CSP+ de Z). Il faut absolument imprimer des affiches qui soient programmatiques du genre "Notre héritage, on le garde" ou "Nos entreprises, on les garde", histoire de paraphraser de manière positive le slogan "rendre", moins bien que "garde" qui suggère que tout n'est pas perdu.* » Notre responsable de Haute-Garonne me dit le même jour : « *Les slogans de Marine sont les meilleurs pour le moment, ils formalisent et résument à eux seuls les dissertations de Z. La com de Z pour le moment reste trop intello (..) Il faut que Z réagisse très vite !* » Le responsable des parrainages en Occitanie m'indiqua : « *La dynamique est cassée et j'ai peur qu'il reparte en marche arrière dans les sondages. Surtout qu'il ne s'adresse pas à la France périphérique et aux abstentionnistes. Les gens en ont marre des cours d'histoire, des citations.* »

J'alertais le jour même Éric Zemmour, l'exhortant à aller sur le terrain, à y être visible, comme Emmanuel Macron l'avait fait en 2017. Le risque était « *de finir perdant comme Balladur en 1995, que son équipe très parisienne éloignée de la France profonde a fait échouer. Marine adopte la stratégie de Chirac. Le terrain, toujours le terrain, rien que le terrain. Donc si je puis me permettre, quittez les plateaux de télévision, et mettez vos bottes !* » (celles que je lui avais offertes lors de sa venue à Nîmes). « *Faites un tour de la France profonde* », lui dis-je.

Éric Zemmour n'est pas d'accord avec ces analyses. Comme il l'affirme dans son livre d'après campagne, il choisit consciemment de ne pas faire ou de faire une campagne de terrain réduite, ce qu'il appelait dans la presse « *une campagne de conseiller général* » ou « *le truc de Marine Le Pen* », préférant les concepts, les idées, les grands meetings et les plateaux de télévision.

Si ses meetings étaient brillants, n'y participait qu'un électorat déjà convaincu, à l'exception peut-être de la poignée d'antifas qui venait les perturber. Pierre Poujade en son temps avait rempli les salles mais avait fini à 3,38 % aux élections législatives de 1958. Éric, bonapartiste convaincu, reproduisait l'erreur de Lamartine qui, lors des élections présidentielles de 1848, choisit de ne pas faire campagne, comptant sur sa renommée de grand poète, alors que Louis-Napoléon se déplaça partout et emporta l'élection haut la main. Lamartine, candidat de «l'illusion lyrique», finira à 0,28 % – *«quelques voix philosophiques»* dira-t-il – et en conservera une certaine amertume.

Hussard du bonapartisme, Zemmour finit malheureusement comme Lamartine, mais avec un score beaucoup plus honorable, il faut le reconnaître. Éric Zemmour revendique dans son dernier livre cette approche. Celle d'un homme de lettres qu'il veut concilier avec celle de l'homme d'action. Il y défend son attachement aux grands meetings. *«Le discours, on le sait depuis Thucydide, est le cœur de la démocratie. Périclès, Alcibiade et les autres sont d'abord de grands orateurs. Ils séduisent, convainquent et emportent l'enthousiasme. Ils parlent aussi bien à la raison qu'aux sens. C'est un mouvement qui va de haut en bas, du tribun à la foule, mais aussi de bas en haut*[1].» Dans ces meetings, Éric Zemmour croyait parler aux Français. Mais il ne parlait qu'à lui-même et à ses sympathisants, sauf peut-être à Villepinte, seul discours diffusé nationalement par les médias. Combien de Français ont entendu ces magnifiques discours ? Ils voyaient Marine Le Pen dans les feuilles de chou locales et la presse régionale dont Éric Zemmour était quasiment absent. Elle faisait une campagne de supermarché. Mais son discours plus simple touchait les Français. L'efficacité des campagnes

---

1. Éric Zemmour. *Je n'ai pas dit mon dernier mot.* Éditions Rubempré, avril 2023. Page 163.

gagnantes « *touche-menotte*[1] » de Chirac en 1995 et de Macron en 2017 auraient dû l'alerter. Les campagnes électorales sont une sorte de cuisine traditionnelle de masse avec des recettes maintes fois testées. Le peuple n'aime pas la nouvelle cuisine. La perception qui se dégagea de la campagne de Zemmour fut celle d'un candidat intellectuel qui s'adressait essentiellement à l'électorat bourgeois des CSP+. Le résultat du premier tour confirmera cet ancrage. Les classes populaires n'avaient que fort peu voté pour lui.

Ironie de cette campagne, c'est l'électorat qu'avait mobilisé Éric Zemmour qui se reportera sur Marine Le Pen au second tour de l'élection présidentielle. Sans la campagne d'Éric Zemmour, elle n'aurait probablement pas fait un score plus élevé qu'en 2017. Il avait bousculé la campagne et imposé les thèmes de l'immigration et du «Grand Remplacement», quand Marine Le Pen les abandonnait en se préoccupant de pouvoir d'achat et d'inflation. Même Valérie Pécresse osa utiliser l'expression «maudite» de Renaud Camus dans son premier discours de campagne, au grand dam de toute la presse et de la classe politique réunies. Tel fut l'apport d'Éric Zemmour à la campagne des présidentielles. Il avait servi de catalyseur à l'électorat de la «droite bourgeoise» qui partageait les thèmes identitaires et civilisationnels avec le RN, mais qui n'avait jamais accepté auparavant de voter Marine Le Pen, démonétisée par son programme économique socialisant et sa personnalité triviale.

Après le voyage de Marseille fin novembre, les responsables régionaux du mouvement furent conviés au siège du parti, rue Jean Goujon à Paris. Éric Zemmour voulait avoir notre avis sur les thèmes de campagne et sur l'affaire dite du «doigt d'honneur» qu'il avait rendu à une militante de gauche l'ayant insulté au cours de ce voyage. L'avis général était qu'il avait bien fait de ne pas se laisser faire mais qu'il ne faudrait pas récidiver. Je lui dis

---

1. Éric Zemmour. *Je n'ai pas dit mon dernier mot*. Éditions Rubempré, avril 2023. Page 164.

que je l'avais trouvé plutôt sur la retenue en cette circonstance. Il faut répondre coup pour coup à cette extrême gauche. Soyons une droite forte. *« Ne soyons pas la souris de droite qui ne peut plus bouger, tétanisée de terreur par le chat de gauche »*, lui dis-je. Sur les mesures à mettre en œuvre, nous étions plusieurs à lui conseiller de faire plus de terrain et de développer des thèmes proches des préoccupations des Français, comme l'inflation et le pouvoir d'achat. Cette remarque fut prise en compte mais peut-être trop tard. Elle n'apparut pas comme une des lignes de force du discours zemmourien, souvent perdu dans les hauteurs intellectuelles.

Cette distance avec la pratique habituelle de la politique est apparue à plusieurs niveaux. Autour de lui une équipe très parisienne et assez brillante. Mais par certains aspects, peut-être parfois un peu trop jeune, et donc inexpérimentée. Si *« la valeur n'attend pas le nombre des années »*, en politique, l'expérience est souvent utile et doit compléter l'énergie essentielle de la jeunesse. Nombreuses furent les tensions entre les équipes sur le terrain et les directives de Paris. Dans cette campagne très active et sur tous les fronts, toutes les ressources étaient parfois surutilisées. On choisissait donc parfois des jeunes sans grande expérience pour aller défendre le programme de notre candidat auprès des corps intermédiaires et des entreprises. Un jeunisme un peu excessif qui eut l'avantage de donner une image rafraîchissante de notre mouvement pendant un temps, mais qui finit aussi par agacer et poser des problèmes. Le mouvement croissant très rapidement, très peu de vérifications seront faites sur les cadres et les militants, et il se fera infiltrer par ses adversaires. Comme, par exemple, par un certain Vincent Bresson, alias Vincent Carayon, qui agira en plein cœur de la campagne avec des responsabilités importantes dans Génération Z et au siège du parti, dont il aura même les clefs! Il décrira ensuite son expérience dans un livre militant et à charge, bourré de lieux communs insipides pour bobos parisiens et de petits ragots sans aucune importance ni intérêt[1]. Un livre à peine digne d'une librairie de gare, qui établit le raccourci suivant : Zemmour = Bainville = Maurras = Pétain = Collaboration = Facho, une des trop nombreuses formules mathématiques de la bêtise et de l'inculture crasse en politique. Cet ouvrage de commande est tellement mal écrit qu'il déshonore les éditeurs qui ont accepté de le publier. On aurait au moins attendu des scoops et des éclaircissements politiques. Mais rien de tout cela : un ouvrage médiocre reflétant le néant du talent de son auteur, et la dégénérescence dans laquelle le journalisme politique et la gauche autrefois brillante sont aujourd'hui tombés.

À cet amateurisme et ce jeunisme relatifs, s'ajouta le manque d'expérience du nouveau directeur de campagne, le général Bertrand de la Chesnais, ex-numéro deux de l'armée de terre. Zemmour l'avait rencontré pour la première fois en septembre 2021. Il n'avait pas pu embaucher Patrick Stefanini, l'ancien directeur de campagne de Jacques Chirac en 1995, qui avait décliné l'offre : celui-là préférerait travailler pour Valérie Pécresse – on a vu le résultat, certes plus lié à la personnalité de cette candidate qu'aux grandes capacités de ce vétéran de la politique à diriger une campagne. Zemmour avait pourtant un vivier de nombreux cadres expérimentés à sa disposition qui auraient pu remplir cette fonction. Certes sympathique et malgré ses indéniables qualités, La Chesnais avait un peu trop tendance à déplacer nos armées de militants sur des cartes, analysant des statistiques sur les collages et tractages que nous devions mesurer et documenter chaque semaine pour évaluer la performance de nos équipes. Il menait la bataille depuis son état-major parisien. Mais il ne vint à ma connaissance que très rarement sur le terrain voir et encourager ses troupes. Fort heureusement, les équipes militantes étaient assez expérimentées et autonomes en Occitanie et elles avançaient toutes seules en mon absence depuis février 2022. Bonaparte au pont d'Arcole était

---

1. Vincent Bresson. *Au cœur du Z.* Éd. Goutte d'Or, 2022.

devant ses soldats, comme Cincinnatus au pont de Sublicius. La Chesnais n'était pas Bonaparte ni même Murat. Il fallait l'être un peu. Éric Zemmour péchait ici par excès de confiance en des gens qu'il n'avait pas eu le temps d'évaluer complètement. Mais compte tenu de la rapidité de son ascension politique, peut-on vraiment le lui reprocher ? Il y eut aussi d'excellents recrutements, dont celui, essentiel, de Sarah Knafo qui était l'initiatrice et le vrai général de cette campagne, quoi qu'en disent ses détracteurs. *« C'est ma collaboratrice, ma compagne. Il n'y aurait pas eu de campagne sans Sarah Knafo »*, dira Éric Zemmour.[1] Elle était la compagne, mais surtout la campagne.

Cette dichotomie entre siège parisien d'un parti politique et équipes de terrain n'est pas nouvelle ni étonnante. Elle existe dans toutes les formations politiques. Le RN, dont 40 % des fédérations départementales locales s'étaient sabordées entre 2020 et 2021, ne brillait d'ailleurs pas vraiment sur ce sujet. L'équipe nationale voit les grandes lignes, les problématiques à grande échelle. Les équipes de terrains voient la « microéconomie » de l'élection. Ces deux visions sont difficilement conciliables à chaque instant. Leur confrontation et les tensions qui en résultent sont naturelles. Un directeur de campagne doit être à même de gérer ces situations. À Reconquête, ces tensions avaient pour origine principale la jeunesse du parti et des équipes qui n'avaient pas eu le temps d'apprendre à travailler ensemble. L'échec d'Éric Zemmour au premier tour ne semble donc pas pouvoir être attribué spécialement à ce problème finalement assez partagé dans tout l'univers politique.

Il y a toujours un effet « bulle » autour d'un candidat, quel qu'il soit. L'équipe nationale qui l'entoure lui sert de protection mais aussi de fenêtre sur le monde. Il ne faut pas qu'elle devienne un miroir déformant. C'est un grand challenge, car il faut en permanence réaliser des arbitrages. Trop dans un sens, et le candidat paraîtra détaché de la réalité, trop éloigné

---

1. Propos tenus le 6 octobre 2021 par Éric Zemmour sur BFMTV.

des Français. Trop dans l'autre, il perdra sa vision d'ensemble. On le dira démagogue et il commettra de grandes erreurs de communication qui lui seront préjudiciables. Sans compter le problème de la sécurité, omniprésent et inquiétant pour tous les candidats, mais particulièrement pour Éric Zemmour dont la position de *challenger* faisait l'objet de toutes les haines politiques. Toutes les campagnes ont à résoudre cela. Et il y a toujours des ratés. Celle de Zemmour n'y manqua pas par certains aspects, même s'il ne faut pas en oublier les très grands succès.

Le livre de Jules Torres sur la campagne d'Éric Zemmour explique très bien l'atmosphère de campagne dans la proximité du candidat. Très bien écrit, il fourmille de nombreuses anecdotes souvent très sympathiques, qui éclairent sur le vrai caractère de Zemmour, son humanité et son intelligence, image bien différente de celle projetée par les médias hostiles au service de nos adversaires. Mais il montre aussi un candidat et son équipe parfois éloignés de la réalité du terrain. Cet effet bulle dont aucun candidat ne parvient jamais à s'extraire complètement. Après une courte introduction sur les prémices de la campagne, l'ouvrage débute sur le lancement du livre d'Éric Zemmour. Cette fameuse « *croisée des chemins* », une phase préliminaire qui ressemblera de plus en plus à une campagne présidentielle. Jules Torres n'était pas au contact avec les équipes locales, ou très peu : elles seront donc totalement absentes de son livre, à juste titre. Mais cet ouvrage démontre aussi en creux qu'elles étaient aussi très peu visibles du candidat, autrement que par le prisme de son entourage immédiat. Il n'y a aucune anecdote montrant l'interaction d'Éric Zemmour avec ses militants qui, compte tenu de la proximité de ce journaliste qui suivait le candidat pas à pas, prouve sans doute qu'il y en eut assez peu. Comme avec le peuple français. J'ai moi-même observé que Zemmour faisait parfois l'impasse sur ces rencontres, notamment à Béziers en octobre 2021, « *pour préparer le discours du meeting* », justifia alors Sarah Knafo. Soit. « *L'intendance suivra* », comme le dit cette phrase attribuée à de Gaulle[1]. Et elle suivit car l'appareil militant était prêt.

Plus problématique fut le rapport du candidat avec le peuple français. Cette rencontre n'eut lieu que trop sporadiquement. Sa présence à Marseille en novembre tourna au désastre, pourrie par des antifas haineux : il s'était jeté dans la gueule du loup. Cet épisode rendait les bains de foule et ces expériences de contact assez dangereuses pour le reste de la campagne. Sa tentative suivante sur un marché de Noël en Alsace passa inaperçue compte tenu du *timing* à cette période où les Français ont l'esprit dans la fête et la célébration. La première vraie rencontre avec les Français eut lieu au *meeting* de Villepinte, diffusé sur les médias nationaux. Mais Zemmour n'alla ensuite vraiment sur le terrain au contact des Français que le 22 janvier 2022 à Cannes. C'était beaucoup trop tard. Il réussit l'exercice. Il savait le faire. Il n'était pas ce candidat parisien et bourgeois dont parlaient les médias. Il était aussi avec les Français. Il était comme eux. Si cette nouvelle tentative fut un indéniable succès, elle sera malheureusement trop tardive, et surtout, ce fut la dernière du genre avant le premier tour, presque trois mois plus tard ! Et pourtant Éric Zemmour décrit lui-même dans son livre d'après campagne ces Français qui, lors de ses séances de signature ou dans la rue, l'approchent spontanément en lui disant : « *Sauvez-nous*[2]. » Le peuple français, qui attend toujours son roi depuis 1793, écoutait attentivement et espérait. Ce n'était pas faute de le lui avoir dit à de nombreuses reprises. Je ne comprendrai jamais pourquoi Zemmour, pourtant bonapartiste, a fait pu faire ce choix délibéré et assumé de ne pas prendre la main de ce peuple français qui la lui tendait, et de ne

---

1. Phrase apocryphe attribuée au Général qu'il aurait prononcé pour décrire l'économie comme quantité négligeable.

2. Propos rapporté par Jules Torres dans son livre, *Zemmour. Dans le secret de sa campagne*. Éd. Plon, mai 2022, chapitres « *24 décembre, que Dieu vous bénisse* » et « *8 janvier Reconstitution de ligues dissoutes* ».

le rencontrer autrement que dans ses meetings très intellectuels devant un public déjà acquis.

À partir de Villepinte, la campagne qui s'était déjà essoufflée en novembre, s'emballera dans une stratégie purement médiatique dont le triptyque sera : média et réseaux sociaux – meetings – ralliements. La campagne réalise le vœu initial de Sarah Knafo : « *L'objectif, c'est de créer une grosse dynamique avec de gros soutiens*[1]. » Le candidat a les yeux plus fixés sur les sondages que sur les Français qui eux, regardent avec attention ce candidat qui est maintenant devenu le centre de toute la campagne des présidentielles.

La fin de campagne, à laquelle je ne participerais que très peu suite à mon départ en février, devient rapidement une machine qui tourne en partie à vide, alors que le terrain s'est déjà dérobé sous les pieds du candidat. J'étais parti au bon moment quand nous étions encore à 16 % dans les sondages avant l'affaire de l'Ukraine – non par prescience, mais par le jeu des circonstances. Lorsque les intentions de vote pour Éric Zemmour s'effriteront, l'équipe nationale s'installera alors dans une sorte de déni de réalité, pour conjurer le sort, s'appuyant sur des analyses complexes entretenant l'idée qu'existerait un soi-disant vote caché qui ne se matérialisera pas. Zemmour venait pourtant du monde des médias. Il aurait dû savoir que les sondages donnent le résultat de façon assez précise quelques semaines avant un scrutin. La marge d'erreur peut être de 2 % à 3 %. Mais à ce stade, l'écart entre le score espéré par Éric Zemmour et son équipe et celui estimé par les enquêtes d'opinion était de près de 10 % ! C'était impossible, quoi qu'on pense des sondages et des sondeurs. Éric Zemmour ne pouvait pas l'ignorer. Il a sans doute volontairement joué ce jeu avec

---

1. Sarah Knafo citée par Jules Torres dans son livre *Zemmour. Dans le secret de sa campagne*. Éd. Plon 2022, chapitre : *La métamorphose zemmourienne*.

ses lieutenants pour ne pas démotiver ses équipes. Ceci n'est cependant que spéculation de ma part.

Tous ceux qui se rallieront n'auront que peu d'impact sur cette dynamique désormais négative. Ni Philippe de Villiers, ni Jérôme Rivière, ni Guillaume Peltier, ni même Marion Maréchal. Sans que ce soit de leur faute : il était sans doute trop tard pour inverser la courbe des sondages. Je suis convaincu que tout était déjà joué depuis novembre et que Villepinte ne fut qu'un point culminant, un éclair dans la nuit. Arrivé dare-dare après cette grande messe dont il avait perçu l'énergie puissante, mais à laquelle il avait assisté à distance, Philippe de Villiers devint une sorte de « monsieur Loyal » dans les réunions publiques, mais sans prendre l'important rôle politique que nous aurions souhaité pour ce royaliste de convictions. Voulu ou pas ? Philippe de Villiers dira à Éric Zemmour après le discours de Lille au Grand Palais le 5 février 2022 : « *On se souviendra de ce meeting.* » Mais qui s'en souvient vraiment aujourd'hui ? Beaucoup de nos compatriotes ont encore en mémoire l'extraordinaire grand-messe de Villepinte. Mais tout le reste est maintenant tombé dans l'oubli, et le Vendéen est retourné en son château du Puy du Fou cultiver son jardin et garder l'anneau de Jeanne d'Arc. Il officie aussi avec talent sur CNews chaque vendredi soir pour transmettre la mémoire. Du travail de cette équipe arrivée tardivement et partie peu après le résultat du premier tour, il ne reste que le souvenir glorieux d'une grande épopée où communièrent tous ceux qui aimaient la France. Seul plane encore l'esprit de Villepinte, le second corps du Roi qui attend toujours son champion.

Rien ne dit cependant qu'une campagne de terrain façon Marine Le Pen ou Chirac aurait renversé la dynamique de campagne. Reconquête était un mouvement trop jeune pour avoir un ancrage territorial. On a coutume de dire qu'une campagne de terrain mobilise un électorat existant, mais qu'elle prépare surtout l'élection suivante. Marine Le Pen labourait des terres travaillées depuis des années par ses militants et son père. Elle était dans son élément. Cette relative inexpérience du terrain de notre candidat est sans doute une des raisons de « l'affaire » des réfugiés ukrainiens à laquelle il attribue principalement sa défaite. Éric Zemmour n'avait pas suffisamment rencontré les Français auxquels il ne parlait pas directement et dont il n'avait par conséquent pas pu anticiper la réaction sur ce sujet. Sa position trop abstraite sur ce sujet comme sur d'autres, les a heurtés. Sans doute une des vraies causes du début de ses difficultés. Il eût fallu plus d'équilibre entre grands-messes électorales et médiatiques, et campagne de terrain. Mais nous ne saurons jamais quel aurait alors été le score d'Éric Zemmour, s'il n'avait pas commis cette erreur d'appréciation sur l'Ukraine. Une campagne est un exercice en temps limité et il faut faire des choix. Ce choix était conscient. S'il commença Bonaparte pour finir Lamartine, son score de près de 2,5 millions d'électeurs reste honorable et encourageant pour l'avenir. L'aventure d'Éric Zemmour n'est donc certainement pas terminée. C'est probablement le début de quelque chose de plus grand.

Si la campagne d'Éric Zemmour n'avait pas été la plus efficace, sa qualité surpassait toutefois de très loin celle des autres candidats. Nous avions de meilleures équipes, des armées de militants dépassant en nombre toutes les autres formations politiques et un collectif d'environ trois cents grands professionnels qui travaillaient au programme en coordination avec les corps intermédiaires et les organisations professionnelles. N'en déplaise à Louis Aliot qui fustigeait dans la presse tous ceux du RN qui étaient partis chez Reconquête, et qu'il qualifiait de « *fous dont on avait eu tant de mal à se débarrasser*[1] ». On comprenait mal comment il avait fait pour s'en accommoder pendant des décennies. Mais bon ! Ces déclarations tonitruantes et faussement réjouies du maire de Perpignan ne trompaient personne. Elles cachaient un dépit et une grande nervosité de voir beaucoup

---

1. *Challenges*, 8 janvier 2022 par Nicolas Domenach.

de cadres et de militants de qualité migrer vers Reconquête. En privé, il m'avouera ceci par SMS : « *Ce qui est dingue c'est que vous êtes les meilleurs agents du système en croyant que vous êtes les chevaliers blancs. Et que ça va coûter cher à tout le monde. À Zemmour en premier d'ailleurs. Ce qui est dommage…* » Le RN craignait Zemmour. Il était en mode panique. Notre situation contrastait singulièrement avec la position du FN devenu RN dont les équipes n'étaient plus qu'une peau de chagrin, suite au désastre électoral de juin 2021 et aux purges qui, pendant les cinq années précédentes, avaient dépouillé ses équipes locales et nationales de leurs meilleurs éléments. Même après le second tour de l'élection présidentielle de 2022, le parti de Marine Le Pen n'atteindra que le tiers de la taille de Reconquête en nombre de militants et cadres. Il aura quelques difficultés pour trouver des assistants parlementaires compétents lorsqu'il obtint, contre toute attente, 89 députés. Le FN ne faisait toujours pas envie.

La campagne d'Emmanuel Macron fut pratiquement inexistante. Un néant presque total. Il ne fit qu'un seul meeting à la Défense. Son unique programme était de rester au pouvoir. Comme l'avait dit Éric Zemmour dans son discours de Villepinte, « *personne ne sait qui il est, parce qu'il n'est personne. Derrière le masque de la parfaite intelligence technocratique, (…) il n'y a personne. Il n'y a rien. Il a tout vidé, parce qu'il est à lui tout seul le grand vide, le gouffre. En 2017, la France a élu le néant, et elle est tombée dedans.* » Mais il ne suffit pas d'avoir raison. Éric Zemmour n'avait pas encore d'électorat constitué. Marine et Macron le savaient. Éric Zemmour, qui échoua finalement à se créer un espace politique conséquent hors de la droite bourgeoise, en fit les frais.

Pourtant Emmanuel Macron n'avait pas, lui non plus d'électorat constitué en 2017 et ses tentatives d'implantation locale après cette première présidentielle avaient échoué, sauf dans des cas ponctuels. Il avait certes bénéficié de l'affaire des costumes de François Fillon. Mais il avait réussi, contrairement à Zemmour, à coaliser plusieurs forces politiques sur le plan national pour constituer un centre puissant unissant les sociaux-démocrates à gauche, les émanations de la tendance orléaniste de la droite française, le centre droit de Bayrou et de l'UDI. Il avait en fait reconstitué ce qu'on appelait sous Louis-Philippe le «parti bourgeois».

Éric Zemmour avait espéré réaliser un tour de force analogue à droite, en fédérant les forces de la droite bourgeoise et de la droite populaire éparpillées dans des formations politiques souvent antagonistes. Comme Macron l'avait fait avant lui, Zemmour imagina une vaste opération de séduction d'élus des diverses tendances de la droite. Ces ralliements devaient servir de catalyseur à l'union des droites qui était notre objectif ultime. Cette stratégie produisit des effets mitigés. À Villepinte, nous n'avions pratiquement que des personnalités de second plan. Les ralliements les plus significatifs se produisirent entre janvier et février 2022. Plus tard, après la défaite, plusieurs d'entre eux dont Jacline Mouraud et Jérôme Rivière, ce dernier étant même rémunéré par l'organisation de campagne, concevront un ressentiment et une déception telles qu'ils en feront des livres de lamentations et de récriminations assez peu constructifs. Si certaines de ces frustrations étaient légitimes, fallait-il vraiment les exposer ainsi en public? La politique mobilise les émotions et teste les convictions. Reconquête devint donc pour eux «Reconquitte», même s'il ne faut jamais dire jamais en politique. J'en suis triste pour eux.

L'Occitanie avait un grand potentiel d'élus et de responsables politiques à rallier. Le RN était dirigé au niveau national par une équipe de fidèles de Marine Le Pen, dite «d'Hénin-Beaumont», Bruno Bilde et Steve Briois, avec une thématique gauchisante sans doute adaptée à ces terres anciennement communistes qui avaient basculé vers le FN à partir des années 80. Au Sud, la problématique anti-immigration était plus présente et la sociologie de l'électorat différente. Cette tension entre FN du

Nord et FN du Sud était de plus en plus visible. À tel point qu'un grand nombre d'élus régionaux ne supportaient plus le diktat du siège du parti et de l'entourage de Marine Le Pen, très nordiste. Plusieurs grands élus cherchaient une porte de sortie.

La tâche était ainsi relativement aisée en Occitanie. Dès février 2021, nous étions prêts à faire basculer une dizaine d'élus régionaux en prévoyant une scission du groupe RN régional. Emmanuel Macron n'avait malheureusement pas repoussé les élections régionales après la présidentielle malgré son intention initiale. Nous ne pouvions donc pas continuer dans cette voie. Toutefois les contacts étaient pris et les élus prêts. À l'ouest de la région nous cultivions nos bonnes relations avec Romain Lopez. Romain avait été assistant du groupe RN à la Région pendant plusieurs années. Je le connaissais bien. Mon homme clef dans le Lot, lorsque je dirigeais le FN dans ce département, Bruno Lervoire, était devenu son responsable communication à la ville de Moissac. La prise de contact fut facile. Je dinais avec lui et Bruno à Paris en novembre 2021. Plusieurs signaux précurseurs furent envoyés à la presse. Bruno Lervoire participa à une conférence de presse de Reconquête en décembre. Sophie Lopez, une des adjointes de Romain démissionna du RN et annonça qu'elle rejoignait Reconquête le 4 février 2022. Romain ne basculera cependant que fin février, quelques jours avant l'arrivée de Marion Maréchal avec qui il avait une relation privilégiée, puisqu'il avait été son assistant parlementaire pendant cinq ans.

Début février 2022, Gilbert Collard me demanda d'organiser un déjeuner confidentiel entre lui, Philippe de Villiers et Nicolas Bay, chez moi, lieu privé où aucun journaliste ne pourrait les surprendre. Il souhaitait interroger Nicolas Bay sur son ralliement possible et surtout sur le *timing*. Je connaissais Nicolas avec lequel j'avais eu de bons échanges au FN. Il n'en pouvait plus. Malgré ses talents d'organisateurs qui justifiaient pleinement sa position de secrétaire général du parti, on l'avait remplacé par Jean-Lin Lacapelle, un séide de Marine Le Pen et ancien copain de soirées, que sa réputation de « talent » chez L'Oréal, son ancien employeur, avait malheureusement précédé en plus du reste, puisqu'on l'appelait « Jean l'incapable »[1]. Le style catho-versaillais de Nicolas Bay était un handicap pour Marine Le Pen. Elle n'avait repris cet ancien mégrétiste à son arrivée à la présidence du FN que parce qu'elle en avait besoin. Marine Le Pen avait ses espions et avait appris le rapproche-ment de Nicolas avec Zemmour. Elle sentit le coup venir une semaine avant la date prévue par Nicolas Bay pour son départ. Elle le démit de ses fonctions pour « sabotage » de la campagne présidentielle. Du stalinisme pur et dur tant dans la méthode que sur le fond. *« À partir du moment où les gens se tiennent mal, ou ils sont déloyaux. (…) Ça ne me dérange pas qu'ils partent, mais pourquoi rester dans la campagne le plus longtemps possible pour la saboter de l'intérieur et pour finir par faire un cinéma et partir[2] ?* » assurant avoir *« fait sa carrière »*. La sienne avait été faite par son père. Elle savait donc de quoi elle parlait. Et Nicolas Bay, qu'elle avait patiemment poussé à bout pour qu'il finisse par partir, avait certainement contribué aux succès de Marine dont l'ingratitude était une fois de plus manifeste.

Je revis Nicolas Bay avec plaisir. Il nous expliqua qu'il était sur le départ. Son ralliement n'était plus qu'une question de jours. Je n'avais jamais rencontré Philippe de Villiers qui me surprit par sa stature physique puis par sa culture. On l'aurait assez bien imaginé en chevalier croisé guerroyant en terre sainte portant la croix des templiers. Les anecdotes fusaient. Philippe de Villiers nous parla du principe de subsidiarité avec une grande érudition. Gilbert Collard nous raconta plusieurs anecdotes amu-santes sur Roland Dumas dont celle-ci : Roland Dumas dinait avec un de ses amis qui s'étonna qu'étant en réalité d'extrême

---

1. Voir par exemple, Jules Torres, *Zemmour. Un Journal de Campagne.* 2002. Éd. Plon. Chapitre consacré au 11 mars 2022.

2. *Nice Matin.* 16 mai 2002.

droite, il pût supporter d'être ministre d'un gouvernement de gauche. Dumas le regarda fixement et lui répondit : « *Ce que vous dites est juste mais au bout d'un moment il faut se placer.* » Les convictions ne dirigeaient donc pas sa vie. Sa direction était ailleurs. Nous n'en étions pas surpris. Un jour, nous dit Gilbert Collard, Dumas se fit surprendre par un journaliste en pleine action avec une dame à l'arrière d'une voiture, car il était assez porté sur la bagatelle. Clic clac ! Le journaliste appela plus tard Dumas en lui disant qu'ils allaient publier la photo. « *Mon jeune ami, vous n'avez qu'à la publier en gros plan, cela me fera de la pub* », lui répondit-il malicieusement.

Le ralliement de Gilbert Collard avait été préparé de longue date. Dès février 2021 des discussions s'étaient engagées avec Éric Zemmour dont j'étais parfois partie prenante. En octobre 2021, Éric Zemmour me donna comme instruction de suivre les demandes et conseils de Gilbert Collard en Occitanie. Ce fut chose faite. Collard, qui ne s'était pas encore décidé, voulait avoir la haute main sur les nominations de responsables et sur les candidatures aux législatives. « *Il faut verrouiller* » me disait-il. Il le fit en effet en plaçant progressivement sa famille et ses amis à un certain nombre de postes clefs dans le Gard. Pour arriver à ses fins, il prétexta d'un différend personnel avec Monique Tézenas du Montcel que j'avais nommée responsable du Gard et exigea son départ. Il voulait placer son ami Marc Taulelle, conseiller municipal LR de Nîmes avec qui il avait des liens anciens. Or Monique avait fait un excellent travail de terrain depuis avril 2021. Je négociais donc avec lui afin qu'elle reste dans l'organisation. Elle devint ainsi mon adjointe régionale pour quelques mois. Cet accord permit de conserver les acquis sans mettre en tension l'organisation, tout en continuant à bénéficier des compétences de Monique pour développer le parti.

Mais ce ne fut qu'un sursis. Gilbert Collard m'appela en décembre : « *Virez-la immédiatement sinon je ne viens pas. C'est moi le chef !* » me hurla-t-il au téléphone, entre autres propos que la décence ne me permet pas de reproduire ici. Chantage. Lorrain de Saint-Affrique qui était chez moi ce jour-là fut témoin de cette conversation. Il fut particulièrement choqué par le ton et ces manières brutales. Il me conseilla de ne pas céder. J'étais tiraillé entre ma loyauté politique envers Éric Zemmour et ma loyauté amicale envers Monique. Je ne pouvais pas me permettre une confrontation avec Gilbert Collard en pleine campagne. Éric Zemmour considérait encore en effet que le ralliement de Gilbert Collard était important sur le plan politique et pouvait contribuer à faire la différence. Il était donc seul juge. Mais Gilbert Collard ne s'était pas encore rallié à nous. S'il ne le faisait pas et que nous avions écarté Monique au préalable, nous prenions le risque de perdre un cadre de qualité et une partie de notre équipe. J'écrivis à Éric Zemmour pour l'informer de ces difficultés : *« Je ne peux prendre cette décision d'exclusion seul sans votre accord. Je ne souhaite pas en effet ressentir ces «Mille petits dégoûts de soi, dont le total ne fait pas un remords, mais une gêne obscure» que met dans la bouche du Duc de Guiche Edmond Rostand dans Cyrano de Bergerac. Si vous jugez que le ralliement de Gilbert Collard peut avoir un impact significatif sur votre capacité à être élu à la présidence de la République, et qu'il faille donc faire le sacrifice de Monique, il faudra malheureusement s'y résoudre, l'intérêt de la France primant sur tout. Je ferai donc ce que vous demanderez, mais en y mettant bien sûr toutes les formes nécessaires que commande l'amitié que je lui porte. »* Monique dut malheureusement partir. Je ne pardonnerai jamais à Gilbert Collard, non pas d'avoir voulu se séparer de quelqu'un qui le dérangeait et dont il avait déjà promis la place à mon insu, mais d'avoir utilisé la menace et des manières de voyou peu conformes avec le statut qu'il revendique. Ce n'est pas un gentleman. Les masques tombaient. Malgré cela je n'ai pas de ressentiment, juste un peu de tristesse de le voir tomber si bas.

Je décrivis cette situation à l'un de mes amis qui connaissait bien Gilbert Collard. « C'est une crapule », me dit-il.

« *C'est peut-être une crapule, mais c'est une crapule avec qui il est très agréable de diner en ville* », lui répondis-je.

Il ne se rallia que le 22 janvier 2022. Sans doute n'avait-il pas pu obtenir ce qu'il voulait de Marine Le Pen. « *Cette décision a été prise après un sondage pour le coup humain, fait de contacts, fait de rencontres. Vous n'imaginez pas le nombre de gens du Rassemblement National qui, sans avoir de désamour avec Marine, savent que la vibration, le rythme, le courage historique, tout ça est passé du côté de Zemmour. (…) C'est injuste mais c'est comme ça. Et on n'a pas le droit quand on mène un combat de ne pas aller vers les moyens qui permettent de gagner le combat. C'est simple*[1] », dit-il pour justifier son départ et sa trahison. Je ne fus pour ma part qu'à moitié convaincu de la sincérité de cet engagement. Ses manières et ses menaces ne faisaient pas de doute quant à ses intentions. Il trahirait à la première occasion. Le futur confirmera mon intuition. Mais je ne saurai jamais quelle main Gilbert Collard aura eu dans l'affaire de Sète et des menaces de mort que j'avais reçues. Officiellement, le mystère restera donc entier en dépit de mes soupçons. Il n'aura donc de ma part que le bénéfice du doute, le respect en moins. Je garde cependant un excellent souvenir de son épouse qui n'y est pour rien.

Gilbert Collard n'apportera pas grand-chose au mouvement pendant les quelques mois qui suivirent : aucun ralliement, à ma connaissance pas de signatures d'élus sauf peut-être la sienne. Sa fille, Flavie, restait conseiller régional d'Occitanie dans le groupe RN où il l'avait fait placer sans doute pour protéger ses arrières. Ses conseils à Éric Zemmour n'étaient pas toujours suivis, parfois peut-être à tort il faut le reconnaître. L'organisation dans le Gard mise en place par Monique explosa. Il placera son gendre candidat dans la deuxième circonscription du Gard, la sienne, qui obtiendra 5,14 % au premier tour. Le nom Collard n'apportait visiblement rien, que du négatif. Il perdra finalement son rôle de Président d'honneur de Reconquête, lorsque le parti

---

1. BFMTV. 22 janvier 2022.

sera réorganisé et cette fonction supprimée. Il en gardera une certaine amertume. «*Par son nom, Collard croyait avoir des ailes, il n'aura que des haines*», me dit aussi cet ami. Jeu de mots un peu moyen et facile, mais juste. N'ayant rien construit, aujourd'hui, Gilbert Collard se retrouve seul face à la vacuité de son destin. Il n'est plus rien que son nom.

Nous attendions depuis plusieurs mois le ralliement de Marion Maréchal. Elle est très populaire à droite aussi bien du côté LR que dans le camp national. Sa personnalité et son parcours politique semblent illustrer le projet d'union des droites d'Éric Zemmour. Son arrivée début mars 2022 fut cependant trop tardive pour avoir un impact électoral significatif. Elle aussi était attendue tel le Messie. Je n'étais pourtant pas convaincu qu'elle ferait le pas. Je l'avais rencontrée en mai 2021 alors que le mouvement d'Éric Zemmour n'en était qu'à ses balbutiements. J'avais été invité par DINA, un groupe d'élus RN et SIEL dissidents de la Région Aquitaine, à une session de formation à l'ISSEP, l'institut d'études politiques fondée par Marion Maréchal. Les fondateurs de ce groupe faisaient alors partie de l'équipe Zemmour, dont les très sympathiques Nathalie Le Guen, élue de Bègles près de Bordeaux, et Robert Savary. Marion Maréchal nous avait fait un cours très intéressant sur le conservatisme et son renouveau en Europe et sur les dynamiques électorales dans les différents pays européens. Il s'agissait de comprendre dans quelle mesure certaines de ces stratégies pouvaient être utilisées en France. Après cette session, je lui parlais du déjeuner auquel j'avais convié son grand-père et des dirigeants de l'Action Française quelques semaines plus tôt. Il y avait entonné des chansons royalistes. Elle me crut à moitié quand je lui dis qu'au fond de lui, il y avait un vieux fond monarchiste. Mais elle le connaissait sans doute mieux que moi. Je lui indiquais le livre remarquable de Pierre de Meuse *Idées et doctrines de la contre-révolution*[1], qui me sem-

---

1. Éditions DMM, 2019.

blait pouvoir apporter un complément utile à son étude des conservatismes, le conservatisme et la contre-révolution étant des mouvements proches avec de nombreux recouvrements et éléments en commun, sans qu'il y ait toutefois identité parfaite. Parlant d'union des droites, je lui indiquais que nous travaillions pour Éric Zemmour. Elle n'était alors pas convaincue par ce projet : il faudrait attendre avant qu'un leader soit capable de le réaliser. Peut-être était-ce son ambition. Dix mois plus tard elle avait changé d'avis.

Son arrivée trop tardive se produisit cependant à contre-temps. La chute d'Éric Zemmour dans les sondages avait commencé et plus rien ne l'arrêterait. L'image et l'appui de Marion Maréchal ne permirent pas d'inverser la tendance. Mais la politique n'est pas un sprint. C'est un marathon. Je suis certain qu'elle contribuera à l'expansion de Reconquête.

Ironie du sort : le mouvement construit par Zemmour pour sortir la droite de l'impasse mariniste accueillait une Le Pen. Contrairement à sa tante, Marion Maréchal-Le Pen est claire-ment une personnalité marquante de la droite conservatrice sans laquelle l'union des droites ne pouvait se faire. Marine Le Pen apprenant le ralliement de sa nièce eut une réaction publique émotionnelle très inhabituelle. Elle qui n'avait jamais eu d'états d'âme ni émotion vis-à-vis de certains de ses amis, ni même lorsqu'elle exclut son père du FN qu'il avait pourtant créé, joua soudainement les mères trahies, ce qui ne fut pas sans effet sur son électorat. À court d'arguments, elle surjouait comme une mauvaise actrice de série B ou de roman-photo. Mais lorsque l'émotion est utilisée par un politique, c'est souvent une arme terrible. Une partie de l'opinion fut sensible à ce discours hy-pocrite, notamment les sympathisants du RN.

Un seul conseiller régional du groupe RN de la Région Occitanie nous rejoindra. Les dix autres qui étaient prêts à faire le pas se désistèrent dès février 2022, lorsqu'ils constatèrent la stagnation d'Éric Zemmour dans les sondages. Beaucoup, qui étaient mes amis, s'interrogèrent aussi sur les raisons de mon départ, même si je les rassurai sur ce sujet. Au final, aussi bien en Occitanie que sur le plan national, les élus LR ne viendront pas en nombre suffisant. Les ralliements de personnalités venant du RN ou assez marquées, comme Marion Maréchal, finiront par donner une image différente de celle souhaitée initialement. La prédominance d'élus FN ralliés servait de repoussoir supplémentaire aux élus LR qui étaient sur le point de basculer mais hésitaient encore. Tout cela donnait prise aux médias qui avaient déjà décidé que Zemmour serait d'extrême droite.

Le soutien «en creux» de Jean-Marie Le Pen ajouta à cette image. L'ombre du patriarche de la famille Le Pen planait depuis un certain temps. Il déclara qu'il soutiendrait au second tour la personnalité du camp national qui arriverait en tête. L'intérêt de la France comptait plus que la relation filiale. L'amour paternel ne biaisait pas son jugement. Cette neutralité provoqua la colère de Marine Le Pen. L'homme qu'elle avait pourtant «tué» en l'excluant du parti faisait preuve de déloyauté. Il confirmait en réalité son soutien à sa fille dès lors qu'elle serait présente au second tour, malgré les avanies qu'elle lui avait fait subir. Le verre n'était pas à moitié vide, mais à moitié plein.

Lorrain de Saint-Affrique, directeur de cabinet de celui qui restait président d'honneur du RN, et qui avait déjà exprimé publiquement une forme de soutien indirect de Jean-Marie Le Pen à Éric Zemmour en étant présent à Villepinte en décembre 2021, annoncera publiquement son engagement à Reconquête le 12 février 2022. Il prendra sa carte du parti en estimant que «*Marine Le Pen préside un parti qu'elle n'aime pas*» et qu'Éric Zemmour est le candidat de la continuité: «*Il est même le Jean-Marie Le Pen de 1972, date à laquelle a été créé le Front National! Son slogan de l'époque était "Avant qu'il ne soit trop tard". Il y a une continuité d'esprit, de vision, d'alerte. Le Pen a été candidat à cinq reprises à la présidentielle. Avec le surgissement Zemmour et son impact, il a, je pense, l'impression d'être candidat une sixième fois*[1]. » Cet engagement, loin d'être une trahison, avait été conçu pour envoyer un signal à l'électorat traditionnel du Front national pour éviter une trop grande érosion des intentions de vote d'Éric Zemmour et contrecarrer la remontée de Marine Le Pen dans les sondages. Ce ne fut malheureusement pas suffisant.

Le ralliement tardif de Marion Maréchal-Le Pen le 6 mars 2022 lors du meeting de Toulon, mettait un point d'orgue définitif à cette question du positionnement politique d'Éric Zemmour pour l'électorat et les médias. Par ses campagnes de presse et l'intimidation de la gauche, le système avait réussi à déplacer le curseur fixé par Zemmour entre LR et Marine Le Pen vers la droite. Les médias «prouvaient» que Reconquête avait réalisé «*l'union des extrêmes droites*». Les ralliements furent instrumentalisés pour le démontrer. Ils eurent ainsi l'effet inverse de celui escompté. Même si notre programme était proche de celui du RPR des années 80, personne ne lit les programmes : l'impression médiatique seule comptait. Éric Zemmour était désormais confiné à l'extrême droite. Il était «plus à droite» que Marine Le Pen, qui se réjouissait d'être devenue modérée par cette opération du «Saint-Esprit» médiatique. Elle n'avait pourtant rien fait pour. La chance lui souriait.

La politique de ralliement avait échoué, notamment à cause de l'inertie et des hésitations des élus Républicains. Zemmour avait tenté d'achever Les Républicains pour les remplacer, mais aussi de marginaliser Marine. Il avait échoué dans les deux cas. On se plaît à penser qu'il aurait peut-être fallu d'abord se présenter seul pour apparaître comme un cavalier blanc de la politique, et n'obtenir de ralliements qu'après la victoire, pour les législatives. C'est un jugement rétrospectif, donc facile. Mais, avec le recul, Éric Zemmour était assez grand pour se passer de ces soutiens.

1. Entretien avec Lorrain de Saint-Affrique. France TV Info. 12 janvier 2022.

Prôner le renouveau implique d'une certaine manière de ne pas s'entourer des hommes du passé que l'on réprouve, au risque d'être perçu soi-même pour un homme du passé. De Gaulle n'avait repris pratiquement aucune des personnalités éminentes de la IVᵉ République dans son équipe. Ses ministres et son entourage venaient d'autres cercles. Zemmour a fait cette erreur. Il a cru, avec ses lieutenants parisiens, qu'en ralliant des élus, il ralliait leurs électeurs. Cela peut être vrai dans une certaine mesure avec des élus de droite classique implantés et enracinés. Mais les ralliements ne rallient pas les électeurs surtout lorsqu'ils ressemblent à des débauchages. Et les électeurs n'aiment pas les traîtres. Les Républicains n'ont pas de militants, mais ils ont des élus avec des réseaux et un vrai ancrage électoral. Contrairement aux espérances d'Éric Zemmour, l'appareil des Républicains, tenu par l'intérêt des notables qui le constituent, résista mieux que prévu. Comme la plupart des autres élus LR, Ciotti ne vint pas. Comme Grouchy à Waterloo. L'électorat de Marine Le Pen resta fidèle : il s'identifiait surtout au nom Le Pen et à la personnalité de leur chef, et peu à ses élus. Au RN c'est le nom Le Pen qui fait vendre. Leurs élus ne sont souvent que des pions. C'est ce que l'entourage parisien de Zemmour issu principalement des mouvances de la droite classique n'avait pas compris. En 1998, quand Bruno Mégret fait scission et emporte avec lui plus des deux tiers des cadres et des élus du Front National dans son aventure, il fait face au mur de la fidélité électorale à Jean-Marie Le Pen. Son mouvement, le MNR échoue aux élections européennes de 1999 et finit par disparaître après les élections présidentielles de 2022 où Jean-Marie Le Pen obtient 16,84 % des suffrages et parvient au second tour, alors que Bruno Mégret n'obtient, lui, que 2,34 %. Le « *puputsch* », comme l'appellera le « menhir », toujours debout, a fait pschitt. Fin 2021, l'appareil du RN était en plein émoi interne. Jordan Bardella disait en privé en février 2022 qu'il avait « *hérité de la barre du Titanic*»[1]. Il multipliait les contacts avec les équipes Zemmour depuis septembre 2021. Mais Marine garda la tête froide et imposa son calme. Elle sut tenir ses troupes, «les vieilles troupes» comme dit Jean-Marie Le Pen. Elle avait une «Vieille garde» peu brillante mais fidèle. Et elle savait survivre. Aujourd'hui les rôles sont inversés: c'est Zemmour qui doit survivre. Je ne doute pas qu'il le fasse, car il apprend très vite et il a un véritable espace électoral. Mais Marine se méfie sans doute déjà comme un chat en embuscade. Et, Zemmour qui joue la souris le sait: dans *Tom et Jerry*, c'est la souris qui gagne toujours.

L'extrême-droitisation d'Éric Zemmour par le système politico-médiatique avait débuté au mois de septembre 2021 avec la polémique sur la présence de quelques royalistes au sein de Reconquête en Occitanie. La presse de gauche en avait fait tout un fromage. Ces attaques étaient pourtant restées relativement confidentielles et peu visibles de l'électorat. Les chiens ne furent vraiment lâchés sur Éric Zemmour que lorsqu'Emmanuel Macron comprit en novembre que cet adversaire imprévu avait de sérieuses chances de se trouver au second tour. La publication du sondage Fiducial de début novembre 2021, qui donnera Zemmour au second tour de l'élection présidentielle à 17 % devant Marine Le Pen à 16 %, fut un coup de tonnerre dans le ciel de la macronie. Emmanuel Macron et ses lieutenants avaient tout organisé et prévu pour que la confrontation se produise avec Marine Le Pen au second tour. Ils savaient qu'elle ne pouvait gagner: les sondages et les études des renseignements généraux le démontraient. Jusque-là, Éric Zemmour n'était que le trublion de la campagne et affaiblissait Marine Le Pen. Le pouvoir et les médias l'avaient alors épargné. Mais il devenait dangereux. Il risquait de mettre en péril la réélection du président: contrairement à Marine Le Pen, il était cultivé et incarnait le retour de la droite. C'était un *challenger* sérieux.

---

1. L'Express. *Jordan Bardella, le spleen du bon soldat de Marine Le Pen face à la maison qui brûle.* 21 février 2022.

Une union des droites réussie pouvait faire la différence et changer la donne. Médias et extrême gauche furent mobilisés. Éric Zemmour serait donc stigmatisé. Comme pour Fillon en 2017 qui avait fait les frais d'une campagne de dénigrement sur ses costumes, tous les moyens étaient bons, même les plus bas. De Gaulle en 1965 avait refusé que ses équipes n'évoquent la fameuse francisque de François Mitterrand. Si son adversaire était élu cela, risquait, disait le général, d'entacher la fonction présidentielle. Il y avait encore à cette époque un certain sens de l'État. Emmanuel Macron et ses lieutenants n'avaient pas cette éthique. Le déplacement de Marseille d'Éric Zemmour en novembre fut une catastrophe. Les journalistes du quotidien *La Provence* compromettaient la sécurité d'Éric en livrant les plans du voyage aux militants d'extrême gauche. Le restaurant où Éric Zemmour déjeunait fut vandalisé. Il était insulté et menacé dans les rues de Marseille. Une militante de gauche venait le provoquer en faisant d'un doigt d'honneur. La presse se déchaîna. L'agressé devenait l'agresseur. Ce n'était que le début de cette ignoble campagne qui dura jusqu'au premier tour. Aucun autre candidat ne sera traité de cette façon et personne ne s'indignera. Mais cela fonctionna.

L'image apportée par des ralliements de personnalités publiques labellisées «extrême droite», et l'exploitation des violences organisées contre nous ne suffirent pas à nos adversaires coalisés. Pour achever Éric Zemmour, ils en rajoutèrent donc encore une couche. Celle de la diabolisation. La grosse ficelle éculée d'un système aux abois à court d'arguments, et dont peu de gens sont encore dupes aujourd'hui. Une technique éprouvée déjà bien rodée du temps de Jean-Marie Le Pen. À la remorque d'accusations portées par Valérie Pécresse et Marine Le Pen, la presse déchaînée dénonça la présence de personnalités jugées néonazies voire négationnistes dans l'entourage d'Éric Zemmour. Des soutiens de Valérie Pécresse déclaraient ainsi : « *Ce n'est pas une équipe qu'il y a autour de Zemmour, c'est une milice!*»[1], ou encore Valérie Debord, vice-présidente de la Région Grand Est et membre de l'équipe de campagne : « *On a tiré la pelote, regardé les noms (…). On est au-delà de deux ou trois chemises brunes. C'est un système idéologique. Et un théâtre d'ombres assez particulier*[2]. » Marine Le Pen ne fut pas en reste et déclara, toute honte bue : « *Je retrouve chez Éric Zemmour toute une série de chapelles qui, dans l'histoire du Front national, sont venues puis reparties, remplies de personnages sulfureux. Il y a les catholiques traditionalistes, les païens, et quelques* nazis. *Tout cela ne fait pas une posture présidentielle*[3] », fustigeant un Éric Zemmour « *ivre des ralliements qu'il suscite* », *et* dénonçant « *des tarés qui viennent se greffer à sa campagne, et pour certains des nazis* ». Compte tenu de l'histoire de son parti, elle était mal placée pour émettre ce genre de critiques. Fallait-il lui rappeler le bal auquel elle avait participé à Vienne en 2012 avec des membres de l'extrême droite autrichienne, que SOS Racisme avait écrit comme « *bal immonde pour nostalgiques du IIIe Reich*[4] » ? Mais maintenant dédiabolisée, elle devenait à son tour un instrument du système qui l'avait adoptée et avec lequel elle dansait maintenant. Nouvelle grande prêtresse diabolisatrice du système, elle était comme ces enfants battus qui deviennent à leur tour des bourreaux. « *Qui sont les "nazis" pointés par Marine Le Pen ?* » titra alors le journal *Libération*, ravi. Les chiens du système appuyés par la patronne de l'ancien Front National et Valérie Pécresse glosaient principalement sur le fait

---

1. Le Point. 5 février 2022. *La campagne Pécresse recense les « sympathies nazies » de l'équipe Zemmour.*

2. Libération, 9 février 2022. *Sympathies nazies : les équipes de Pécresse dézinguent les accointances de Zemmour* et *Qui sont les « nazis » pointés par Marine Le Pen ?*

3. FranceTV Info. 4 février 2022. Présidentielle : Marine Le Pen dit voir « quelques nazis » dans l'entourage d'Éric Zemmour.

4. L'Express. 27 janvier 2012. *Marine Le Pen valse à Vienne avec des pangermanistes.*

que des éléments venant de la « Nouvelle Droite » avaient rejoint Reconquête. *« L'arrivée de Le Gallou, ancien membre du GRECE et théoricien de la "préférence nationale", a été un déclencheur »*, rapportait ainsi un membre de l'entourage de Valérie Pécresse dans *Libération*. *« Plus que Mégret, c'est un idéologue. C'est un signal, un marqueur au fer rouge. »*

Ce fait marginal, mais au fort potentiel diabolisateur, commencera à être instrumentalisé et à apparaître dans les médias en décembre 2021[1]. Mais il ne sera vraiment pleinement exploité par le système politico-médiatique que vers février 2022[2], lorsque la campagne des présidentielles battra son plein. Une chasse aux sorcières qui ne s'achèvera qu'en mai 2022, bien après le premier tour. Cette grossière campagne, qui ne déshonorait que ses auteurs, n'eut heureusement pas d'impact significatif sur la courbe des sondages : qui ignore encore à quel point cette presse orientée, dont *Mediapart, La Dépêche du Midi, le Huffington Post, Slate, Libération* et *Le Monde*[3], que le général de Gaulle appelait « l'immonde », sont des institutions surfaites et démonétisées ? C'était scandaleux et insultant. *« Il n'y a pas de nazis dans mon équipe »*, *« Il faut arrêter avec cette insulte »* et *« Me nazifier moi ? (…) il faut arrêter ce cirque*[4] *»* répondra un Éric Zemmour, estomaqué par l'audace de ces attaques minables. Zemmour, Français juif, entouré de « nazis » ? À première vue, cela semblait ridicule. Tout cela sentait la manipulation nauséabonde.

---

1. Libération, 10 décembre 2021. *Extrême Droite : Le neveu du négationniste Robert Faurisson dans l'équipe Eric Zemmour.*
2. Libération, 9 février 2022. *Sympathies nazies : les équipes de Pécresse dézinguent les accointances de Zemmour* et *Qui sont les « nazis » pointés par Marine Le Pen ?*
3. Le Monde. 13 mai 2022. *Législatives 2022 : Grégoire Tingaud et Philippe Schleiter, les maîtres de l'ombre de Reconquête !*
4. Éric Zemmour sur France Inter le 7 février 2022.

Mais qu'en est-il vraiment?

La «Nouvelle Droite» était représentée chez Reconquête par Jean Yves Le Gallou, Philippe Milliau (fondateur de TV Libertés) et plusieurs de leurs amis, et à l'extérieur du mouvement par l'Institut Iliade, Polémia, le GRECE[1] et leurs soutiens. Ils avaient rejoint le mouvement dans le courant de l'été 2021. Leur intention d'investir la structure décisionnelle du mouvement était manifeste, même s'ils garderont une influence assez limitée. Jean Yves Le Gallou fera d'ailleurs partie du comité politique de Reconquête.

La présence de membres de cette école de pensée au discours néopaïen et européiste au sein de Reconquête semble certes incompatible avec le projet d'Éric Zemmour. Elle l'est aussi dans une certaine mesure avec l'histoire politique de ma famille. Mais la presse semblait en exagérer la portée et l'importance à des fins de manipulation. Il ne fallait pas grand-chose pour l'exciter: elle s'en donna à cœur joie. J'avais interrogé Éric Zemmour sur ce rapprochement. Il semble que sa justification soit son projet d'union des droites, de toutes les tendances de la droite, dont cette «Nouvelle Droite» est considérée comme une des composantes. Cela me paraît être une erreur. Comme nous allons le voir maintenant, un examen sérieux démontre que l'on ne peut pas rattacher cette école de pensée au tronc commun de la droite française. Dans un souci d'œcuménisme et de concorde, j'avais fait l'effort d'inviter chez moi à dîner Jean-Yves Le Gallou et Philippe Milliau et d'étudier leur pensée. Jean-Yves Le Gallou, par ailleurs sympathique et cultivé, me dédicaça son *Manuel de lutte contre la diabolisation*, en ces termes: «*Pour Emmanuel Crenne qui ne s'est jamais laissé intimider par la diabolisation. En amical hommage*». Philippe Milliau m'offrit le livre de Gérard Dussouy, professeur émérite

---

1. Groupement de Recherche et d'Études pour la Civilisation Européenne.

de l'université de Bordeaux, *Contre l'Europe de Bruxelles, fonder un état européen*, préfacé par Dominique Venner.

Qu'y apprend-on? Une doctrine qui prône une forte intervention sociale et critique la vision marchande du monde fondée sur l'individualisme libéral. Pourquoi pas? Quoique Zemmour soit plutôt libéral en économie. Mais qu'en est-il de leur conception de la nation? La nation française n'aurait pas, été, selon eux, forgée par l'État royal. *Exit* le baptême fondateur de Clovis et le sens de l'épopée de Jeanne d'Arc! Philippe Milliau m'avouera d'ailleurs ne pas croire en Dieu. La patrie française se serait développée au cours des siècles à l'instar des nations allemandes et italiennes. Comme elles, elle précèderait l'État, aujourd'hui incapable de les défendre. Leur solution: forger un « *État européen identitaire fédéral fort protégeant la substance des anciennes nations* », « *instrument politique au service des peuples européens de souche*[1] ». Une idéologie « européiste », et non plus nationaliste, qui recycle l'idée d'empire européen, réminiscence de l'empire romain. Les nations seraient trop faibles pour défendre la civilisation européenne contre une « *guerre raciale qui menacerait ses fondements socioculturels*[2] ». « *L'identité d'un peuple c'est sa génétique*[3] », écrira même Nicolas Faure sur le site de la fondation *Polemia*, de Jean-Yves Le Gallou. Il y a chez eux une sorte de « nationalisme blanc » implicite, fondé sur la race plus que la nation, ou pour être plus exact sur une « nation blanche », en fait un racialisme, commodément renommé « ethno-différentialisme », absent des autres courants de la droite. Une conception qui n'est pas « nouvelle » puisqu'on y retrouve en partie la conception du Volk de von Herder comprenant tous

---

1. Gérard Dussouy, *Contre l'Europe de Bruxelles, fonder un État européen, préface de Dominique* Venner, Éditions Tatamis.

2. Streetpress. *Jean-Yves Le Gallou, l'intellectuel très radical qui murmure à l'oreille de Zemmour.* 25 janvier 2022.

3. Polémia. *L'identité d'un peuple c'est sa génétique.* Par Nicolas Faure. 27 septembre 2019.

les hommes du même sang, quels que soient leur nationalité, leurs opinions ou leur habitat, être en soi, une «*force organique vivante*» («*organische kräfte*») à l'origine de l'idée allemande de nation. Une conception donc fort éloignée du modèle assimilationniste d'Éric Zemmour, lui-même juif berbère assimilé.

Alors que Zemmour fait du catholicisme un des éléments constitutifs de l'identité française, cette école de pensée fera aussi référence à un passé indo-européen où le paganisme est pensé comme «*la véritable religion des Européens*[1]», idées cousines de celles des mouvements *völkisch* allemands du XIXᵉ siècle, de la société de Thulé ou du *Germaneorden*. Elle dépasse toutefois ce cadre germanique d'origine pour être généralisée à l'Europe entière. C'est une complète rupture avec la tradition catholique qui a été le creuset de la France et la matrice de la droite conservatrice que Zemmour voulait unir. Par certains aspects, cette pensée relève donc plus du corpus idéologique révolutionnaire que de la contre-révolution.

Mais contrairement à la presse, nous ne dirons pas que la «Nouvelle Droite» est néonazie. Elle partage certes avec cette idéologie des racines révolutionnaires et pangermanistes incompatibles avec la tradition politique française. Mais nous ne la diaboliserons pas ici. Comme le dit Jean-Yves Le Gallou lui-même – et, il faut le reconnaître, assez justement –, dans son *Manuel de lutte contre la diabolisation*: «*Il ne sert à rien de hurler avec les loups et de tenter de diaboliser ceux qui seraient plus diabolisables que soi*[2].» Malgré leurs différences, la «Nouvelle Droite», le communisme et le Socialisme national[3] allemand font

---

1. Pierre André Taguieff. *Origines et métamorphoses de la Nouvelle Droite*. Vingtième siècle revue d'Histoire. 1993/40 pp322.

2. Jean-Yves Le Gallou. *Manuel de lutte contre la diabolisation*. Éditions La Nouvelle Librairie 2020.

3. Cette idéologie est improprement appelée National-Socialisme, car on doit renverser la phrase allemande pour la traduire correctement en Français.

tous partie de la grande famille du socialisme. Cela fait-il pour autant de tous les socialistes des nazis dignes d'être diabolisés ? Le tintamarre bruyant de la diabolisation renforce et donne de l'importance plus qu'il n'affaiblit. Le silence est un instrument de mort et d'oubli souvent bien plus efficace. Restons-en donc ici aux idées et laissons l'enfer aux imbéciles, tout en restant de farouches opposants à cette idéologie.

Nous ne tomberons donc pas dans le piège tendu par les diabolisateurs de tous poils. Mais cela ne nous empêchera pas de conclure que, du point de vue de l'histoire des idées politiques, cette école de pensée labellisée «Nouvelle» «Droite» n'appartient ni à la droite française, ni même à l'extrême droite (qui est, en France, bonapartiste ou royaliste). Ce n'est pas non plus une «nouvelle gauche». Elle prétend d'ailleurs n'être ni de gauche ni de droite, tout en s'autoproclamant «en même temps» «Nouvelle Droite». Indéfinissable sur notre échiquier politique, ce pot-pourri idéologique est une sorte d'objet volant non identifié de la politique française qui parait incompatible avec le projet d'Éric Zemmour sur de nombreux points.

Prenons par exemple leur position européiste. S'il existe indéniablement une civilisation européenne, d'origine gréco-romaine, il ne faut pas en négliger l'apport chrétien comme cette école de pensée le fait. Le christianisme n'est pas une dangereuse idéologie égalitaire qui se serait emparée de l'Europe pour la dévoyer. Elle a formé l'Europe à partir de l'héritage gréco-romain et des paganismes locaux. Sans catholicisme, l'histoire de l'Occident est inintelligible. Charlemagne était un empereur chrétien. La France est née de cette rencontre fusionnelle de la Gaule gallo-romaine avec le christianisme. Le baptême de Clovis est son acte de naissance. Dans la quatrième de couverture de son livre *Européen d'abord : Essai sur la préférence de civilisation*[1], Jean-Yves Le Gallou indique : *« Beaucoup de Français ne se sentent plus en France à Saint-Denis, Mantes-la-Jolie ou Marseille. Ils sont devenus*

1. Éditions Via Romana. 2018.

étrangers chez eux et préfèrent l'ambiance de Prague, Budapest ou Lisbonne. Finalement ils se sentent Européens d'abord! Européens de langue française. En novlangue, Français est devenu une simple notion juridique (la nationalité) et statistique. Un concept vidé de tout contenu historique et culturel. Européen renvoie, lui, à un contenu fort et charnel, un contenu spirituel et civilisationnel.» Préférence de civilisation, donc. D'accord avec lui sur cet aspect de la question. Mais cela ne doit pas se faire aux dépens de la préférence nationale sur le plan politique, qu'il prêchait pourtant dans les années 80 dans son livre *Préférence Nationale: réponse à l'immigration*[1]. Nous ne sommes pas *«Européens de langue française»* comme il le dit, mais d'abord Français, avec certes une conscience d'appartenir à une civilisation européenne et chrétienne. Nous devons être réalistes. Occupons-nous déjà de la France. L'État européen que la «Nouvelle Droite» appelle de ses vœux est une chimère dangereuse.

L'idée d'empire est en outre totalement antithétique de la constitution historique de notre pays par la monarchie capétienne. Née de la division de l'Empire de Charlemagne, c'est d'abord face au Saint-Empire que s'affirme la nation française, tout à la fois politiquement avec Hugues Capet qui rompt en 987 avec la conception carolingienne de l'élection du monarque, mais aussi culturellement en 842 lorsque le serment de Strasbourg entre Charles le Chauve et Louis le Germanique, rédigé en roman et en tudesque, atteste de la séparation linguistique entre barons francs germanophones et francophones issus de la même souche. La France, qui représentera au Moyen Âge environ un tiers de la population totale de l'Europe, devient assez rapidement la première puissance européenne, objet de toutes les convoitises. Ce n'est pas par hasard si c'est en France qu'est prêchée la première croisade. Elle est dotée d'un État centralisateur, qui se construit sous la monarchie et se pro-

1. Jean-Yves Le Gallou (et le Club de l'horloge), *Préférence Nationale: réponse à l'immigration*, Albin Michel, 1985.

longe après la Révolution. La conception capétienne n'est pas l'empire, mais l'État national centralisé, bras armé de l'Église. L'idée d'empire terrestre lui est totalement étrangère. Elle lui est même fatale. Toutes les tentatives d'établissement d'un empire français échouèrent. Les deux tentatives bonapartistes, à 60 ans d'intervalle, se terminèrent par l'invasion et l'occupation de la France par des puissances étrangères. « *Il est tout à fait naturel que l'on ressente la nostalgie de l'Empire, comme on peut regretter la douceur des lampes à huile, la splendeur de la marine à voile, le charme du temps des équipages*[1] » dira le général de Gaulle. Notre empire colonial s'est effondré en une vingtaine d'années à partir de 1945 et la France subit aujourd'hui ce que toutes les autres vieilles nations coloniales subissent. Comme Rome s'était finalement dissoute dans son empire, les vieux pays s'étiolent submergés par les populations dominées autrefois. Dissoudre la France dans un État « européiste » fort, un empire constitué par la fusion des vieilles nations, comme le souhaite la « Nouvelle Droite », semble à la fois utopique et dangereux. Cela serait tout aussi catastrophique pour la France que l'Union européenne et l'idée d'identité européenne d'Emmanuel Macron, que cette doctrine partage curieusement avec lui. Cela serait surtout incompatible avec le projet de reconquête nationale (et non pas européenne) d'Éric Zemmour qui a une conception césariste du pouvoir : celle d'une France dotée d'un pouvoir exécutif fort, en continuité avec la tradition gaullienne. Si Zemmour reste européen, il ne souhaite pas construire, à ma connaissance, un empire ni un État européen fort : la France doit recouvrer sa souveraineté tout en participant à une Europe des nations. C'est en fait l'antithèse de la conception européiste de la « Nouvelle Droite » qui considère les États nationaux comme incapables d'assurer la survie des nations européennes.

Cette idéologie mise en pratique achèverait notre pays. Leur projet entérine la mort de la France au profit d'un hypothétique

1. Charles de Gaulle. Discours du 14 juin 1960.

État européen fondé sur la race. Dominique Venner l'a signé de son sang par son suicide dans Notre-Dame de Paris le 21 mai 2013. Loin d'être un acte d'espoir ni de «*fondation*[1]» comme il l'a alors prétendu dans sa dernière lettre pour justifier son geste, il poussa la logique de ces idées jusqu'à la mort, prélude funèbre à celle de la France. Lui qui voulait par ce geste certes courageux «*réveiller les consciences assoupies*», restera dans l'histoire comme le héros d'une impasse idéologique que nous espérons sans lendemain.

Migrateurs de la politique, les thuriféraires de cette école de pensée rêveuse d'empire, qui promeut en fait une idéologie de la mort de la France, sont allés prêcher ici et là leur doctrine. D'abord au FN dont ils partiront, puis au MNR de Bruno Mégret où ils échoueront. Ils cherchent désespérément depuis des années, comme des *body snatchers,* un parti politique qui leur serve d'hôte, que leurs adeptes puissent investir. Après leur échec au FN et au MNR, Reconquête serait ainsi la nouvelle plateforme de lancement des partisans de ce courant. Du moins l'espéraient-ils. Si Philippe Milliau sera responsable pendant un temps de la région ouest chez Reconquête, Jean-Yves Le Gallou se retrouvera dans le comité politique du mouvement, qui était initialement la structure d'accueil des ralliements. Il y sera présent au même titre que de nombreuses personnalités conservatrices telles que Marion Maréchal, Jérôme Rivière, Guillaume Peltier, Jacline Mouraud ou Nicolas Bay, mais il restera très minoritaire.

Éric Zemmour commettait l'erreur d'inclure ce courant au nom d'une illusoire union des droites auxquelles cette doctrine ne saurait pourtant appartenir. Alors même que cette école de pensée ne représente rien sur le plan électoral, il prit le risque inutile et inconsidéré que leur présence au sein de Reconquête soit exploitée par ses adversaires pour le diaboliser, et qu'elle

---

1. Testament de Dominique Venner publié par le site Boulevard Voltaire le 21 mai 2013.

serve de repoussoir aux autres composantes de la droite, y compris les royalistes. Et pourtant les précédents historiques ne manquaient pas. Des années plus tôt, Jean-Marie Le Pen avait fait la même erreur que Zemmour à leur sujet, au nom du même principe « œcuméniste » : il ne se séparera d'eux pas assez tôt. Il les protégea même assez longtemps, car, lorsque Lorrain de Saint-Affrique accusa Bruno Mégret alors numéro deux du FN de « *protéger des néonazis et des admirateurs de l'Allemagne hitlérienne* » (ce qui était sans doute inexact et exagéré pour les raisons évoquées plus haut), Le Pen l'exclut du parti à l'automne 1994. Ils partiront du FN à la suite de Bruno Mégret en 1999. Les adeptes de la « Nouvelle Droite » sont accrochés aux jambes de la droite nationale qu'ils empêchent de marcher depuis des dizaines d'années, servant d'exutoire et de cible facile à la presse et aux adversaires du camp national pour mieux le diaboliser. Le *Manuel de lutte contre la diabolisation* de Jean Yves Le Gallou est tout à fait remarquable : c'est sans doute la seule chose pratique que Zemmour aurait dû reprendre de ce théoricien de la « Nouvelle Droite » pour en appliquer les recettes.

Sans qu'ils soient diabolisés en interne, la présence de ce courant était loin de faire l'unanimité au sein de Reconquête. Leur présence eut pour conséquence que les éléments royalistes intégrés au mouvement, qu'ils soient de l'école de pensée maurrassienne ou non, se retirent prudemment du projet d'union des droites d'Éric Zemmour. De royalistes, il ne reste aujourd'hui guère plus que Philippe de Villiers au sein de Reconquête, s'il y est encore. Il ne semble d'ailleurs plus très impliqué depuis l'échec du premier tour de l'élection présidentielle. Fort malheureusement, car ce sont les royalistes qui fondent la droite française lors de la Constituante de 1790. À cette époque fondatrice de notre vie politique, la droite est formée à la fois par des ultras royalistes qui veulent le retour de l'ordre ancien (droite dite « légitimiste ») et des partisans de la monarchie constitutionnelle (droite dite «orléaniste»)[1]. La droite dite «bonapartiste», qui souhaite un pouvoir exécutif fort (césarisme), s'ajoutera plus tard à ces deux composantes. Or, le royalisme reste encore aujourd'hui une opinion assez vivante dans la société française. Le sondage BVA de 2016 évoqué plus haut montre en effet qu'une partie significative des Français ne seraient pas opposés à un retour de la monarchie. Il parait donc antithétique et contre-productif que Reconquête fasse l'impasse sur l'école de pensée maurrassienne, héritière de la droite légitimiste, et plus largement sur les royalistes de diverses tendances. Et ceci d'autant plus qu'Éric Zemmour se réclame de Maurras sur de nombreux sujets. La disparition des royalistes des instances dirigeantes de Reconquête n'est donc pas de bon augure pour son projet d'union des droites, qui seraient alors non seulement coupées d'une partie non négligeable de leurs racines historiques et idéologiques, mais aussi d'un certain électorat.

Mais cela est-il voulu? Éric Zemmour leur aurait-il préféré la «Nouvelle Droite» de Le Gallou? Craindrait-il d'être diabolisé par un rapprochement avec les royalistes? Probablement pas. Il cite Charles Maurras très souvent, sans avoir peur des amalgames et raccourcis médiatiques à son sujet. L'Action Française qui est la force royaliste principale aujourd'hui est, il est vrai, elle aussi diabolisée. Mais il y a bien d'autres composantes de la mouvance royaliste qui ne sont pas maurrassiennes, comme les cercles légitimistes ou l'Alliance Royale. Le Prince Charles-Emmanuel de Bourbon-Parme, descendant de Louis XIV et de Philippe V d'Espagne son petit-fils, ou encore Philippe de Villiers, grand soutien d'Éric Zemmour, sont royalistes et pas d'Action Française. Ils ont tous soutenu Éric Zemmour. Ils ne sont certainement pas des créatures de l'enfer. Bourbon-Parme se présentera même avec son fils aux élections législatives de

---

1. Selon la typologie de René Rémond. *Les droites en France*, 1954. Il ne s'agit pas d'Orléanisme ou de Légitimisme politique au sens du XIXe siècle.

2022 sous l'étiquette de Reconquête[1]. Et si l'Action Française est diabolisée, ce n'est pas le cas de tous les royalistes. Il faut aussi bien faire la distinction avec la « Nouvelle Droite ». Ce ne sont pas des « diables » de même nature.

La dégradation de Charles Maurras frappé d'indignité nationale après la guerre ne fait aucun doute. Mais il a toujours gardé une position anti-allemande virulente, qui lui valut en 1942 d'être mis au rang des ennemis de l'Allemagne, au même titre que Massis, Claudel et Mauriac par le docteur Payr, dirigeant de l'Amt Schrifttum[2], dans ses rapports à ses supérieurs hiérarchiques[3]. Maurras rompra avec beaucoup d'intellectuels collaborateurs, comme, en 1941, avec Brasillach, quand celui-ci envisage de refaire paraître *Je suis partout* à Paris : « *Je ne reverrai jamais les gens qui admettent de faire des tractations avec les Allemands*[4]. » Les collaborationnistes Marcel Déat, Robert Brasillach, Lucien Rebatet, se déchaîneront contre Maurras. Rebatet écrit par exemple que « *Maurras est de tous les Français celui qui détestait le plus profondément l'Allemagne* ». Il s'insurge contre Maurras qui qualifie Hitler de « *possédé* », et il condamne la « *germanophobie aveugle et maniaque*[5] » de l'Action Française de l'époque. On ne peut que constater que l'antisémitisme de Charles Maurras – que je réprouve personnellement – n'était pas racialiste comme celui des nazis. Il s'agit, en fait, au sens actuel, d'un anti-communautarisme : être d'abord Français avant d'être

---

1. Valeurs Actuelles. 17 février 2022. *Charles-Emmanuel et Amaury de Bourbon-Parme, descendants de Louis XIV, apportent leur soutien à Éric Zemmour.*

2. *L'Office pour la Propagation de la Littérature* était un des organes de la censure allemande.

3. Article Wikipédia sur Charles Maurras citant Jeannine Verdès-Leroux : *Refus et violences : Politique et littérature à l'extrême droite, des années 30 aux retombées de la Libération,* 1996, éd. Gallimard, p. 245.

4. Huguenin 2011, p. 474.

5. Lucien Rebatet, *Les Décombres*, éd. Denoël, 1942, p. 79, 166, 305.

juif, protestant ou tout autre chose. Maurras dénoncera dès 1933, les premières persécutions nazies, « *l'exode et le massacre*[1] ». Il dénoncera tout aussi logiquement les camps de la mort lorsqu'il en apprit l'existence, et écrira à propos du nazisme bien avant qu'ils existent : « *L'entreprise raciste est certainement une folie pure et sans issue*[2]. » L'Action Française a beaucoup évolué depuis 1945 sur ces sujets et a abandonné l'antisémitisme politique de Maurras. Quant à l'Action Française d'avant-guerre, beaucoup de ses membres ou sympathisants suivirent le général de Gaulle en juin 1940. Elle ne saurait donc être diabolisée ni exclue, quoi que Charles Maurras ait lui-même pu dire du général de Gaulle à la même époque. Ses positions n'engagent que lui et il a été puni pour les avoir prises. Le jugement rétrospectif de l'Histoire sera qu'il commit l'erreur de soutenir jusqu'au bout le « pays légal » du maréchal Pétain qui s'était finalement dissout dans la collaboration avec l'ennemi, alors que le « pays réel » s'était déplacé à Londres puis Alger[3]. Il jeta ainsi, sans l'avoir voulu, un voile de discrédit sur le mouvement royaliste, dont celui-ci aura beaucoup de mal à se dégager ensuite, tant sa pensée et l'Action Française d'avant-guerre qu'il avait fondée avaient été centraux pour cette sensibilité politique. Mais si Charles Maurras était royaliste, tous les royalistes ne sont pas maurrassiens, et même quand ils le sont, ils n'adhèrent pas forcément à tous les aspects complexes de sa pensée. Et si Éric Zemmour a inclus des royalistes dans son équipe comme Philippe de Villiers ou d'autres, cela n'en fait pas un royaliste non plus. Il est bonapartiste.

---

1. Le Temps. *Maurras, le poète qui exécrait les juifs,* 9 septembre 2006. Article de Xavier Pellegrini sur la biographie de Charles Maurras de Stéphane Giocanti : *Maurras, le chaos et l'ordre.* Flammarion.

2. Ch. Maurras, *L'Action française,* 15 juillet 1936.

3. L'Histoire – mensuel 374. Avril 2012. Nicolas Balique « *Maurras, prisonnier de ses haines* ».

L'adjonction de quelques adeptes de la « Nouvelle Droite », à l'équipe par ailleurs fort nombreuse d'Éric Zemmour, ne fait pas non plus d'Éric Zemmour un disciple des thèses de ce courant. Leur inclusion au sein de Reconquête apparaît donc n'être qu'une erreur de casting. Il n'y a fort heureusement rien qui soit issu de cette idéologie dans le projet zemmourien, qui, nous l'avons démontré, lui est antithétique par de nombreux aspects. N'en déplaise à la presse coalisée et à Marine Le Pen, Éric Zemmour n'a pas vendu son âme au diable des années 30. Ce diable-là avait beaucoup plus de « talent » pour incarner le mal absolu que la « Nouvelle Droite ». Elle qui n'est qu'un feu follet blafard et sans avenir, tout juste capable d'enflammer un misérable débat pour diabolisateurs de salons parisiens. Dans son « union de la gauche », François Mitterrand n'avait pas inclus les trotskistes, car il savait que cela ne serait pas acceptable pour le centre gauche et servirait d'instrument de diabolisation. Contrairement à la « Nouvelle Droite », le royalisme fonde historiquement une partie de la droite française. Cette sensibilité représente encore une partie non négligeable de l'opinion, même si elle n'est pas pour l'instant formalisée dans un parti politique. Une « union de la droite » incluant les royalistes au sens large serait donc beaucoup plus cohérente et utile.

La polémique sur les quelques éléments de la Nouvelle Droite présents au sein de Reconquête ne saurait expliquer à elle seule l'échec du premier tour de l'élection présidentielle. Zemmour a fait une erreur, mais c'est un fait marginal, qui fut grossièrement exploité par nos adversaires. Il eut peu de visibilité pour l'électorat. Cette erreur est très facile à corriger, même si nous comprenons que la tentation ait été grande et qu'il soit difficile pour un lettré comme Éric Zemmour de se passer de l'intelligence brillante et littéraire d'un Le Gallou, figure indéniablement marquante de la politique. Mais les sentiments sont parfois les ennemis de la politique. S'il apparaît nécessaire à l'avenir qu'Éric Zemmour recentre son projet sur la droite classique et historique et éloigne les quelques éléments de ce courant minoritaire et encombrant – si ce n'est déjà fait – il faut s'interroger sur les causes réelles plus que circonstancielles de l'échec électoral de son projet.

Un choix de campagne avec de grands meetings, des actions de terrain trop limitées, la distance du candidat un peu trop grande avec les Français, son extrême droitisation par la presse suivie d'une campagne de diabolisation ont, nous l'avons vu, incontestablement contribué à cet échec. Mais ces raisons n'expliquent pas tout.

Je crois que la raison principale de la défaite se trouve en réalité au sein même du projet d'Éric Zemmour. Le thème de la disparition de la France et des Français face au péril existentiel du Grand Remplacement est le thème central de la pensée zemmourienne. Il est l'épine dorsale du discours de Villepinte. « *Car mon engagement est total et la France au bord du gouffre. (…) La France devait continuer à tranquillement sortir de l'Histoire et les Français devaient disparaitre en silence sur la terre de leurs ancêtres. (…) La France aurait dû disparaitre de nombreuses fois. Mais à chaque fois, nous avons tenu, à chaque fois, nous sommes revenus! (…) Contre tous ceux qui veulent nous faire disparaître, nous nous levons! (…) Oui, la France est de retour, car le peuple français s'est levé!* » Ce « retour » est un projet de résurrection nationale d'une France au « *bord du gouffre* », un projet quasi messianique de salut, le salut de la France et du peuple Français, thème d'ailleurs récurrent de l'histoire de France. Éric Zemmour veut « sauver la France ». Mais sauver la France n'a jamais été et ne peut pas être un enjeu électoral. L'outil de l'élection n'est pas fait pour cela. L'élection ne permet pas de changer les choses de manière radicale car c'est un outil trop consensuel et la décision politique démocratique est trop lente, faite de compromis et de compromissions. La population est surtout intéressée par son quotidien, les fameuses « préoccupations des Français » dont parlent tous les politiques, et les mesures de court terme. Elle est très peu motivée par les grandes décisions stratégiques qu'elle délègue, même si elle aime aussi rêver de grandes choses quand un homme inspiré les conduit. Si, comme le dit Éric Zemmour dans son discours de Villepinte, « *la France est au bord du gouffre* », il faut un changement radical et rapide. Lorsque, par le passé, la France fit face à des périls existentiels, ce ne furent ni l'élection ni la concertation consensuelle qui la sauvèrent. Jeanne et de Gaulle ne sauvèrent pas la France par ce moyen qui peut aussi parfois produire des catastrophes : c'est ainsi l'élection par les assemblées qui permit l'avènement de Pétain en 1940. Ce mode de décision ne favorise pas le mérite ni le talent, et permet souvent d'élire le plus médiocre ou le plus rusé. Voir par exemple l'élection de Valérie Pécresse, Ségolène Royal ou d'Eva Joly comme têtes de liste de leurs partis respectifs aux élections présidentielles. La politique est bien souvent la revanche et la planche de salut de quidams qui ne sont rien dans la société civile.

La situation critique dans laquelle se trouve notre pays ne permet pas d'envisager raisonnablement une issue pacifique et consensuelle. L'indépendance algérienne fut obtenue par les Algériens par la force : la « remigration » des Européens vers la métropole pudiquement appelée « rapatriement », alors que beaucoup de ces rapatriés ne la connaissaient même pas, ne fut possible que par la terreur qui régna après les accords d'Évian exprimée par le slogan du FLN « *La valise ou le cercueil* ». La Nouvelle-Calédonie a échoué à être indépendante car elle a choisi l'élection comme moyen, alors que la population d'origine européenne est prépondérante et contrôle l'économie de l'archipel. Comment la France pourrait-elle donc recouvrer son indépendance et éviter la submersion migratoire de son peuple d'origine par l'élection ? En 2022, la part du vote musulman atteint un niveau jamais vu auparavant. La confrontation est inévitable pour ceux qui choisiront le salut du pays. Les musulmans semblent l'avoir compris, comme le démontrent les émeutes de juillet 2023. Aucune élection ou discours, aucune action politique ne saurait suffire. Le croire fut l'erreur du général Boulanger, «*impasse électoraliste dans laquelle il s'était fourvoyé (…) pour proposer un "complot à ciel ouvert"*» comme le dira alors Charles Maurras[1]. Si Jeanne d'Arc réussit, le 8 mai 1429 à Orléans, à faire reculer les Anglais, par la seule force de son discours, seule devant les troupes françaises, armée de sa foi et de sa bannière face à l'armée anglaise qui se retira sans combattre, c'était une situation exceptionnelle qui avait suivi de féroces combats devant les Tourelles la veille. Éric Zemmour n'est pas Jeanne d'Arc: les fondamentalistes musulmans n'ont pas quitté la France en masse après le discours de Villepinte.

Marine Le Pen croit pouvoir prendre le pouvoir en continuant le processus de la dédiabolisation. Elle croit en l'élection au moment même où le suffrage universel est devenu inopérant. Et parce qu'elle le croit, elle abandonne tout, convictions et amis, militants et cadres, tant ce système républicain est pernicieux. Il dévoie toute opposition pour mieux la contrôler et la soumettre. Tout est verrouillé. Les dés de l'élection sont pipés. «*Notre démocratie est malade parce qu'elle est désormais incapable de créer de la légitimité selon le mode qui est le sien: le suffrage universel*» dira Patrick Buisson dans son livre *Décadanse* d'avril 2023. «*Le RN n'arrivera jamais au pouvoir tant que Marine Le Pen en sera la candidate*», car désormais confrontée à un barrage «*plus étanche que le front républicain: (celui) des retraités*». Ce dernier compte 17 millions d'électeurs, «*33 % des inscrits mais 45 % des votants au second tour de la présidentielle, dont trois sur quatre ont rejeté l'ancienne présidente du RN*», indique-t-il. Et d'ajouter: «*Notre système de retraite par répartition est une machine à transformer les progressistes en conservateurs. Les boomers qui se positionnaient pour 42 % à gauche en 2002 ne sont plus que 28 % à le faire en 2022. Entre-temps, ils sont devenus*

1. Charles Maurras. *Si le coup de force est possible*. Nouvelle Librairie Nationale. 1910.

des retraités.» Marine Le Pen est la dernière à brandir le fétiche archéo-marxiste de la lutte des classes – alors que même Mélenchon s'est rallié aux luttes intersectionnelles, selon le politologue. Le nom «*Le Pen*» évoquerait chez les retraités un «*imaginaire d'embrasement général, avec l'explosion des banlieues, de chaos économique, et, maintenant, de guerre sociale avec sa stratégie "classe contre classe"*».

Marine Le Pen ne croit pas à la gauche ou la droite, mais à un affrontement d'une classe mondialiste et riche contre les classes populaires patriotes, version moderne de la lutte des classes. Elle fait ainsi l'impasse sur toute une classe bourgeoise patriote, pourtant essentielle à la conquête du pouvoir. C'est cette alliance d'une droite populaire et patriote qu'avait réalisée le gaullisme. Marine Le Pen croit pouvoir rassembler l'électorat populaire, de droite comme de gauche dépasser le clivage droite-gauche, le fameux «ni gauche ni droite», amenant à elle des électeurs de gauche rejetant la mondialisation, alors que les résultats électoraux montrent qu'il n'y a eu pratiquement aucun report de la gauche populaire vers elle entre le premier et le second tour de l'élection présidentielle en 2017 et en 2022. Ce n'est pas l'électorat *woke* et musulman de Mélenchon qui allait choisir Marine Le Pen! Or, refuser le clivage droite-gauche et l'union de la droite, au moment où la gauche intersectionnelle et mondialiste n'a jamais autant assumé son identité et s'unit dans la NUPES, c'est se priver d'un électorat de droite bourgeoise patriote indispensable, pour aller chercher des électeurs de gauche inatteignables. Les exemples de stratégie gagnante d'union à droite ne manquent pourtant pas en Europe (Italie, Espagne). Ainsi, pour Patrick Buisson, le «*plafond n'est plus de verre, mais en béton armé*». L'impasse mariniste est totale. Une vraie calamité pour la droite très divisée et pourtant majoritaire en France, mais aussi pour la France, condamnée ainsi à être dominée par la gauche minoritaire et le mondialisme macronien.

Alors que faire ?

Nous ne disons pas, bien sûr, qu'Éric Zemmour doit se lancer dans une entreprise de résistance terroriste comme le FLN en Algérie, ni dans une guerre. Ce n'est pas un soldat. Mais il doit être l'inspirateur de la renaissance française, préparer la France aux combats politiques ou autres, qui ne manqueront pas d'avoir lieu, en reconstituant un état d'esprit public. Sans cela, la France ne sera pas prête pour l'inéluctable confrontation qui malheureusement s'annonce. Alors seulement, le peuple français animé par cet espoir pourra affronter les circonstances et reprendre en main son destin. Le rôle d'Éric Zemmour ne doit donc pas se limiter à l'action électorale, qui restera vaine dans un avenir immédiat. Nous allons le voir, il doit être un Gramsci de droite : continuer à écrire des livres, à former la jeunesse, et à rencontrer les Français sur le terrain, comme de Gaulle le fit treize années durant pendant sa traversée du désert. Il doit faire de Reconquête une fondation pour l'avenir, le réceptacle de la France éternelle. Je prie pour qu'il soit l'inspirateur et le guide de cette jeunesse qui a pour destin de sauver la France. Nous n'avons perdu qu'une bataille que nous ne pouvions pas gagner et qu'il était nécessaire de livrer. Mais nous n'avons pas encore perdu la guerre. Car il reste l'Espoir et la France.

∞

« *Notre patrie à nous, c'est nos villages, nos autels, nos tombeaux, tout ce que nos pères ont aimé avant nous. Notre patrie, c'est notre Foi, notre terre, notre Roi… Mais leur patrie à eux, qu'est-ce que c'est ? Vous le comprenez, vous ? Ils veulent détruire les coutumes, l'ordre, la tradition. Alors, qu'est-ce que cette Patrie narguante du passé, sans fidélité, sans amour ? Cette Patrie de billebaude et d'irréligion ? Beau discours, n'est-ce ? Pour eux, la Patrie semble n'être qu'une idée ; pour nous elle est une terre. Ils l'ont dans le cerveau ; nous l'avons sous les pieds… Il est vieux comme le diable, le monde qu'ils disent nouveau et qu'ils veulent fonder dans l'absence de Dieu… On nous dit que nous sommes les suppôts des vieilles superstitions ; faut rire ! Mais en face de ces démons qui renaissent de siècle en siècle, sommes une jeunesse, Messieurs ! Sommes la jeunesse de Dieu. La jeunesse de la fidélité ! Et cette jeunesse veut préserver pour elle et pour ses fils, la créance humaine, la liberté de l'homme intérieur… »*

François-Athanase de Charette de La Contrie
Harangue prononcée à ses hommes vers 1794

Chapitre VII

DESTIN FRANÇAIS

Un an passa avant que je revoie Éric Zemmour. Mon éloignement n'était pas dû, cette fois, à une déception comme ce fut le cas par le passé, avec Marine Le Pen. Il était lié à des circonstances professionnelles et à l'achèvement de la construction du parti en Occitanie selon mon engagement de février 2021. En février 2022, mes objectifs étaient atteints. Nous avions constitué des équipes militantes dans tous les départements d'Occitanie, comme partout en France. Un grand parti était né. Il est aujourd'hui le plus grand parti de France. Il ne faut pas en minimiser la signification politique ni l'importance.

Je continuais à échanger régulièrement avec Éric Zemmour sur la messagerie Telegram et nous décidions de nous revoir en janvier 2023. La rencontre fut fixée au *Sauvignon*, un café typiquement parisien dans le quartier de Sciences Po, où Éric Zemmour et moi avions été élèves à des époques différentes. J'étais en avance. Je décidais d'en profiter pour faire un petit "pèlerinage" et entrais dans les locaux de l'école de la rue Saint-Guillaume que j'avais quittée vingt-six ans plus tôt. La fameuse « péniche », grand banc de chêne trônant au centre du hall d'entrée, était toujours là. Mais l'ambiance avait changé. On se croyait plus à la fac de Nanterre et Tolbiac que dans l'école de la future élite. Les étudiants au look de gauchistes hirsutes habillés de noir, les slogans d'extrême gauche maculant les panneaux d'affichage des associations donnaient à ces lieux qui avaient abrité la fine fleur de la pensée politique française depuis 1871, Taine, Renan, Leroy-Beaulieu, Sorel et tant d'autres, un air de délabrement et d'effondrement de la France contemporaine. Fallait-il s'en étonner ? J'étais venu à la rencontre de mon passé mais le goût en était amer. Cette noble institution semblait exprimer la décadence ambiante. J'avais appris peu avant, sans vraiment y croire, que l'on essayait d'y imposer l'écriture inclusive et que les élèves gauchistes sommaient la direction de renvoyer certains professeurs « non-conformes ». Cette école avait pourtant été fondée par Émile Boutmy après la catastrophe de 1870 et l'invasion du pays par la Prusse, afin de donner à la France les armes idéologiques et politiques devant lui permettre d'éviter une nouvelle défaite. Elle était devenue un laboratoire de déconstruction de la nation et de la civilisation française. Comment en était-on arrivé là ? Le poisson pourrit toujours par la tête, dit-on, mais de tête, il n'y avait plus depuis longtemps.

Après ce sombre constat, je revins vers le lieu de mon rendez-vous. Je choisis une table au hasard dans la salle du *Sauvignon*. Zemmour arriva peu après, ses gardes du corps restés à l'extérieur. Qu'un homme politique engagé soit menacé physiquement pour ses idées ne semble plus scandaliser outre mesure : autre symptôme d'une société dont le corps politique est en perdition. J'avais moi-même subi par le passé des agressions et même des menaces de mort, ma permanence d'élu avait été taguée plusieurs fois. Personne ne s'en était vraiment ému. Je n'avais guère reçu de soutien, sinon celui de Louis Aliot et de certains dirigeants du FN. Le contraste est flagrant quand les mêmes actes sont perpétrés contre les organes politiques du système. Ce parti-pris orienté et sectaire est un des symptômes de notre déclin.

Je commandais mon diabolo-grenadine habituel – je ne bois jamais d'alcool. Je plaisantais en disant que je n'aurais donc aucun problème pour devenir un bon musulman dans une France islamisée. Rires.

J'étais heureux de le revoir. Il me fit part de son inquiétude pour la France, me rappelait les bons moments de la campagne et me demandait s'il devait continuer. Je l'encourageais. « *C'est un début et vous avez un véritable ancrage qui explique le fort taux de renouvellement des adhésions de Reconquête, dont il faut se féliciter.* » Je doutais cependant de ses chances de succès électoraux immédiats. « *Ce qui compte c'est l'espoir que vous avez suscité* », lui dis-je.

Éric Zemmour et moi ne partageons pas la même analyse quant aux causes de sa défaite : une autre « étrange défaite » qu'il attribue dans ses interviews essentiellement à la guerre en Ukraine et à sa déclaration sur les migrants ukrainiens qui viennent en France. Pour moi, l'Ukraine n'a été que le catalyseur de sa chute dans les sondages. Les Français pétris de culture chrétienne se sont détournés de lui à cet instant, car ils avaient compris, peut-être inconsciemment, que les Ukrainiens étaient des Européens et des frères chrétiens qu'il ne fallait pas abandonner. Étonnant peuple français, né dans le creuset de la culture chrétienne, qui se dit attaché à la laïcité mais qui continue de visiter et d'honorer ses églises, et a toujours le sens de la charité et du prochain. Il ne saurait donc ressentir l'immigration ukrainienne comme il ressent l'immigration algérienne ou soudanaise. Le destin faisait signe à Éric Zemmour : les Français restaient chrétiens de façon latente et finalement assez fondamentale, même s'ils ne pratiquaient plus. Il y a d'ailleurs un renouveau du catholicisme en France, et de la pratique traditionnelle. Il ne faut pas s'en étonner : en ces temps d'effondrement, de danger et d'incertitude, l'homme qui veut vivre a besoin d'absolu, d'espoir et de salut. Chaque année le pèlerinage de Chartres rassemble près de 20 000 participants, principalement jeunes. Cette jeunesse en qui renait l'espoir et l'esprit national est l'avenir de la France.

Marine Le Pen bénéficia de cette séquence fatale pour Éric Zemmour. C'était paradoxal : elle était empêtrée et compromise avec les Russes qui avaient prêté à son parti une somme importante pour le financer. Mais sa prudence avait payé. C'est cette même prudence qui la fait aujourd'hui monter dans les sondages mécaniquement plus que par adhésion sur le sujet des retraites. Plus elle se tait et plus elle progresse dans les intentions de vote. Elle ronronne avec ses chats plus d'envie que de plaisir. Elle attend que le pouvoir lui tombe dans les mains comme un fruit mûr, même si le fruit a pourri. Mais le *dominion* de Marine Le Pen sur cette partie de l'échiquier politique n'est pas inéluctable : toutes les marées refluent un jour, et sans ancrage idéologique fort, la prise du pouvoir est bien souvent une chimère.

Plusieurs mois après notre rencontre au *Sauvignon*, je constatais lors de la publication de son livre *Je n'ai pas dit mon dernier mot*, qu'Éric Zemmour n'avait pas modifié sa position concernant les causes de son échec. Même s'il faisait une ouverture. Il avait compris en partie, mais sans doute trop tard, l'importance du terrain dans les campagnes électorales. Sa candidature aux élections législatives l'avait forcé à aller à la rencontre directe des électeurs. Il avait fait un meilleur score à ces élections qu'à l'élection présidentielle dans la circonscription qu'il avait arpentée comme candidat à la députation. Dommage qu'il ne l'ait pas compris plus tôt.

Après notre rencontre au *Sauvignon*, nous nous quittions bons amis. Je lui donnais l'accolade malgré l'inquiétude visible de ses gardes du corps : ce rapprochement physique inopiné et spontané les avait pris par surprise. Je le regardais s'éloigner avec eux vers la rue du Cherche-midi. J'éprouvais alors des sentiments mêlés d'espoir et d'inquiétude, mais aussi un attachement particulier. Cet attachement charnel à la patrie que partageaient les combattants spartiates avec leurs camarades de combat à la bataille de Marathon ou ailleurs. Cet homme qui s'éloignait dans un calme apparent ne se distinguait pas des autres passants qui vaquaient, insouciants, à leurs affaires. Et pourtant, il avait incarné pour quelques instants lors de la « communion » de Villepinte le second corps du Roi, le corps mystique de la France. Il en gardait les stigmates sans peut-être les voir. Car l'abattement qui suivit sa défaite semblait l'avoir atteint profondément. Mais avait-il seulement perçu ce qui s'était vraiment produit à cette occasion ? Les hommes ne voient pas toujours ce qu'ils font, ni les signes qui leur sont donnés. Il ne voyait que son échec, sans en voir la portée. Les défaites glorieuses valent mieux que les victoires sans lendemain. « *Les hommes combattront, Dieu donnera la victoire* » disait Jeanne d'Arc à qui l'on avait demandé pourquoi Dieu ne renvoyait pas lui-même les Anglais hors de France si telle était sa volonté. Zemmour avait perdu la première bataille, quand Jeanne l'avait gagnée. La Providence semblait jouer contre lui. Ou bien n'était-ce juste qu'une épreuve, un signe du destin ? Éric Zemmour avait écrit *Destin français*. Il en doutait maintenant lui-même. Que manquait-il pour qu'il soit l'homme du destin et qu'il réussisse ?

N'est pas « homme providentiel » qui veut. Beaucoup ont essayé. Pratiquement tous ont échoué. Il ne suffit pas d'être un grand homme, il faut aussi un souffle particulier. L'homme providentiel est un peu l'arlésienne de l'histoire de France et de la politique française depuis la mort du roi Louis XVI et la décomposition institutionnelle et politique qui la suivit. Jusque-là, la nation française avait été façonnée, gouvernée et guidée par des souverains de droit divin. La mort du Roi, père de la Nation et lieutenant du Christ, ôta au pays sa protection et son incarnation. Cette mort faisait un lointain écho à la malédiction peut-être légendaire lancée en 1314 par Jacques de Molay sur les successeurs de Philippe le Bel, à ses derniers instants sur le bucher : « *Maudits ! Maudits ! Tous maudits jusqu'à la treizième génération de vos races* » ! Louis XVI, exemplaire, pria dans ses derniers instants pour le salut de la France. « *Je meurs innocent des crimes que l'on m'impute. Je pardonne aux auteurs de ma mort. Je prie Dieu pour que le sang que vous allez répandre ne retombe jamais sur la France* » dira-t-il avec courage et compassion, avant que les tambours ne couvrent sa voix sur l'ordre de ses bourreaux. Ces dernières paroles sont fondatrices de notre malheur. Dieu choisira de ne pas les entendre : le sang de ce meurtre retombe aujourd'hui sur la France. Moquant le rite chrétien, les révolutionnaires « baptisèrent » la foule en répandant son sang sur elle pendant que le bourreau Sanson exposait la tête du martyr. « *En coupant la tête du roi, la Révolution coupait la tête à tous les pères de famille* » fera dire Balzac au duc de Chaulieu[1]. La France, dont les dirigeants actuels font pourtant si facilement acte de repentance, n'a toujours pas expié la faute de cet acte monstrueux.

Depuis cet instant funeste, la France est orpheline et toujours en deuil : elle attend le retour de son père, de son roi. Même Emmanuel Macron le reconnut en juillet 2015 : « *La démocratie comporte toujours une forme d'incomplétude car elle ne se suffit pas à elle-même. Dans la politique française, cet absent est la figure du roi, dont je pense fondamentalement que le peuple n'a pas voulu la mort. La Terreur a créé un vide émotionnel, imaginaire, collectif : le roi n'est plus là[2].* » L'aspiration des Français pour un homme providentiel est née de ce vide abyssal.

Sauveur qui restaure l'ordre immuable perdu en 1793, il incarne l'espérance de salut d'une nation face à un avenir incertain. Il ne peut émerger que d'une situation difficile, militaire, politique ou économique qui met en péril la nation. Comme

---

1. Honoré de Balzac. *Mémoire de deux jeunes mariés.*
2. BFMV citant le 8 juillet 2015 l'entretien accordé par Emmanuel Macron à Le 1 *Hebdo*.

l'écrit Sainte Beuve : « *Les hommes qui ont été les instruments de salut en ces périodes critiques sont à bon droit providentiels*[1] ».

La France compta assez peu de candidats au titre d'homme providentiel. C'est un thème récurrent du débat politique français depuis la fin de l'Ancien Régime et du Premier Empire. Chaque époque en désigne, mais la postérité se charge ensuite d'en faire ou non des imposteurs. Ce furent ainsi tour à tour : Napoléon Bonaparte qui émergera des décombres laissés par la révolution, et qui par ses succès militaires restaurera l'État et le prestige de la France avant que sa folle ambition ne conduise à l'occupation du pays ; Louis Napoléon qui répètera l'échec de son oncle ; Gambetta qui s'élèvera en ballon dans le Paris assiégé de 1870 puis proclamera la IIIe République ; le général Boulanger qui fera l'erreur de croire en l'élection plus qu'au coup d'État, avant d'être contraint à l'exil en Belgique où il devait se suicider sur la tombe de sa maitresse ; de Gaulle en juin 1940 dont l'image d'homme providentiel servira à nouveau en 1958 ; pour terminer, le Pétain prétendument « vainqueur de Verdun » – même si cette réputation fut en fait en partie usurpée et volée pour des raisons politiques au général de Castelnau et au général Nivelle, avec qui ces lauriers auraient au minimum dû être partagés[2]. Quoi qu'il en soit, il utilisera cette image pour se positionner en sauveur à un moment critique et douloureux de notre Histoire. Maurras, pourtant souvent clairvoyant, se trompera complètement en voyant dans le Pétain de Juin 1940, un homme providentiel, qu'il appellera « la divine surprise », « le sauveur de la France » selon l'hymne maréchaliste du régime de Vichy. S'il resta assez populaire jusqu'en juin 1944, celui qui avait affirmé faire « *don de (sa) personne à la France, pour atténuer son malheur* » dans son discours du 17 juin 1940, tombera ensuite de son piédestal usurpé en devenant pour la postérité la figure

1. Sainte Beuve. *Causeries du Lundi*, t. 13. Éd. Garnier, 1857.

2. Laurent Lagneau. *Verdun 1916-2016 – L'injustice faite au général Édouard de Castelnau*, 28 février 2016. Zone Militaire. Opex360.cpm.

honteuse de la collaboration avec l'ennemi. Quant à François Mitterrand, nous ne le plaçons pas dans cette liste : celui que de Gaulle appelait à juste titre «l'arsouille»[1], refit à Douaumont en 1984 le geste si connu de Montoire avec le représentant des Allemands, sous prétexte d'amitié et de paix avec nos anciens ennemis et trois fois envahisseurs. Sa francisque l'avait marqué. Il perpétuait la soumission pétainiste. Aucun de ces hommes qui purent paraître providentiels en ces temps de grande tragédie, ne sauva la France. Ils la firent seulement fantasmer sur sa grandeur perdue. Ces expériences furent des échecs. Les habits du roi étaient trop grands pour eux.

Ironie du sort, le seul homme providentiel incontestable que nous laisse vraiment la postérité, est en fait une femme : Jeanne d'Arc. C'est quand celui qui deviendra Charles VII n'était plus que le roi de Bourges, quand la France allait tomber dans les mains des Anglais pour disparaitre dans un empire anglo-français, qu'elle apparut. Pendant des années, des prophéties avaient annoncé la venue d'une vierge qui sauverait le royaume. La France était au plus bas. La magistrature et les services de l'État royal s'étaient en grande partie soumis et adoptaient le traité de Troyes qui consacrait Henri VI d'Angleterre comme dépositaire légitime de la couronne de France. Le «pays réel» était trahi par le «pays légal». Cela ne serait malheureusement pas la dernière fois dans notre histoire. Tout semblait perdu et la France était au bord du gouffre, comme plus tard en 1940, ou encore aujourd'hui. Seul l'espoir subsistait. En deux mois, cette Pucelle qui émergeait des profondeurs du pays, libéra Orléans puis fit sacrer Charles VII à Reims. Elle «invente» et révèle alors le peuple français et l'esprit national : *Elle aima tant la France, et la France touchée, se mit à s'aimer elle-même»*

---

1. Propos du général du 24 novembre 1965 rapportés par Alain Peyrefitte dans ses mémoires sur le général de Gaulle, éd. De Fallois/ Fayard, 1997.

écrira Michelet[1]. Le destin de la France bascula. Le martyre de Jeanne la rendra immortelle. Son souvenir est toujours dans le cœur des Français : presque chaque commune en possède la statue. Sa fête, instituée en 1920 « fête du patriotisme », est notre seconde fête nationale. Comme l'écrit Barrès : Jeanne d'Arc est « *le personnage providentiel qui surgit quand la nation en a besoin*[2] ».

Une fois la monarchie sauvée, et avec elle la France, le pays n'eut pas « besoin » de nouvelle Jeanne d'Arc. Tout au moins tant que la royauté dura. Très populaire en son temps, Jeanne fut assez vite oubliée malgré son procès en réhabilitation en 1456. Son épopée ne reviendra sur le devant de la scène qu'au XIXᵉ siècle. Certains diront que les conditions de cette réapparition sont politiques, qu'il s'agit d'une instrumentalisation de l'Histoire. Mais pas seulement. Certes la Restauration la réhabilita pour utiliser son image. Marie d'Orléans sculpta même sa statue. La IIIᵉ République, en quête de figures héroïques pour combler le manque d'incarnation inhérent au système parlementaire, l'adopta. Symbole unificateur utile dans le cadre de la reconstruction de l'esprit patriotique après la guerre franco-allemande de 1870, elle faisait, et fait encore ainsi, l'unanimité aussi bien de la part de la gauche, qui voit en elle une fille du peuple brûlée par l'Église et abandonnée par le Roi, que de la droite, qui voit en elle une héroïne nationale et une sainte catholique. Jeanne était apparue au moment où le Royaume faisait face à sa disparition. Sa figure réapparaissait après la mort du roi et les grands bouleversements qui suivirent. Faut-il vraiment s'en étonner ? Si les conditions politiques de sa réapparition étaient réunies, n'était-ce pas là aussi, et surtout, un signe de la Providence ?

La seule vraie figure johannique après Jeanne d'Arc fut le général de Gaulle entre 1940 et 1945. Celui que Churchill appelait « *le connétable de France* », et aussi parfois ironiquement « *cette*

1. Jules Michelet. *Jeanne d'Arc*. 1841.
2. Maurice Barrès. *Mes Cahiers*, T. 10. Éd. Plon 1913, p. 105.

Jeanne d'Arc», se plaçait en effet dans la continuité historique de la pucelle d'Orléans. La date de son appel du 18 juin 1940, faisait singulièrement écho à la victoire de Jeanne sur les Anglais à Patay, un autre 18 juin, exactement 511 ans après! Le 10 mai 1942 son hommage à Jeanne lui associe la Résistance: «*Notre réunion d'aujourd'hui sous le signe de Jeanne d'Arc est à la fois commémoration d'une grande gloire passée, le renouvellement de nos volontés dans la période la plus dure du présent et le témoignage de notre commune espérance quant à l'avenir de la patrie. (…) Nous pensons tous aujourd'hui que si la France trouva en elle-même, il y a cinq cents ans, à l'appel de Jeanne d'Arc la flamme nécessaire à son salut, elle peut tout aussi bien aujourd'hui retrouver la même flamme. Et c'est pourquoi, en cette fête de Jeanne d'Arc, célébrée dans la phase la plus dure de cette guerre gigantesque et dans le plus grave moment de l'existence nationale, nous ne voulons rassembler nos esprits et nos cœurs que dans la confiance inébranlable en la destinée de la France éternelle.*» Le sort avait cette fois choisi le pays de l'ancien ennemi comme planche de salut et un général monarchiste pour conduire la Résistance.

Les liens du général de Gaulle avec les réseaux monarchistes étaient anciens. Né dans une famille catholique légitimiste qui lisait l'Action Française, de Gaulle n'était pas opposé à la restauration monarchique. Son état-major était en grande partie composé de royalistes dès juin 1940. La première résistance, qui se constituera dans la France occupée dès juillet 1940, utilisera principalement les réseaux cagoulards, croix de feu et la jeunesse d'Action Française[1]. Parmi eux: Alain Griotteray, un des manifestants de la place de l'Étoile à Paris le 11 novembre 1940, premier acte de résistance enregistré dans les annales de notre histoire; Honoré d'Estienne d'Orves fusillé au Mont

---

1. Voir par exemple le documentaire de Florent Leone et Christophe Weber diffusé sur France 5 le 3 décembre 2017, en deux parties. Première partie: *Quand l'extrême droite résistait.* Deuxième partie: *Quand la gauche collaborait.*

Valérien en 1941 ; Henri d'Astier de la Vigerie, résistant de la première heure qui dirigeait la Résistance à Alger. Ce dernier organisa l'assassinat de l'amiral Darlan que mit en œuvre Fernand Bonnier de la Chapelle, jeune d'Action Française. Par cet acte, il « *sauva la France libre* », comme le dira plus tard le Général de Gaulle. Son projet, qui échoua, était de donner le pouvoir à Henri d'Orléans, le Comte de Paris, avec de Gaulle comme chef du gouvernement. Le Comte de Paris avait élaboré au cours des années un projet politique assez abouti et une vision qu'il exprimait dans un bulletin mensuel très lu dans le pays, y compris par de Gaulle. Le 13 juillet 1954 le général rencontrait le Comte de Paris dans la résidence d'Emmanuel Monick, gouverneur honoraire de la banque de France, et lui déclare : « *Si la France doit mourir, c'est la République qui l'achèvera (…) d'ailleurs ce n'est pas le régime qu'il faut à la France. Si la France doit vivre, alors la monarchie aura son rôle à jouer (…) en l'adaptant, en lui donnant un sens, elle peut être utile*[1]. » Puis, le 17 juin 1960 dans une lettre adressée au Comte de Paris : « *Je crois profondément à la valeur de la monarchie, je suis certain que ce régime est celui qui convient à notre pauvre pays déchiré par les régimes qui l'ont conduit à cet état navrant*[2]. » En 1963, le magazine *L'Express* titra en couverture, deux ans avant la première élection du président de la République au suffrage universel : « *Le successeur est choisi !*[3] »

L'idée d'une restauration avait émergé. Mais tout changea en 1965. Le général se présenta à l'élection présidentielle mettant fin aux espoirs du Comte de Paris. L'homme du 18 juin et de la Libération n'était plus « Jeanne d'Arc » : après avoir mené comme elle la France à la victoire et l'avoir placée dans le camp des vainqueurs, il ne put terminer son œuvre « johannique » et restaurer la monarchie. Les oppositions au projet de restauration

1. Jean Paul Bled. *De Gaulle l'homme du siècle*. Éd. du Cerf.
2. Henri d'Orléans. *Dialogue sur la France*. Éd. Fayard, 1994.
3. L'Express. 23 mai 1963.

monarchique étaient certes grandes à l'époque, même dans le camp du général. Mais le général était surtout, semble-t-il, fâcheusement et hélas déçu par la personnalité d'Henri d'Orléans, à qui il avait confié plusieurs missions diplomatiques, et à qui il avait donné trois ans pour se préparer, lors d'une rencontre à l'Élysée le 28 octobre 1961[1]. Il aurait dit finalement à ses proches collaborateurs : « *Le Comte de Paris à l'Élysée ? Pourquoi pas la reine des gitans[2] ?* » Pensait-il que le moment n'était pas encore venu, que les Français n'étaient pas prêts ? Succomba-t-il à son ambition personnelle ? Sans doute un peu les deux. Quoi qu'il en soit, la France manqua le rendez-vous qu'elle aurait pu avoir avec la monarchie pour rétablir sa grandeur perdue en 1793. Profondément déçu d'avoir manqué cette opportunité historique, le Comte de Paris dilapida ensuite son héritage. Par cet acte irresponsable perpétré des années après contre sa descendance et l'avenir de la France, ce lointain héritier d'Hugues Capet justifiait *a posteriori* les doutes du général. Jeanne d'Arc n'aurait pas réussi sans Charles VII. Henri d'Orléans n'était pas Charles VII : de Gaulle avait échoué. La France attendrait encore.

Mais fallait-il vraiment que les Français soient prêts, ou que l'héritier légitime du trône soit à la hauteur ? De Gaulle faisait ici l'erreur inhérente au bonapartisme plébiscitaire, qui voit dans le peuple un souverain. En son temps, Jeanne d'Arc n'avait pas sollicité le peuple pour lui demander ce qu'elle avait à faire. Si le roi délègue une partie de la souveraineté qu'il tient de Dieu en 1790, le peuple n'en est en fait que le dépositaire. Et le Roi a le droit de la recouvrer sans l'aval populaire. Car ce n'est pas non plus au peuple de choisir le Roi, qui est roi de

---

1. Revue Méthode. Frédéric de Natal. *Le général Charles de Gaulle a-t-il voulu restaurer la monarchie ?* Janvier 2018.

2. Différentes sources attribuent cette phrase au général de Gaulle ou à Michel Debré – notamment pour ce dernier, Jacques Berlot. *La fortune disparue du roi Louis-Philippe.* Éd. Fernand Lanore, 2018, p. 252.

droit divin. Son pouvoir se transmet mécaniquement par droit de succession dynastique, ce qui le rend incontestable : le roi n'est l'homme de personne ni d'aucun parti. Il ne s'appartient même pas lui-même : il ne peut refuser la fonction, à tel point que l'abdication est impossible[1]. Ce sont ces principes de la loi naturelle, dévoilés au temps d'Hugues Capet, qui conféraient la stabilité institutionnelle à notre pays, aujourd'hui perdue, et qui le constituaient. L'institution royale est pour la France comme les piliers d'une cathédrale. Le roi en est la clef de voute, sans laquelle le pays s'effondre inéluctablement. *« Les rois ont fait la France, elle se défait sans roi[2]. »* C'est ce qui se passa après le traité de Troyes en 1420 qui donnait la France à nos ennemis anglais, puis après la mort du roi le 21 janvier 1793.

En faisant le choix, certes par défaut, de ne pas restaurer la monarchie et de devenir président de la République, de Gaulle montait sur le trône du roi, et portait un sceptre qui ne lui appartenait pas. Il passait outre la tradition immémoriale de la France. Il le savait sans doute. Peut-être le fit-il malgré lui. Comme l'écrira Jean-Marie Rouart *« De Gaulle est une Jeanne d'Arc qui se serait fait couronner à la place de Charles VII[3]. »* En juin 1940 et en 1958 il incarnait la France. En 1965, il passait d'homme providentiel à homme circonstanciel. Son prestige en faisait une autorité incontestable, un peu comme le roi. La Ve République, conçue initialement pour restaurer le principe monarchique, était taillée pour lui. Mais pour lui seul. Ses successeurs n'avaient ni sa stature ni son prestige pour incarner la France : aucun n'eut sa légitimité, sauf peut-être dans une

---

1. Louis XVI dans son testament parle « du malheur d'être roi », un destin qu'il n'avait pas choisi mais qu'il avait dû accepter.
2. *La Royale, marche des camelots du Roi.* Hymne officiel de l'Action Française écrit par Maxime Brienne sur une musique de René de Buxeuil.
3. Jean-Marie Rouart. *Ils voyagèrent vers des pays perdus.* Éd. Albin Michel, janvier 2021.

certaine mesure Pompidou. Le Comte de Paris le dira lui-même : « *Le général de Gaulle fut un monarque de 1958 à 1965. Il n'avait pas d'héritiers, mais un héritier présomptif, le Comte de Paris. De 1965 au référendum de 1969, le général de Gaulle fut un homme de parti, de la droite, et ses héritiers étaient innombrables !*[1] »

Bonaparte avait compris l'importance de la légitimité par transmission dynastique. Sans celle-ci, et surtout sans successeur naturel et incontestable, la V⁵ République qui se présentait comme une sorte de synthèse historique entre le bonapartisme et le royalisme, succomba au jeu des partis. Pompidou mourut trop tôt et sans successeur désigné. Ceux qui suivirent ont dû durement combattre pour s'asseoir sur le fauteuil du général, dont ils revendiquaient l'héritage. Ce combat politique divise encore la société. Ce qui devait arriver arriva : le président de la république, « monarque » républicain, finira par n'être plus qu'un simple chef de parti incapable d'être l'homme de tous les Français, et d'incarner la nation. Malgré l'intention initiale. Le prix funeste qu'en paie la France aujourd'hui est une instabilité institutionnelle grandissante, et l'absence de vision de long terme, qui la font avancer vers le précipice de sa disparition.

En évitant à notre pays d'être dans le camp des vaincus de 1945, de Gaulle n'avait finalement sauvé que l'honneur trahi par des gens indignes. Il accomplit une tâche essentielle qui évita à la France une mise sous tutelle américaine. Mais cet honneur retrouvé fut sacrifié pour peu de chose. Lui qui avait fait le choix de l'impossible en juin 1940, faisait à son tour « *cesser le combat*[2] » en 1962 en abandonnant l'Algérie. Comme le fit en 1940 celui qu'il avait combattu pendant la guerre, mais qu'il gracia. De Gaulle ne restaura pas non plus la monarchie. Ce

---

1. Le Comte de Paris dans un entretien à la revue *Histoire* en 1995. Cité par Frédéric de Natal dans *Le Comte de Paris, le général de Gaulle et la restauration manquée*. SYLMpédia France.

2. Expression utilisée par Philippe Pétain lors de son discours du 17 juin 1940.

n'était que le début de la longue déception de la Ve. Ces deux erreurs fondatrices allaient conduire vers un échec inéluctable. Conçu par le Général comme une transition, pour réhabituer les Français à l'idée monarchique, le nouveau régime accomplira l'inverse : paradoxalement, après 70 ans d'existence il est aujourd'hui communément blâmé pour son caractère monarchique, vertical, autocratique, même s'il en a perdu pratiquement toutes les caractéristiques. Qui veut restaurer la monarchie aujourd'hui, sinon une poignée de convaincus éclairés ?

La Ve République est donc un échec, comme les quatre précédentes. Certes, pas pour les mêmes raisons. Mais elle partage les mêmes fautes. Si la constitution écrite par Michel Debré pour le général de Gaulle, modifiée au gré des circonstances et des calculs politiciens, est aujourd'hui dévoyée, la Ve République est défaillante pour des raisons présentes dès son origine. Souvent qualifiée à tort de monarchie, elle demeure dans son principe un régime désincarné, qui ne peut résoudre le problème institutionnel posé par la mort du roi. La VIᵉ République voulue par Mélenchon ne serait qu'une répétition catastrophique de cette erreur historique et fondamentale. La République aboutit fatalement à l'extinction de la France.

On ne peut retirer à de Gaulle le mérite d'avoir réussi l'industrialisation et la modernisation de la France, dont nous bénéficions encore partiellement aujourd'hui. Mais ses successeurs dilapidèrent cet héritage et vendirent le reste de la France au même prix que l'Algérie, cédant aux calculs partisans et aux intérêts de circonstances. D'abord Pompidou en 1972, qui permit l'instauration des lois Pleven instaurant le délit d'opinion, puis autorisa l'endettement de l'État sur les marchés, sonnant la fin de notre souveraineté financière. Valéry Giscard d'Estaing était alors ministre des Finances. Après ce forfait, il succédera à Pompidou, mort trop tôt, et imposera ensuite le regroupement familial, un des principaux moteurs de la submersion migratoire que la France subit depuis. Mitterrand poursuivit ce travail de sape en faisant adopter par référendum le traité de Maastricht en 1992, mettant fin à notre souveraineté monétaire déjà fortement ébranlée par la crise et par la faiblesse de notre économie. Nicolas Sarkozy achèvera notre souveraineté en 2007 en faisant adopter la constitution européenne par le parlement, au mépris de la volonté populaire pourtant exprimée par le peuple en 2005 par référendum. Une longue succession d'abandons et de compromissions qui, si l'on y réfléchit vraiment, ne constituent pas un dévoiement du gaullisme par les successeurs du Général, mais une forme de continuité. Les conditions idéologiques de cette trahison avaient été scellées symboliquement avec les accords d'Évian. Ceux-ci créaient un précédent et ouvraient la porte aux abandons à venir. Le destin de la France se jouait de l'autre côté de la Méditerranée depuis plus de 130 ans. L'affaire d'Algérie avait mobilisé une partie l'armée de Charles X loin de Paris en 1830. Cette faiblesse fit tomber la monarchie renaissante au profit de Louis-Philippe d'Orléans. Un roi non sacré qui présidera une sorte de « république couronnée », laquelle disparaîtra dans les troubles de la révolution de 1848. La crise algérienne de 1958 aurait pu permettre de réparer cette infortune. C'était un signe providentiel. De Gaulle ne saisit pas cette opportunité, peut-être à regret. Nous le payons aujourd'hui. L'Algérie est le ferment de la mort de la France.

Le général de Gaulle croyait-il encore en la France ? La question se pose. Et Zemmour, qui revendique la posture gaullienne et bonapartiste, fait probablement une erreur. On ne saurait faire d'un échec un modèle. Albert Einstein disait : « *il ne faut pas compter sur ceux qui créent les problèmes pour les résoudre.* » Malgré leurs qualités, Napoléon et de Gaulle sont des « Jeanne d'Arc » qui ont échoué, car ils n'ont pas construit un système pérenne, malgré leur intention. Si Zemmour veut sauver la France, il doit réussir à transmettre. Comme de Gaulle avant lui, il doit être une « nouvelle Jeanne d'Arc ». Ce qui signifie restaurer l'indépendance nationale ET restaurer la monarchie, seul régime stable et pérenne, malgré ses indéniables imperfections. Zemmour doit donc abandonner le bonapartisme et devenir royaliste, accomplir ce que de Gaulle n'a pu faire. Il avait placé le micro du général de Gaulle devant lui pour sa déclaration de candidature – ce que certains commentateurs jugèrent ridicule, mais qui ne l'était pas pour moi. Il lui manquait en arrière-plan la bannière de Jeanne d'Arc!

Beaucoup ont bien vite enterré l'avenir politique d'Éric Zemmour après l'échec de la présidentielle de 2022. Mais rien n'est encore joué. Le combat politique n'est pas un sprint mais un marathon. De Gaulle l'a prouvé après quatre ans de guerre et treize ans de traversée du désert. Seul le futur dira si Éric Zemmour est l'homme providentiel qu'attend la France. Il en a certaines des caractéristiques. Ses adversaires le désignent. Comme pour Jeanne, ils se liguent tous contre lui malgré leurs différences. Si l'on peut, comme l'écrit Flaubert, «*calculer la valeur d'un homme (…) par le nombre de ses ennemis*[1] », la sienne est sans doute grande. Contre lui, les manifestations violentes et les procès en sorcellerie moderne, pour un soi-disant racisme et incitation à la haine, ne se comptent plus. C'est bon signe. «*De même que Jésus, selon Pascal, est en agonie jusqu'à la fin du monde, de même Jeanne sera en procès jusqu'à la fin de la France*» écrit Jean Guitton. Après Jeanne d'Arc, Louis XVI, Charrette, Honoré d'Estienne d'Orves, Jean Moulin, et tous ceux chez qui cette flamme pour la France avait brûlé au cours des siècles pour les consumer, Zemmour semblait avoir ouvert la porte que Marine Le Pen avait fermée, et que le destin avait placée sur son chemin.

Qu'il soit ou non l'homme providentiel tant attendu, n'est pas très important à ce stade. Zemmour a créé un mouvement, ses idées infusent dans la société. L'avenir dira s'il réussira. Certains voient en Marion Maréchal-Le Pen un *leader* de rechange. Jeune, intelligente et charismatique, qui plus est catholique, elle a fondé une école qui lui permet un certain rayonnement.

---

1. Lettre de Gustave Flaubert à Louise Colet.

Ma conversation avec elle m'a convaincu qu'elle ne croyait pas au caractère crucial de l'incarnation du pouvoir. Ou peut-être pas encore. Car il y a chez elle une indéniable profondeur, un instinct et une combattivité exceptionnels. La question de son destin politique est donc clairement posée. En politique rien n'est jamais définitif.

Mais elle n'est pas royaliste. Or, l'homme providentiel ne peut pas être autre chose. L'exemple de Jeanne d'Arc et de de Gaulle en sont la démonstration. Le projet johannique est par définition, dans sa nature profonde, un projet de restauration royale instrument du salut de la France. Notre tradition historique et politique l'impose naturellement à ceux qui ont pour projet de sauver la France. Et sinon naturellement, du moins par le raisonnement. C'est ce chemin qu'accomplit l'Action Française de Charles Maurras qui commença comme un mouvement républicain et devint royaliste par la méthode de l'empirisme organisateur inspirée du positivisme. Il suffit de lire *Enquête sur la monarchie* pour le comprendre. Si la France est en péril, c'est parce que le projet républicain touche à sa fin dans tous les sens du terme. La République a atteint le but ultime de son projet universaliste, et mis la France à terre en la perdant dans le mondialisme et l'immigration. La question du retour de la monarchie est donc légitimement posée. Et le pays est prêt. Pourquoi donc Éric Zemmour, intelligent et cultivé, lecteur de Charles Maurras et de Jacques Bainville, n'est-il pas royaliste mais bonapartiste et pourquoi reste-il républicain ? Il est le seul à pouvoir répondre à cette interrogation.

Mais, même s'il était favorable à une restauration royale, il lui manquerait toujours quelque chose pour devenir en quelque sorte la nouvelle « Jeanne d'Arc » que la France attend. Je mis longtemps à en comprendre la nature.

Mars 2023. Je lui envoie la harangue de Charrette avec ce mot : « *Voici pour vous une harangue de Charrette qui dit tout. Rien n'a changé. Puisse-t-elle éclairer votre action politique.* » Dans son livre *Destin français* il avait écrit un chapitre consacré à Charette dans lequel il expliquait que ce grand général chouan annonce la lutte de toutes les nations enracinées contre la modernité mondialisée et déracinée[1].

La conversation qui suivit mêlait politique, spiritualité, racines et destin. Cet échange, qui restera privé, me donna l'idée et l'inspiration d'écrire ce livre pour lui répondre. Trois lignes par la messagerie électronique qui est généralement le lieu de nos échanges, n'auraient pas suffi: le sujet était trop profond et complexe. J'entamais alors une réflexion sur le fond, dont le point de départ serait mon incompréhension de la déclaration publique d'Éric Zemmour d'être «*pour l'Église et contre le Christ*[2]». Cette affirmation est sans doute la pierre d'achoppement du zemmourisme et une de ses limites actuelles. Comme elle l'est aussi pour la pensée de Charles Maurras qui affirma, certes magnifiquement, dans *Anthinéa*, ouvrage qui relate son voyage d'Athènes à Florence: «*Dans l'enclos déserté de l'ancien gymnase de Diogène où quelques moutons paissaient l'herbe, je me couchai au sol et regardai sans dire ni penser rien la nuit qui approchait. Il me semblait que, ainsi, sous la Croix de ce Dieu souffrant, la nuit s'était répandue sur l'âge moderne.*» Mais ne serait-ce pas plutôt le Christ, pierre angulaire de la fondation de la France, qui apporta la Lumière dans les ténèbres qui suivirent l'effondrement d'un monde antique en perdition? Rome n'eut nullement besoin du Christ pour tomber sous le joug des barbares. Elle le fit très bien toute seule.

Je me plongeais alors dans la lecture des livres d'Éric Zemmour, de ses discours et ses interviews. Je regardais tout cela beaucoup plus attentivement qu'auparavant. La lecture de *Des-*

---

1. Éric Zemmour. *Destin français*. Albin Michel.
2. Éric Zemmour, émission *Le Grand Face à Face*, France Inter, 15 septembre 2018 citée par Le Club de Mediapart. *L'Église contre le Christ? Éric Zemmour, politique identitaire et christianisme*, Sébastien Fath, 3 mars 2022.

tin français, publié en 2018, apporte un éclairage essentiel sur cette question et sur le rapport d'Éric Zemmour à la religion : *« Je ne crois pas en la résurrection du Christ ni dans le dogme de l'Immaculée Conception, mais je suis convaincu qu'on ne peut être français sans être profondément imprégné du catholicisme, son culte des images, de la pompe, l'ordre instauré par l'Église, ce mélange subtil de Morale juive, de Raison grecque, et de Loi romaine, mais aussi de l'humilité de ses serviteurs, même forcée, de leur sensibilité aux pauvres, ou encore de ce que René Girard nous a enseigné sur la manière dont Jésus, en se sacrifiant, a dévoilé et délégitimé l'ancestrale malédiction du "bouc émissaire". Dans son texte fameux sur l'"enracinement", Simone Weil distingue entre catholicisme et christianisme. Le catholicisme, c'est la Loi (juive) et l'ordre (romain). Le christianisme, c'est le message du Christ, c'est "aimez-vous les uns les autres", c'est "il n'y a plus de Grecs ni juifs, ni hommes ni femmes". La loi et l'ordre subvertis par l'Amour. Bien que née juive, Simone Weil se sent chrétienne, mais voue aux gémonies le catholicisme. Je suis aux antipodes de notre noble philosophe. Je fais mien le catholicisme, qui bien qu'universel (en grec, katholicos) se marie – se mariait – avec le patriotisme français. »*

Il lui manque la foi !

Il fait sien le catholicisme d'un point de vue politique et culturel. Mais il n'y croit pas, et n'en accepte pas vraiment la nature spirituelle profonde. On ne peut détacher l'institution de l'Église du spirituel et n'en retenir que sa manifestation terrestre, politique, culturelle ou autre. Il n'y a pas de Terre ni d'enracinement sans Ciel. Par ailleurs, l'Église est le corps du Christ qui en est la tête… Si on est contre le Christ on est donc contre l'Église. Certes *« Hors de l'Église point de Salut »*[1], selon la formule de Cyprien de Carthage. Mais point de Salut sans Sauveur, sans Christ non plus. Il n'est pas Ténèbres mais Lumière.

Maurras, sors donc du corps de Zemmour !

---

1. *Salus extra ecclesiam non est.*

On ne peut pas non plus dire comme Simone Weil, ou Éric Zemmour qui la reprend en tentant de s'en démarquer partiellement, que le message du Christ subvertit « *La loi et l'ordre* ». Jésus n'est ni Bakounine ni Trotski. Ce serait alors justifier sa crucifixion. Car le royaume du Christ « n'est pas de ce monde[1] ». Le Salut est dans les Cieux, pas sur terre. Le message du Christ est un message d'Amour et d'Espérance de la Rédemption. Contrairement à l'islam qui veut conquérir le monde, le catholicisme, s'il est universel, ne prétend pas au gouvernement des hommes, mais à les guider tous vers le Salut et sauver leur âme pour la vie éternelle. C'est d'ailleurs dans sa forme la plus extrême, l'intention et la conception originelle du tribunal de l'Inquisition (terme venant d'un mot latin signifiant « enquêter »), que l'on comprend si mal aujourd'hui : il ne faut pas confondre les intentions qui ont motivé sa création avec l'utilisation trop souvent mauvaise et dévoyée qui en fut faite. Un tribunal dont l'intention bénéfique est, à son origine, le Salut de l'âme du condamné, forme élaborée de la confession, pour sauver des plus grands péchés comme l'hérésie. On ne brûlait que les relaps, irrécupérables du point de vue de l'Église, qui étaient ensuite remis au bras séculier[2], car les tribunaux religieux ne pouvaient prononcer une peine de mort que l'Église réprouvait[3].

Si Éric Zemmour n'était pas un homme public qui veut prendre en main le destin de la France dans le sillage des rois et réaliser un projet messianique de salut, son rapport avec la foi ne serait pas important, et on ne pourrait lui en faire grief. Si c'est à lui, et à lui seul, de résoudre la question de sa relation personnelle avec Dieu, Zemmour, au moment où il se pose en

---

1. Jean 18,36.

2. Ce fut le cas pour Jeanne d'Arc mais la procédure fut violée par les Anglais et l'évêque Cauchon : le procès séculier nécessaire à sa condamnation à mort n'eut pas lieu.

3. Voir Jean Pierre Dedieu, *Les mots de l'Inquisition*, Toulouse 2002 et le site Aleteia.org, « L'inquisition, perversion de la mission de l'Église ? »

« homme providentiel », ne s'appartient cependant plus complètement lui-même. La République laïque désincarnée nous a fait oublier, après l'avoir brisé, ce lien particulier, pourtant essentiel, du spirituel et du temporel. Pour la France née catholique lors du baptême de Clovis, et qui a grandi dans ce creuset où les rois lieutenants du Christ l'ont construite, mais aujourd'hui laïcisée et mourante, le sujet est fondamental : c'est la perte du lien avec nos origines catholiques et constituantes de l'État royal, clef de voûte architecturale de la France, qui est la cause première de la décomposition de notre pays. L'immigration et l'islamisation n'en sont que les conséquences funestes. Louis XVI avait certes promulgué des édits de tolérance pour les juifs et les protestants, mais la France restait catholique avec une religion d'État. Elle restait ancrée dans l'absolu et son histoire. La République a dévoyé ce principe : désormais toutes les religions se valent. Elle a érigé ce relativisme en nouvel absolu, en nouvelle religion, celle de la laïcité, de la diversité, du Vivre-Ensemble, du « en même temps ». L'Humanisme. Un système qui place l'homme au centre du monde. Un homme démiurge qui s'est arrogé la toute-puissance (y compris celle de choisir sa sexualité ou de se transformer), et qui nie la loi naturelle pour la remplacer par une loi conventionnelle et arbitraire, à son image. Devenue laïque et multiculturelle, coupée de ses racines catholiques et apostate, la France s'étiole et meurt comme un vieil arbre millénaire. La France meurt de la laïcité, plus que de l'islam qui n'en est que la conséquence. « France laïque » est un oxymore, qu'on pourrait écrire « oxymort ». Lorsque l'on prend sa maladie pour un médicament, et que l'on oublie et renie ce que l'on est, la mort n'est pas loin. Traiter le symptôme sans traiter la maladie serait inefficace et sans doute futile. Il faut mettre un terme à ce relativisme destructeur. Il faut mettre un terme définitif à la Révolution.

Quand Malraux dit que « *le XXIe siècle sera mystique ou ne sera pas*[1] », on pourrait ajouter : la France aussi. Un Sauveur de la France, quel qu'il soit, doit en prendre conscience et renouer un lien profond, charnel et personnel avec ce qui fait la constitution et l'architecture du pays depuis sa fondation par Clovis puis Hugues Capet. Car alors plus rien ne distingue sa personne du destin du pays qu'il incarne. Pour achever cet ouvrage je m'adresserai donc à Éric Zemmour, par une lettre ouverte, sans compromis, sur ce sujet central de l'incarnation et des moyens à mettre en œuvre pour y parvenir, clef de possibles succès futurs. Notre rencontre d'une heure au *Sauvignon* fut trop courte pour en parler pleinement. Je sais que ma voix sera écoutée et je faillirais dans mon rôle de conseiller d'un moment si je ne lui faisais pas part de mes remarques. Il en fera ensuite ce qu'il voudra.

Cher Éric Zemmour,

Lors de notre première rencontre, j'ai perçu en vous une vocation et une énergie qui n'apparaissent que très rarement dans l'histoire de France, et je vous ai suivi. Vous rejoindre fut pour moi un honneur et je ne regretterai jamais de vous avoir accompagné.

Vous voulez sauver la France et les Français des maux qui les accablent. Face à l'immensité de cette tâche, il ne faut pas céder au désespoir. Votre échec n'est qu'électoral et temporaire. Votre victoire est ailleurs : votre action est et restera dans les cœurs. Comme de Gaulle en 1940, il faut continuer le combat malgré ses difficultés, si grandes soient-elles. « Impossible n'est pas Français ». C'était votre slogan de campagne. Et rien n'est impossible. Vous l'avez démontré. Beaucoup de Français vous attendent. Vous êtes leur repère. Vous devez continuer. Pour ne pas décevoir. Pour ne pas désespérer. Rien n'est jamais perdu en politique tant qu'on n'a pas

---

1. Propos rapporté par André Frossart. Voir un article consacré à cette citation dans le journal Le soir.be du 13 mars 2016, « *Le XXIe siècle sera religieux ou ne sera pas* » ? *Malraux a-t-il dit la célèbre phrase ?*

abandonné. Regardez Marine Le Pen, donnée perdante après les élections régionales de 2021 avec un parti en banqueroute financière et idéologique. Regardez Chirac en 1995 face à un Balladur donné gagnant. Quels rebonds!

On ne sauvera pas la France avec une élection, qui favorise les médiocres. Vous avez donc peu de chances d'être élu, même s'il n'est pas inutile d'essayer. Le personnel politique est démonétisé et incapable. Marine Le Pen au pouvoir ne ferait probablement qu'à peine mieux que Macron et continuerait à donner des gages au système pour achever de renier l'héritage de son Père dont elle a souffert plus qu'elle n'a profité. Si elle était vraiment d'extrême droite, au sens historique de ce terme en 1790, ce serait une preuve d'intelligence et une très bonne nouvelle. Mais elle est fondamentalement de centre gauche, républicaine, et en quête de reconnaissance. Là se trouve toute la faiblesse de Marine, qui ne manque cependant pas de courage, de capacité de survie et d'un certain talent oratoire : il lui manque la compréhension de la nature profonde de la France que vous avez. Elle n'a jamais vraiment étudié ni lu, et n'est pas structurée intellectuellement comme vous l'êtes.

Les solutions sont ailleurs.

Il y a d'abord la question des moyens matériels. Vous avez déjà un appareil politique puissant, des cadres et des militants en grand nombre, et même en plus grand nombre que vos adversaires. C'est nécessaire mais loin d'être suffisant. Pour préparer votre avenir et celui de la France, il est temps de renforcer votre entourage, comme l'a fait par le passé le général de Gaulle, avec des personnalités de premier plan, et nouvelles, dans les domaines de l'Économie, de la Défense, de la Santé, de la Culture et du Social, et les mettre en avant. Plus que des ralliés, il vous faut des alliés. Mais pas des personnalités politiques déjà usées et qui ont œuvré pour un système à bout de souffle. Un sang neuf. Sans cela vous ne serez pas crédible. Les conseillers d'une campagne ne sont souvent que des soutiens d'opportunité. Leur fidélité éventuelle n'est pas suffisante pour les maintenir. N'hésitez pas à vous en séparer sans état d'âme si néces-

saire. L'enjeu est trop grand pour permettre la moindre hésitation. Il faut des personnes qui ont vraiment l'expérience des arcanes du pouvoir politique, militaire, culturel et économique. Vous devez vous armer et vous préparer au moment où la France succombera aux périls extérieurs et intérieurs. Ce temps approche. Vous le savez.

Il y a ensuite la question des moyens politiques. Il les faut à la mesure des enjeux et de l'état du pays. La Ve République est à bout de souffle et l'État en pleine décrépitude. La banqueroute financière couve depuis des années. Comme en 1789 la dette, que la France ne pourra jamais rembourser, crée les conditions d'un bouleversement majeur. Ceux qui n'ont pas voulu du patriotisme économique auront finalement la banqueroute. Ils n'ont pas voulu contrôler l'immigration et l'empêcher, ils auront la guerre civile[1]. La République pourrie de l'intérieur est proche de sa fin et son pouvoir n'est plus qu'une illusion, « le mannequin d'une ruine[2] ». Le temps de la « grande tribulation » française approche donc sans doute assez vite. Il suffit d'un événement déclencheur suffisamment fort pour précipiter le pays dans l'abîme. Nous en étions proche lors des émeutes de fin juin 2023. C'est imminent, sauf miracle. Et après le combat, il faudra reconstruire. Vous avez beaucoup parlé de civilisation, et votre candidature avait pour but de la défendre. Mais, comme celle des autres candidats, votre campagne a trop peu parlé de culture. Elle doit être l'élément central et la pierre angulaire de votre action politique. Une « culture pour chacun, ciment de notre civilisation française et européenne », comme l'a dit Didier Carette dans son discours déjà cité. Celle-ci sera essentielle pour la reconstruction du pays.

Les élections européennes de juin 2024 sont une excellente occasion qui s'offre à vous pour commencer à mettre en action ces principes. L'enjeu est considérable. Car c'est ni plus ni moins la disparition de la France qui est le vrai sujet de ces élections. L'élite technocratique européenne semble avoir succombé aux sirènes

---

1. Notre rencontre eut lieu six mois avant les émeutes de juillet 2023.
2. Expression utilisée par Bernanos dans *La Folle de Chaillot*.

*fédéralistes, sous la pression de l'Allemagne qui cherche à recons-
truire sa puissance et à accomplir son projet de domination hérité
du pangermanisme. Elle appelle à supprimer l'unanimité du vote
des parlementaires européens, à créer une armée européenne, un
gouvernement européen[1]. Bref, à dissoudre les nations européennes
souveraines, appelées à se fondre dans un nouveau « Saint-Empire ».
Il est scandaleux mais pas étonnant que les députés européens de
Marine Le Pen ne se soient pas fortement opposés à ce projet dont
le principe fut voté par le Parlement européen en novembre 2023
pratiquement dans l'indifférence générale. Preuve supplémentaire,
s'il était nécessaire, que le Rassemblement National « fait maintenant partie du système », national ou européen, de l'aveu même de
Gérald Darmanin qui le reconnaît publiquement[2]. Marine Le Pen
s'est dédiabolisée, ce qui signifie en réalité qu'elle s'est normalisée et
qu'elle a vidé de sa substance le mouvement national dont elle était
l'héritière. Elle a enfin atteint son objectif annoncé dès son élection en
2011 à la tête du FN. Son électorat ne doit donc plus croire qu'elle
les sauvera. Car comme le RPR des années 90, Marine Le Pen a
subverti leurs idées. Après avoir déclaré en 2016 que « l'islam était
compatible avec la République », sa normalisation s'est achevée par
le vote du RN pour la loi immigration du gouvernement macroniste
en décembre 2023. Marine Le Pen a qualifié de grande victoire
de son camp, ce qui est en fait un abandon idéologique majeur et
terminal : l'abandon de la Préférence Nationale pour une vague
priorité nationale de façade, qui permettra en fait de continuer à
légaliser des clandestins sans arrêter l'immigration. Cet abandon à
la Chirac est pour vous une véritable aubaine laissant vacant un
espace politique gigantesque à reconquérir. Vous ne devez donc cesser
de le marteler pour que cet électorat se réveille et prenne conscience
du danger que représente pour la France la prédominance du RN*

---

1. Voir le rapport du Parlement européen intitulé *Projets du Parlement
européen tendant à la révision des traités* adopté le 5 octobre 2023 par
la Commission des affaires constitutionnelles du Parlement européen.
2. Gérald Darmanin sur – CNews – 16 octobre 2023.

dans le camp national, alors même qu'il s'est en grande partie vendu à son adversaire.

La nomination de Marion Maréchal comme tête de la liste Reconquête est, à ce titre, intéressante, car elle peut agir comme un phare pour cet électorat perdu dans l'illusion mariniste. Il faudra pourtant qu'elle réponde pleinement à ces attentes, et ne se contente pas d'un discours uniquement axé sur les enjeux civilisationnels. Elle vous place aussi au-dessus du jeu électoral politicien et vous prépare à 2027 en faisant de vous plus que l'homme d'un parti. En cas d'échec, elle vous en exonérera. En cas de succès, vous gagnerez en force, car vous aurez alors légitimé électoralement votre espace politique, au niveau européen, qui est aujourd'hui le plus important. La gestion d'élus est cependant toujours difficile, compte tenu des individualités de chacun et de leur diversité idéologique. Il vous faut ici sans doute agir à rebours de Marine Le Pen et saisir l'opportunité d'inclure une grande diversité de talents dans votre liste. Cela vous distinguera du monolithisme mariniste qui n'aboutit qu'au vide idéologique et à l'échec que nous constatons aujourd'hui. Nourrissez-vous de cette diversité. Il faut que Reconquête soit plus qu'un simple parti : un mouvement trans-partisan pour rester puissant et porter le destin de la France. Il doit continuer d'incarner l'Union de la droite tant désirée, plutôt que de s'ajouter aux multiples chapelles déjà existantes. C'était déjà l'idée du général de Gaulle lorsqu'il créa le Rassemblement du Peuple Français (RPF) en 1947.

Au-delà de ces considérations stratégiques et programmatiques, plus importante encore est la question de l'incarnation et des liens que vous devez former avec le peuple français. Les Français veulent qu'on les aime, et ils vous aimeront en retour. Ils veulent quelqu'un avec qui rêver. On entend parfois dire qu'ils seraient devenus apathiques, qu'ils ont tout oublié, leur histoire glorieuse, la grandeur de la France, leurs racines chrétiennes et leur instinct de survie. C'est totalement méconnaitre ce peuple constructeur de cathédrales et capable du meilleur. Ils sont comme ces buches de bois qui ne se souviennent pas de l'arbre dont elles viennent, mais qui n'attendent que l'étincelle qui va les allumer d'un feu intense. Les Français attendent celui qui les enflammera et fera briller la France au plus haut. Vous l'aviez fait à Villepinte avec éclat. Mais cela fut hélas sans suite, même au Mont Saint-Michel, même au Trocadéro. Comme de Gaulle pendant sa traversée du désert le fit avant vous, il faut aller maintenant à leur rencontre. Allez sur le terrain. Formez ce lien charnel avec le pays réel qui vous a tant manqué pendant votre campagne (y compris avec vos militants), faute de temps, car c'est un travail de longue haleine. Soyez son incarnation, sa protection et son espoir. Il vous attend.

Mais la question centrale est celle de votre rapport avec la France et son destin. Elle est politique, mais aussi et surtout, spirituelle et eschatologique. La France est chrétienne, vous le dites-vous même dans vos discours et dans vos livres. Vous citez parfois cette formule d'André Suarès : « Tout Français, qu'il aille ou non à l'église a les Évangiles dans le sang. » Couverte de cathédrales, la France est, à l'image de l'Église, le corps du Christ. Quand on ne croit pas au Christ, au Sauveur, comment croire en la France et la sauver ? C'est une question ardue. Je sais que Maurras disait à peu près comme vous, et en cela je ne suis pas maurrassien et je ne pense pas qu'il faille l'être sur ce sujet. Vous le savez, Charles Maurras, qui voyait la politique comme une « physique sociale » au sens d'Auguste Comte, donne en effet une place importante à l'Église, en tant qu'institution dépositaire de traditions identitaires et constituante de la nation. Vous le dites dans vos livres, l'Église c'est la tradition, l'ordre, la France, l'Europe. Le christianisme n'est pour Maurras qu'un dispositif idéologique : la doctrine du salut ne l'intéresse pas sur le plan politique. C'est probablement une des raisons de son échec. Mais Maurras n'a pas vécu l'invasion islamique, même s'il a perçu le danger dès l'inauguration de la grande mosquée de Paris en 1926, dans un rare et fameux article sur ce sujet.

Ce texte court publié le 13 juillet 1926 dans le journal L'Action Française, dit l'essentiel et surprend en effet par la justesse de son diagnostic et son caractère prophétique :

« *S'il y a un réveil de l'Islam, et je ne crois pas que l'on en puisse douter, un trophée de cette foi coranique sur cette colline Sainte-Geneviève où enseignèrent tous les plus grands docteurs de la chrétienté anti-islamique représente plus qu'une offense à notre passé : une menace pour notre avenir. On pouvait accorder à l'Islam, chez lui, toutes les garanties et tous les respects. Bonaparte pouvait se déchausser dans la mosquée, et le maréchal Lyautey user des plus éloquentes figures pour affirmer la fraternité de tous les croyants : c'étaient choses lointaines, affaires d'Afrique ou d'Asie. Mais en France, chez les Protecteurs et chez les Vainqueurs, du simple point de vue politique, la construction officielle de la mosquée et surtout son inauguration en grande pompe républicaine, exprime quelque chose qui ressemble à une pénétration de notre pays et à sa prise de possession par nos sujets ou nos protégés. Ceux-ci la tiendront immanquablement pour un obscur aveu de faiblesse. Quelqu'un me disait hier : Qui colonise désormais ? Qui est colonisé ? Eux ou nous ?*

J'aperçois, de-ci de-là, tel sourire supérieur. J'entends, je lis telles déclarations sur l'égalité des cultes et des races. On sera sage de ne pas les laisser propager trop loin d'ici par des haut-parleurs trop puissants. Le conquérant trop attentif à la foi du conquis est un conquérant qui ne dure guère.

Nous venons de transgresser les justes bornes de la tolérance, du respect et de l'amitié. Nous venons de commettre le crime d'excès. Fasse le ciel que nous n'ayons pas à le payer avant peu et que les nobles races auxquelles nous avons dû un concours si précieux, ne soient jamais grisées par leur sentiment de notre faiblesse. »

Près de cent ans après la publication de ce texte, cette prédiction inquiétante semble se réaliser. Il y a plus de 3 000 mosquées en France, sans compter les prières de rue. La France est envahie par des peuples étrangers, islamisée, déchristianisée, laïcisée. La guerre civile couve. Elle est imminente. Ceux qui en doutent encore sont soit stupides, soit irresponsables, soit complices, sans doute les trois. Les émeutes de juillet 2023 le démontrent suffisamment. Elles prouvent que Jean-Marie Le Pen, et vous après lui, aviez raison sur le danger de l'immigration. Elles ont profondément divisé la société : une gauche écologiste et insoumise qui soutient activement ou tacitement les émeutiers issus de l'immigration en les excusant, et une droite qui retrouve enfin sa vigueur pour trouver des solutions, même si c'est trop tardivement. Le centre mou et multiforme est en voie de disparition, empêtré dans les contradictions du « en même temps ». Notre société décentrée est au bord de la confrontation violente, alors que notre puissance politique, militaire, financière et économique est en lambeaux. La France est pratiquement entièrement coupée de la matrice chrétienne qui l'a pourtant constituée. Elle est sur le point de périr.

Il faut donc s'interroger sur les moyens à mettre en œuvre en pratique pour éviter cette disparition annoncée qui semble inéluctable. Les constats ont pourtant été faits depuis longtemps. Je suis toujours frappé de voir le camp national se contenter des diagnostics sans apporter de vraie réponse pratique au problème posé. Est-ce parce que personne n'ose envisager les moyens à mettre en œuvre par peur des anathèmes médiatiques ou par manque d'idée ? Jean Messiha, Alexandre del Valle, Pascal Prault, Charlotte d'Ornellas font de justes descriptions du réel, mais sans apporter de solutions. Ce n'est d'ailleurs pas leur rôle. Autrefois cantonnées aux limites réputées extrêmes du champ politique, ces analyses pénètrent maintenant la société française et touchent l'ensemble des Français. 80 % d'entre eux sont maintenant convaincus des dangers de l'immigration[1]. Mais où sont les solutions ? Qui y a vraiment réfléchi ? Le monde politique est aujourd'hui vide de substance. Il a quitté le champ de

---

1. Sondage mené par l'Institut CSA pour CNEWS et publié le 12 décembre 2023, les Français sont très majoritairement opposés (80 %) à l'arrivée de nouveaux migrants sur le territoire national. Ainsi, à la question « Faut-il accueillir plus de migrants en France ? », seuls 19 % ont répondu positivement (1 % ne se sont pas prononcés).

l'action pour se contenter d'incantations. Il est peu probable que les solutions viennent de Marine Le Pen dont le parti a été vidé des quelques talents qu'il possédait jadis, elle qui ne souffre aucune compétition interne qui mettrait en évidence sa vacuité. Asselineau, Dupont-Aignan et Philippot sont inexistants. Les Républicains font face à leur disparition politique. Quant à la gauche et au centre, ils sont perdus dans l'utopie du Vivre-Ensemble et nient le réel. La politique et les élections sont devenues inopérantes et obsolètes. Reconquête apparaît donc comme la seule alternative possible qui reste à droite.

Face à la décomposition politique, culturelle et sociale de la France, l'islam propose une société alternative et structurée, comblant le vide laissé par la République relativiste qui a déchristianisé notre pays. Il n'est qu'un symptôme d'un mal plus grand, comme la défaite de 1940 ne fut que le symptôme de la décomposition apportée par l'instabilité institutionnelle de la IIIᵉ République et le Front Populaire. Pour lutter contre l'islamisation et la pénétration de notre pays par une civilisation étrangère, il faut donc commencer par réinvestir ce néant, sur un plan à la fois sociétal et symbolique. Si l'islam pénètre dans notre société, c'est à travers un réseau associatif et culturel. Pas seulement des mosquées. Là où l'État s'affaiblit : les services sociaux, la protection de la famille et l'école. Ces processus « d'islamisation par le bas », islamisation « à bas bruit » ont été parfaitement étudiés par Gilles Kepel dans les années 90 qui analysait l'évolution du monde arabe et plus particulièrement celle de la société égyptienne. Les Frères musulmans n'avaient pas le pouvoir à cette époque, et après des dizaines d'années de travail silencieux, de pénétration de la société égyptienne, ils ont fini par conquérir le pouvoir politique, certes pour une période brève. C'est Gramsci appliqué au monde musulman.

Je suis persuadé que la reconquête de la France par son peuple d'origine doit opposer aux forces sociales et politiques qui font avancer l'islamisation de la France, une stratégie similaire. Soyez donc vous aussi, gramscien. Réinvestissez le champ social, éducatif et culturel avec les mêmes méthodes que les Frères musulmans. Les grandes incantations intellectuelles des meetings devant un public convaincu ne servent pas à grand-chose. Il faut que ce message pénètre au cœur de la société française jusqu'au fond des campagnes. Il faut labourer le terrain et semer. Alors la victoire sera acquise, car elle s'imposera naturellement dans les esprits. Reconquête devra donc s'entourer de tout un tissu associatif pour irriguer la société française. Il doit dépasser le cadre du simple parti politique et devenir un grand mouvement enraciné. Vous l'avez déjà fait avec succès avec le collectif Parent Vigilants pour l'École. Il compte aujourd'hui plus de 75 000 personnes. C'est un vrai succès. Il serait aussi utile de créer une structure similaire pour la défense du patrimoine, y ajouter une école et aussi fonder une association d'entraide aux Français les plus démunis, un service social parallèle. Avec pour objectif principal de redonner aux Français la fierté d'être Français. À la Gay Pride, fausse « marche des fiertés », opposez symboliquement une marche des fiertés françaises annuelle, par exemple le 15 août fête de la Vierge et Saint Napoléon, ou alternativement le 8 mai, jour de la libération d'Orléans par la Pucelle, qui est aujourd'hui notre seconde fête nationale.

Insuffler à la société française un nouvel esprit national ne pourra se faire sans mobiliser la jeunesse. C'est avec elle que se joue l'essentiel du combat à venir. Génération Z, avec plus de 20 000 adhérents, est le mouvement de jeunesse politique le plus grand, si on le compare à ceux des autres partis. C'est la force de vos idées et leur à-propos qui pousse vers vous cette partie de la jeunesse française en quête d'idéal, perdue par le relativisme d'une société républicaine et laïque qui l'a érigé en faux absolu. C'est un formidable outil, une autre raison d'espérer. Mais il n'est aujourd'hui qu'un appareil militant au service d'un parti politique. Il faut aller au-delà, et créer un grand mouvement de jeunesse française dont l'objet sera de former la jeunesse privée de service militaire et de formation culturelle par l'Éducation Nationale. La relier à son histoire et à sa culture, lui donner la discipline politique, morale, spirituelle *et physique, peut-être en s'inspirant des méthodes de l'hébertisme et du scoutisme. Pour la réenraciner. « Chaque individu possède la puissance de revivre dans ses courtes années tous les battements dont fut agité le cœur de sa race » écrivait Maurice Barrès. Aujourd'hui une partie de notre jeunesse perdue et déracinée est tentée par l'islam. Ils y trouvent ce qui a déserté la France : une morale, une discipline de vie et une verticalité. Un absolu. Il faut donc former chez ceux qui sont l'avenir du pays, et chez qui le cœur de la France bat encore, jeunesse encore consciente d'avoir perdu quelque chose sans pour autant pouvoir toujours le nommer, un Moi-Individu qui, pour se défendre et s'affirmer contre tout ce qui n'est pas Soi, évolue vers le Moi-Nation cher à Maurice Barrès, expression politique de ce Moi-Individu. Honorer le drapeau et les morts, s'affirmer comme appartenant à un pays (la terre) et à une lignée (au sang de ses ancêtres), donc à un État-nation : la Terre et les Morts, pierres angulaires de la Nation. « Le terroir nous parle et collabore à notre conscience nationale, aussi bien que les morts. C'est même lui qui donne à leur action sa pleine efficacité. Les ancêtres ne nous transmettent intégralement l'héritage accumulé de leurs âmes que par la permanence de l'action terrienne[1]. » Cette terre, mère patrie constituante de la Nation, est aujourd'hui abandonnée : le nombre d'exploitations agricoles n'a jamais été aussi faible, la paysannerie a été presque annihilée, les terres mises en friche et les paysages détruits (notamment avec les éoliennes). Ce n'est pas par hasard : c'est une politique concertée, assumée, planifiée de l'Union européenne contre les nations, qu'elle vide ainsi de leur substance. Avec la Politique Agricole Commune (PAC), nous assistons à l'introduction d'un nouveau collectivisme, favorisant les grands ensembles de production agroalimentaire, sur les petits producteurs qui sont les « koulaks » modernes. Au même moment, les normes énergétiques dérivées du dogme du réchauffement climatique, nouvelle « religion » mondiale, ont pour résultat le détournement*

---

1. Maurice Barrès – *La Terre et les morts – Sur quelles réalités fonder la conscience française* (1899).

241

croissant de l'utilisation des terres agricoles à des fins industrielles, pour la production d'énergie, de carburants verts, l'installation de méthaniseurs, d'éoliennes et de centrales solaires. C'est la mort planifiée de la Terre. Donc de la Nation. Donc de la France.

Lors de sa conférence de presse du 17 janvier 2024, Emmanuel Macron parlait d'étendre le Service National Universel, de généraliser l'usage de l'uniforme à l'école, de ritualiser les remises de diplômes et de mettre en place des cérémonies citoyennes. Face au péril posé par l'islamisation et aux limites de la société liquide macronienne, même la République moribonde, confrontée à son « Grand Effacement », semble donc enfin réagir. Mais aucun changement sur le fond n'est proposé, aucun idéal, sauf l'illusoire utopie de la grande nation européenne. Et face à la colère des paysans, il est en Inde ! Il est donc probable que ces moyens superficiels ne produisent que peu de résultats. Réenchanter la société française, retrouver un idéal ferment d'un nouvel esprit national, voilà sans doute le moyen. Seul Reconquête semble suffisamment armé idéologiquement pour le faire. Les « bataillons » d'une jeunesse zemmourienne, réenracinée et habitée pourront servir ensuite à la reconstruction de la nation française, à sa « résurrection ». Ce n'est pas une tâche impossible. Giono nous le prouve dans Regain. Sans ce travail de fond, sur le terrain, la réponse politique et institutionnelle que pourrait apporter Reconquête serait illusoire, inefficace et vaine. Reconquête doit s'enraciner pour être le catalyseur du réenracinement de la Nation française.

Ce travail de reconquête « par le bas » ne saurait cependant connaitre de succès s'il n'est associé à la reconquête du champ symbolique et sacré. Cette question est cruciale. La destruction par la République de l'État royal appuyé sur l'Église catholique, et l'introduction d'un relativisme érigé en absolu par le régime républicain ont fini par achever l'esprit national. Si votre projet est comme vous l'avez affirmé lors du meeting de Villepinte de « sauver la France », il vous faudra donc réintroduire le sacré dans la Cité et sacraliser le Politique. Les forces du pays réel réenraciné doivent *s'incarner dans le pays légal. Il faut remplacer le « néant » macronien désincarné au sommet de la pyramide politique issue du laïcisme républicain, par un pouvoir incarné. C'est, en filigrane, ce que dit Sonia Mabrouk dans un entretien à la Revue des deux mondes : « L'Homme moderne n'a quasiment plus aujourd'hui d'espace sacré dans la cité. Nous organisons notre vie dans une indépendance sinon une indifférence au sacré. À partir de là, on ne se sent plus appartenir à une collectivité, donc le danger d'un homme déritualisé, c'est un homme nu sans ce qui fonde son existence[1]. » Puis dans son excellent livre « Reconquérir le sacré » : « La résurgence de la sacralité en Occident pourrait représenter un moyen de sauver la civilisation chrétienne de sa décadence annoncée. » « Le sacré, c'est ce qui résiste à la mort[2]. » Le réenracinement de la nation et la resacralisation du Politique sont les deux conditions du salut de la France. Voilà la verticalité dont nous avons besoin.*

Même la république de Robespierre avait senti ce besoin de sacralité et de verticalité. Le culte de la Déesse Raison avait ce but. Napoléon ne s'est pas fait sacrer par le pape par hasard. La IIIe République avait réintroduit un cérémonial, le culte du drapeau, une fête nationale, le culte de Jeanne d'arc, des décorations, le mérite agricole, les palmes académiques et tous les colifichets qui peuvent donner un sentiment d'appartenance. Il y aurait beaucoup à dire ici du culte des morts qui suivit la défaite de 1870 puis la fin de la Première Guerre mondiale. Combien de monuments aux morts couvrent notre territoire, comme autant de lieux de cultes de la nation française ? Pourquoi chuchotons-nous comme dans une église en entrant dans l'ossuaire de Douaumont ? Parce qu'il est le réceptacle de tous les combats glorieux, de tous les sacrifices et de toutes les souffrances, le temple de la mémoire de toutes les victimes du combat pour la survie de la Nation française. Il est le symbole

1. Sonia Mabrouk – Entretien – Revue des deux mondes – 28 mars 2023.

2. Sonia Mabrouk, *Reconquérir le Sacré* – Éditions de l'Observatoire. Mars 2023.

d'une Nation qui se voulait immortelle et qui faillit périr. Mais même la force de ce symbole n'a pas suffi. Car c'est la République elle-même qui profana ce lieu important de mémoire pour la Nation» en autorisant 3 400 jeunes, dont 1 000 Allemands, à courir et à se contorsionner au son des tamtams parmi les tombes, lors des commémorations du centenaire de Verdun en mai 2016. Le tout avec des applaudissements. En plein cimetière! Ce jour-là marquait ainsi symboliquement la mort du sacré «inventé» par la République. C'était le jour où le Vivre-Ensemble universaliste républicain avait achevé la Nation de Barrès.

    Le culte des morts, le «cimetière héritage indivis» cher à Maurice Barrès et la «religion» républicaine de la laïcité et des droits de l'homme ont échoué. Alors que faire? Après la mort du roi, la Nation s'était incarnée en elle-même, par défaut. Commençait alors la longue quête d'un homme providentiel, la recherche de son Père disparu, sans jamais le trouver vraiment. Le droit positif avait remplacé le droit naturel, les valeurs avaient remplacé les principes. Albert Camus le dit parfaitement: «Il reste au moins que, par ses attendus et ses conséquences, le jugement du roi est à la charnière de notre histoire contemporaine. Il symbolise la désacralisation de cette histoire et la désincarnation du Dieu chrétien. Dieu, jusqu'ici, se mêlait à l'histoire par les Rois. Mais on tue son représentant historique, il n'y a plus de roi. Il n'y a donc plus qu'une apparence de Dieu relégué dans le ciel des principes[1].» Le pouvoir politique est désincarné et désacralisé. La laïcité a rendu relatif le Dieu de l'Église catholique universelle. Toutes les religions se valant aujourd'hui, elles n'ont donc plus de valeur. Pour sauver la France, perdue depuis la mort du roi son Père, vous devrez donc résoudre ce problème d'incarnation défaillante et de perte de sens. C'est un problème à la fois institutionnel et personnel. Si vous êtes celui que la Providence a choisi pour sauver la France, il vous faudra donc restaurer l'État et la Loi, mais avec leurs Principes fondateurs sans lesquels ils sont vains. Vous devrez mettre un terme à la laïcité et

---

1. Albert Camus, *L'homme révolté*, La Pléiade, p. 528-529.

incarner un principe supérieur, refonder la vieille Nation française dans l'absolu. Restaurer une transcendance. Comme ces moines qui, dans le chaos des décombres de l'empire romain, fondèrent la France dans l'absolu de la lumière chrétienne. Pour accomplir cette tâche surhumaine, il vous faudra la force de Jeanne d'Arc. Jeanne a sauvé le Roi et la France grâce à ses voix et la force de sa foi. Face à la foi des mahométans, je suis convaincu que seule la foi qui fonda notre pays, le souffle de l'esprit armant le glaive de la reconquête pourra sauver la France. Si vous devez être l'artisan de la reconquête de la nation française, la question de votre rapport à la foi et de votre conception du sacré est essentielle, pour vous, pour les Français et pour la France.

D'aucuns diront que la France est déchristianisée et que cette restauration est impossible. À l'époque de Jeanne d'Arc, les Français étaient pieux et le message surnaturel de Jeanne comme ses actions semblaient naturels. Comment alors être une « nouvelle Jeanne » dans un pays qui semble avoir abandonné sa vieille foi fondatrice ? Je crois que cette déchristianisation est superficielle. Si les Français ne vont plus à l'église, ils restent attachés à leur patrimoine et à leur histoire. Ils gardent une conscience d'appartenir à une histoire providentielle dont la France est le lieu d'accomplissement[1]. Les Français ont sacralisé l'histoire de France. Même pour la République, celle de Michelet, qui a voulu éclairer le monde de son universalisme. Regardez les records d'audience des émissions de Stéphane Bern, dès que l'on parle de la monarchie française et de Versailles, et ceux du sacre de Charles III d'Angleterre. Les Français ont gardé au fond d'eux-mêmes ce lien mystérieux et sacré, cette émotion d'un peuple pour ses rois et son histoire. En grande partie inconsciente aujourd'hui, elle se manifeste à ces occasions. Et il y a aussi un indéniable renouveau de la foi. Les vocations ecclésiastiques sont en hausse, principalement dans la forme traditionnelle, le pèleri-

---

1. Denis Crouzet, *Mystique royale et « sentiment national » ? Les visions du frère Fiacre de Sainte-Marguerite*, dans *Le Sentiment National Dans l'Europe Méridionale aux XVIe et XVIIe siècles* – Éd. Alain Tallon.

nage de Chartres mobilise près de 20 000 pèlerins chaque année, principalement jeunes. Quand Notre-Dame brûla, la foule qui y assistait se mit à chanter et à prier! Il y a d'autres signes. Mais ce serait sans doute l'objet d'un autre livre. Rappelez-vous seulement que ce ne sont pas les majorités qui changent le monde, mais les « minorités agissantes ». Les royalistes vous ont suivi car vous avez incarné pour un moment bref et lumineux l'âme du vieux pays. Il vous faut réveiller les Français, comme Moïse le fit avec le peuple juif pour le conduire hors d'Égypte. Soyez leur guide et ils vous suivront.

Lors de notre entrevue en janvier, vous me disiez être très pessimiste pour l'avenir de la France. Ce pessimisme se retrouve d'ailleurs chez la plupart des hommes de droite. Il n'encourage pas l'action. Je ne prétends pas vouloir régler l'affaire très personnelle de vos rapports avec Dieu. Toutefois, si vous n'avez pas la foi pour surmonter le désespoir, votre pessimisme parait logique. Vous avez dit être « contre le Christ ». Or le Christ, qui n'est pas un homme dieu, comme on l'entend parfois, mais Dieu homme, Dieu incarné, c'est surtout la figure d'Espoir et de Salut qui revient à la fin des temps, comme Jeanne fut à sa suite, comme le dit Malraux, à la fois « figure d'Espoir et de Pitié[1] ». Et sans espoir on ne fait rien: sans Jeanne, la France aurait disparu, sans le Christ, sans le Roi, la France ne serait pas. La foi donne la force au glaive, sans lequel on ne fait rien non plus. Jeanne n'aurait sans doute rien fait sans la foi et ses voix. Il n'y a pas de croisade ni de reconquête sans foi ni espoir.

Vous avez une grande connaissance de l'histoire de notre pays, de sa sociologie, de sa culture, de sa religion. Mais il semble que la dimension mystique et eschatologique du destin de la France soit par trop absente de votre conception politique, comme chez Maurras. Cette dimension sans laquelle une compréhension charnelle et profonde de notre pays, et surtout de son destin, me semble impossible. La France n'est pas une nation comme les autres. Ce

---

1. André Malraux. *Discours sur Jeanne d'Arc*, 31 mai 1964. *Oraisons funèbres*, in *Le Miroir des Limbes*, Œuvres complètes III, Gallimard.

n'est pas que « la communauté d'idées, d'intérêts, d'affections, de souvenirs et d'espérances » de Fustel de Coulanges[1], ni le cimetière « héritage indivis » de Maurice Barrès[2], ni même « la grande solidarité, constituée par le sentiment des sacrifices qu'on a faits et de ceux qu'on est disposé à faire encore[3] » de Renan. C'est aussi, et surtout, vous le savez, en plus de tout cela, dans sa constitution historique par les Rois depuis le baptême de Clovis et l'avènement d'Hugues Capet, une construction royale et mystique. *Aucune autre nation n'a eu Jeanne d'Arc ni le sacre des rois par l'onction du saint chrême qui coule miraculeusement de la sainte ampoule. La France fut donnée par le Roi à Jeanne qui la donna au Christ qui la rendit à Jeanne le 21 juin 1429, jour du solstice, par acte notarié[4]. Cette triple donation mystique renouvelle le pacte conclu entre Dieu et le Royaume de France naissant à Reims en 496. Elle confirme que c'est le Christ qui a voulu être, et est, roi de France ; que la raison d'être de notre pays est de proclamer à la face de l'univers non seulement la royauté universelle du Christ sur le monde, c'est sa mission « d'éducatrice des nations » ; que cet acte officiel et capital consacre le Roi de France comme le lieutenant du Christ. Pays consacré à la Vierge par Louis XIII, la France est donc par essence un objet mystique avant toute autre chose. Cette constitution mystique est inscrite partout en France, dans nos paysages, dans nos églises, dans nos châteaux, dans nos musées mais aussi dans toute notre histoire et notre littérature. Elle est l'âme de notre pays. Vous l'avez saisi au Mont Saint Michel. Voyez le symbolisme de Chambord et de Versailles, qui suit directement celui des cathédrales. Voyez les trois lys de France sur le blason royal, symboles de la Trinité et des trois vertus théologales. N'est-ce pas plus fort que « liberté, égalité, fraternité » ? Voyez le signe donné par l'incendie de*

1. Fustel de Coulanges. L'Alsace est-elle allemande ou française ? 1870.

2. Maurice Barrès. *Scènes et doctrines du nationalisme.* 1902.

3. Ernest Renan. Qu'est-ce qu'une nation ? 1882.

4. Cette triple donation fut enregistrée devant notaire en l'abbaye de Fleury sur Loire.

Notre-Dame de Paris, la Vierge de Coustou gardienne du temple de la France miraculeusement épargnée par l'incendie. Voyez celui qui nous fut donné le 8 juin 2023 par Henri d'Anselme, ce jeune pèlerin catholique qui faisait le tour des cathédrales et empêcha un criminel de tuer des enfants à Annecy. « La France s'est construite sur le message du Christ, sur un idéal chevaleresque » nous dira-t-il sur BFMTV. Comme nous tous, vous en fûtes frappé suffisamment pour le reprendre dans la lettre que vous lui adressiez[1] : « Chez toi, il y a encore le sens du sacré et du sacrifice » lui écrirez-vous. Et chez vous ? La Providence l'a mis sur la route du tueur comme elle vous a mis sur la nôtre. Voyez le signe de votre « transfiguration » qui fut donné au meeting de Villepinte. Mais l'avez-vous perçu ? Vous n'en parlez pas dans votre livre d'après campagne.

Vous avez admis avoir été « pris aux tripes » et avoir ressenti de « l'émotion » lors de la divine liturgie au monastère de Khors à Erevan en décembre 2021, lors de votre voyage en Arménie[2]. Mais êtes-vous bien certain qu'il ne s'agissait pas d'autre chose ? Faut-il, pour ajouter aux malheurs de la France, que Dieu ne vous fasse voir que chez les autres cette flamme qui vous habite si manifestement ? À moins que vous ne la cachiez par pudeur ?

Ceux qui ont sauvé la France aux moments les plus critiques de son histoire étaient animés de ce souffle. D'autres Jeanne, d'autres résistants, d'autres Henri d'Anselme viendront sans doute. Ils vous attendent. Vous en connaissez certains mais vous ne les voyez pas vraiment, comme Perceval au banquet du Roi Pêcheur ne comprit pas qu'il voyait le Graal et n'osa poser de questions. Rappelez-vous le secret du monde pour Saint-Exupéry : « On ne voit bien qu'avec le cœur, l'essentiel est invisible pour les yeux. » Il vous faut retrouver pour votre action la spontanéité et la profondeur du Petit Prince et ouvrir votre esprit très analytique à l'élévation transcendantale,

---

1. Valeurs Actuelles, *Attaque à Annecy : Éric Zemmour adresse une lettre à Henri.* 9 juin 2023.

2. Jules Torres. Zemmour. *Un journal de campagne. Chapitre – 12 décembre* : un courant profond. Éd. Plon, mai 2022.

et que de cette alchimie avec le Politique vous trouviez la force nécessaire à l'accomplissement de vos desseins. Vous avez vu Henri d'Anselme, que vous appelez « ce petit bout de la France éternelle qui a crié "Je ne vous laisserai pas nous tuer" ». Regardez mieux autour de vous et en vous. Suivez le chemin qui vous a été montré pendant tous ces mois de campagne. Comme Bonaparte ramassa la couronne de France « dans le ruisseau[1] », saisissez-vous de l'étendard de Jeanne, aujourd'hui à terre. Soyez une nouvelle « Jeanne » ou un nouveau « Galaad ». Alors vous agirez justement. Alors vous gagnerez. Car je ne doute pas que vous obteniez alors la victoire que vous espériez trop tôt.

Il vous faudra pour cela armer votre action politique avec le même souffle intérieur qui anima Jeanne avant vous. Votre discours de Villepinte et celui de Paul-Marie Coûteaux l'avaient, mais vous l'avez malheureusement perdu ensuite. C'est ce que dit ce texte de Charrette, dont vous faites une lecture historique et sociologique très juste dans votre livre « Destin français » et que vous trouvez magnifique sans en intégrer vraiment complètement la portée spirituelle dans votre démarche politique. « La jeunesse de Dieu animée par la foi »…. « Mais en face de ces démons qui renaissent de siècle en siècle, sommes une jeunesse, Messieurs! Sommes la jeunesse de Dieu. La jeunesse de la fidélité! Et cette jeunesse veut préserver pour elle et pour ses fils, la créance humaine, la liberté de l'homme intérieur… »

Vous citiez dans votre discours de 2019 à la Convention de la Droite cette belle phrase de Bernanos : « L'Espérance est une détermination héroïque de l'âme, et sa plus haute forme est le désespoir surmonté[2]. » Il n'est point besoin d'archange Saint Michel pour constater qu'il y a aujourd'hui « grande pitié au Royaume

---

1. Napoléon lors de son sacre en 1804, cité par Stendhal.
2. Georges Bernanos. *Conférence aux étudiants brésiliens.* Rio de Janeiro, 22 décembre 1944.

de France[1] ». Je crois que l'exemple de Jeanne peut vous donner la force pour surmonter le grand désespoir dans lequel la France et vous-même se trouvent aujourd'hui. Pensez à l'immensité de cette tâche qui n'est pas seulement un combat terrestre, mais un combat spirituel qui se joue au moins depuis la naissance de la France, sinon depuis la Chute de l'Homme, et qui se jouera jusqu'à la fin des temps. Vous avez déjà accompli beaucoup de choses. Pensez à Jeanne qui porta seule le fardeau du salut de la France, mais qui n'aurait pu agir sans ses voix : « J'eus une voix de Dieu pour m'aider à me gouverner », dira-t-elle à ses juges à son procès. « Va, fille de Dieu, va fille au grand cœur » lui dirent ses voix. Elle y alla sans crainte et sans regarder derrière elle : « Puisque Dieu m'a commandé d'y aller, je le dois. » Tout l'avenir du Royaume était entre les mains frêles de cette très jeune femme choisie par Dieu qui sera un de ses plus grands généraux. Et elle sauva la France. Tel fut le miracle de Jeanne d'Arc. C'est un miracle de la foi.

« La foi c'est vingt-quatre heures de doute mais une minute d'espérance » (encore Bernanos). Si vous disiez ne pas avoir la foi catholique, ne l'avoir qu'une fois sur deux ou même avoir la foi de Moïse, ce serait donc déjà une forme d'espérance. Louis XVI a dit en son temps « qu'il serait convenable que l'archevêque de Paris crût en Dieu ». Il n'est pas impossible de concevoir que celui qui veut porter l'étendard de Jeanne d'Arc, puisse être juif. Le Christ était juif. Peut-être est-il dans les desseins de Dieu d'avoir un juif pour sauver le royaume du Christ qu'est la France. Il a déjà placé un protestant au pouvoir par le passé : mais Henri IV avait compris qu'il lui fallait se convertir au catholicisme pour être roi : « Paris vaut bien une messe. » Alors un juif, pourquoi pas ? Car les destins de la France et du peuple d'Israël sont étroitement liés. Pierre Boutang le dit très bien lorsqu'il évoque « l'Europe historique, (...) modelée sur l'histoire du peuple hébreu » ayant « repris la mission du peuple de Dieu dans une "chrétienté". La

---

1. Paroles de l'Archange Saint Michel à Jeanne d'Arc, alors âgée de treize ans, rapportées par Jeanne lors de son procès.

couronne du Saint Empire portait l'effigie de David et celle de Salomon, la politique de nos rois en France – avant Bossuet, de l'aveu même de Machiavel – était «tirée de l'écriture sainte», et les nations, jusque dans l'hérésie jacobine et révolutionnaire, imitaient un dialogue immortel entre la naissance et l'obéissance au Dieu d'Abraham, d'Isaac et de Jacob.» Les attaques récentes du Hamas sur Israël nous rappellent aujourd'hui ce lien ancien et fondateur de notre civilisation, et l'impact considérable qu'aurait sur nous la défaite de l'État hébreu face à l'islam: «C'est en Israël que l'Europe profonde sera battue, "tournée", ou gardera, avec son honneur, le droit à durer», écrit ainsi Pierre Boutang. Pour Léon Bloy, reprenant les paroles du Christ à la Samaritaine «Salus ex Judæis est[1]», «le salut dépend des Juifs: ils sont instruments de la Rédemption»[2]. Dans Le Sang du Pauvre il écrit: «Tout leur est promis et, en attendant, ils font pénitence pour la terre. (…) Quel peuple inouï est donc celui-là, à qui Dieu demande la permission de sauver le genre humain, après lui avoir emprunté sa chair pour mieux souffrir[3]?» Et pour les chrétiens, la conversion du dernier juif doit précéder la parousie. C'est ce qu'oublie cette petite fraction d'extrême droite imbécile et irréductible, négationniste ou autre, restée antisémite et fidèle à l'ignoble Drumont. Très minoritaire, elle préfère parfois s'associer avec les islamistes plutôt que de vous soutenir. Quoi qu'il en soit, juif ou chrétien, je ne crois pas que celui qui voudrait sauver la France et être une sorte de seconde «Jeanne d'Arc» pour incarner d'une certaine façon le «peuple non élu», puisse se dispenser d'avoir une forme de foi. Croire à la résurrection du Christ, vous rapprocherait sans doute de la Jeanne d'Arc historique. Mais nul autre que Dieu et vous-même ne sauraient décider de cette nécessité. Nous ne résoudrons donc pas ce mystère.

---

1. Évangile selon Saint Jean – Chapitre IV.
2. Léon Bloy, *Le Salut par les Juifs*. Édition Henri Haniéré, 1892, p. 39.
3. Léon Bloy, *Le Sang du pauvre*. Éd. Stock 1932, p. 201.

C'est sans doute votre véritable épreuve et la plus difficile. Car juive ou catholique, la foi ne se décrète pas. C'est une grâce qui n'est pas toujours donnée et ne s'obtient parfois que si l'on ouvre son esprit et on le tourne vers Dieu, qu'on l'appelle Jéhovah ou Père du Christ. La France, fille aînée de l'Église, reste le royaume du Christ, même sous la République. Il vous faut donc questionner votre rapport avec Dieu si vous voulez la diriger. C'est une nécessité politique, sinon personnelle, comme pour Clovis et tous ses successeurs, y compris Bonaparte.

Vous ne pourrez pas être le héraut de la France sans embrasser dans toute sa plénitude son Histoire, c'est-à-dire son grand destin mystique et eschatologique. Et sans l'inclure dans votre projet politique. Vous croyez en l'Histoire au sens académique et politique. Mais ce n'est pas suffisant. Car elle est l'œuvre des desseins mystérieux de la Providence. Pour le comprendre, les moyens sont nombreux. En voici quelques-uns. Relisez la Légende Dorée et le roman de Perceval. Rapprochez-vous des Orthodoxes ou des Arméniens dont les rites sont plus proches de vos origines orientales et de celles du Christ, et donc peut-être plus abordables. Peut-être serez-vous alors, par le mystère de ces rites et de la transsubstantiation du sacrum convivium, touché par la grâce comme ce fut mon cas à Kiev en 2009 lors d'une visite au monastère de la Laure des grottes de Kiev (Kyiv Pecherska Lavra). C'était dans une petite chapelle où l'on célébrait la messe. Je me croyais athée. C'est au moment où les bougies furent éteintes lors d'une sorte de service des ténèbres figurant la mort du Christ avant sa résurrection, que Dieu entra dans ma vie. L'église était emplie d'encens. Dans les ténèbres, le prêtre psalmodiait au milieu des chants orthodoxes. Je me sentis alors enveloppé par un amour immense et une compassion infinie, en un instant à la fois fugace et éternel. J'étais touché par l'infini et l'éternité, comme si je m'élevais vers les étoiles. Mais c'était le Ciel qui descendait vers moi et en moi en son infinie bonté. Ma vie changea alors pour me conduire après bien des péripéties sur votre chemin et sur celui de la France. C'était le destin que mon prénom déterminait d'une certaine manière dès ma naissance. Comme Paul Claudel le vivra derrière le deuxième pilier de Notre-Dame de Paris à l'entrée du chœur, « en un instant mon cœur fut touché et je crus. Je crus, d'une telle force d'adhésion, d'un tel soulèvement de tout mon être, d'une conviction si puissante, d'une telle certitude ne laissant place à aucune espèce de doute, que, depuis, tous les livres, tous les raisonnements, tous les hasards d'une vie agitée, n'ont pu ébranler ma foi, ni, à vrai dire, la toucher (…) les minutes qui suivirent cet instant extraordinaire, ne formaient qu'un seul éclair, une seule arme, dont la providence divine se servait pour atteindre et s'ouvrir enfin le cœur d'un pauvre enfant désespéré[1]. » Méditez alors les Litanies à la Vierge Noire de Francis Poulenc, écrites après sa conversion à Rocamadour où est plantée Durandal, l'épée du destin de la France, celle qui combattit les Sarrasins :

> *« Reine près de laquelle s'agenouilla Saint Louis,*
> *vous demandant le bonheur de la France,*
> *priez pour nous.*
> *Reine, à qui Roland consacra son épée,*
> *priez pour nous.*
> *Reine dont la bannière gagna les batailles,*
> *priez pour nous… »*

La Providence m'a conduit sur votre route, et m'a permis d'être l'un de vos compagnons d'un moment. Lors de notre première rencontre en février 2021 je vous avais promis de tout vous dire sans concessions. Maintenant que c'est chose faite, il est temps que nous reprenions chacun notre chemin, comme deux amis qui le resteront : « J'y gagne à cause de la couleur du blé[2]. » Je ne doute pas un instant que les dangers auxquels la France fait face ne nous

---

1. Paul Claudel. *Ma Conversion.* 1913. Dans *Œuvres en prose*, Gallimard, bibliothèque de la Pléiade.
2. Réponse du renard au Petit Prince lorsqu'il le quitte.

réunissent à nouveau dans un avenir proche, quelles que soient nos différences. Car, nous avons en commun la France.

Si la fatalité faisait que votre aventure ne connaisse pas de suite, au moins l'Histoire s'en souviendra. Le souvenir de votre action et de votre détermination restera dans nos cœurs et dans celui du peuple français. Mais je suis convaincu que le moment fondateur de Villepinte est un signe. Étrange et important destin que sera peut-être bientôt le vôtre. Issu de parents nés de l'autre côté de la Méditerranée. « Olivier[1] » d'Afrique du Nord enraciné dans la terre de la France millénaire. Bercé dans les principes de la Torah et nourri de culture française par vos parents, puis à Science Po, dans cette école qui fut justement créée pour sauver la France d'une répétition du désastre de 1870. Vous avez réussi à réintroduire le Politique et un espoir en France. De cette première étape, qui est, malgré l'apparence, une grande victoire, il ne faut pas faire un échec. Si comme vous le dites, vous « n'avez pas dit votre dernier mot », montrez-le.

J'espère que ce livre vous permettra de penser plus profondément à votre rapport au sacré et au lien qu'il doit avoir avec votre action politique. Pour que votre « destin français » s'accomplisse s'il le doit. Foi de Moïse ou foi catholique, peu importe : « Une politique se juge par ses résultats[2]. » Allez prier sur le mur des lamentations à Jérusalem. Allez derrière le deuxième pilier de Notre-Dame dans les pas de Claudel chercher le Christ mais aussi Jeanne et la France. Ils vous attendent. Montez les marches de Rocamadour comme le fit Saint Louis avant de partir pour la Terre Sainte et « prenez » Durandal. Incarnez le second corps du Roi comme l'a espéré Paul-Marie Coûteaux dans son discours à Villepinte avant le vôtre, si tel est le destin qui vous a été prescrit, et si la grâce vous en est donnée. Mobilisez cette jeunesse magnifique que vous avez suscitée et qui aime toujours la France, car elle est le visage et l'avenir de la France éternelle !

---

1. « Zemmour » signifie « olivier » en langue berbère.
2. Charles Maurras – L'Action française – 20 juillet 1902.

Alors votre souhait exprimé à la fin de votre dernier livre sera exaucé, et cet étrange destin pour un fils de Moïse s'accomplira-t-il peut-être. Et avec lui, celui de la France. Alors, avec vous, derrière vous, devant vous, le peuple français sera présent au rendez-vous que lui donneront la Providence et l'Histoire. Alors, il reconnaîtra, se souviendra et suivra celui qui n'a pas courbé la tête et qui leur a crié à Villepinte : « Et surtout, SURTOUT, Vive la France ! »

Domine Salvum Fac Galliam[1]

Paris, janvier 2024

FIN

---

1. « Dieu sauve la France », dérivé de « Dieu sauve le Roi », devise et hymne de la monarchie française autrefois chanté à la fin de la plupart des messes dans le royaume de France. Cette devise est inscrite dans le phylactère peint sur la voute du chœur de la chapelle royale à Versailles.

TABLE DES NOMS CITÉS

TABLE DES MATIÈRES

Achevé d'imprimer en avril 2024 par

AVENIR NUMÉRIQUE
63, rue de Varsovie - 92700 Colombes

ISBN : 979-10-90947-38-2

Imprimé en France